新能源汽车检测与维修专业技能人才培养工学一体化课程教材

U0648879

新能源汽车电器检修

唐启贵　刘轩帆 / 主　编
黎庆荣　卢小梅　朱汝玲 / 副主编
姚秀驰 / 主　审

人民交通出版社
北　京

内 容 提 要

本书是新能源汽车检测与维修专业技能人才培养工学一体化课程教材之一。本书主要内容包括新能源汽车前照灯不亮故障检修、新能源汽车刮水器不工作故障检修、新能源汽车电动车窗不升降故障检修、新能源汽车中控门锁失效故障检修、新能源汽车视听系统工作失效故障检修。

本书可作为技工院校预备技师、中高级工层级新能源汽车检测与维修专业教材，可用作中高职新能源汽车技术专业教材，也可供新能源汽车维修人员及相关技术人员参考使用。

本教材配套数字资源，读者可免费扫码观看和在线学习；本教材同时配有教学课件，教师可通过加入汽车技工教学研讨群(QQ:428147406)获取。

图书在版编目(CIP)数据

新能源汽车电器检修/唐启贵,刘轩帆主编.

北京:人民交通出版社股份有限公司,2025.5.

ISBN 978-7-114-20330-5

Ⅰ.U469.707

中国国家版本馆 CIP 数据核字第 2025EX4965 号

书　　　名：	新能源汽车电器检修
著 作 者：	唐启贵　刘轩帆
责任编辑：	郭　跃
责任校对：	赵媛媛　武　琳
责任印制：	张　凯
出版发行：	人民交通出版社
地　　　址：	(100011)北京市朝阳区安定门外外馆斜街 3 号
网　　　址：	http://www.ccpcl.com.cn
销售电话：	(010)85285911
总 经 销：	人民交通出版社发行部
经　　　销：	各地新华书店
印　　　刷：	北京印匠彩色印刷有限公司
开　　　本：	787×1092　1/16
印　　　张：	20
字　　　数：	412 千
版　　　次：	2025 年 5 月　第 1 版
印　　　次：	2025 年 5 月　第 1 次印刷
书　　　号：	ISBN 978-7-114-20330-5
定　　　价：	58.00 元

(有印刷、装订质量问题的图书,由本社负责调换)

编审委员会名单

前言
Preface

为进一步贯彻落实《关于深化技工院校改革 大力发展技工教育的意见》《技工教育"十四五"规划》《推进技工院校工学一体化技能人才培养模式实施方案》等文件精神，对接汽车产业发展趋势，满足新能源汽车领域高质量发展对高素质技术技能人才培养的需求，人民交通出版社特组织江苏汽车技师学院、广西交通技师学院、贵州交通技师学院、杭州技师学院、浙江交通技师学院、江苏省交通技师学院、广西工业技师学院、北京汽车技师学院、日照技师学院等 20 余所院校，共同编写了新能源汽车检测与维修专业技能人才培养工学一体化课程教材。

工学一体化培养模式是依据国家职业技能标准及技能人才培养标准，以综合职业能力培养为目标，将工作过程和学习过程融为一体，培育德技并修、技艺精湛的技能劳动者和能工巧匠的人才培养方式。本套教材秉承上述理念，落实《技工院校教材管理工作实施细则》，遵循知识和技能并重的改革方向，根据技工教育的特点以及技工院校学生的学习情况进行编写，具有以下特点：

（1）教材编写依据最新发布的《新能源汽车检测与维修专业国家技能人才培养工学一体化课程标准》，贯彻以学生为中心、以能力为本位的教学理念，构建难度适当的理论知识体系，以学生的实操内容及职业素养培养为核心，围绕典型学习任务设计教材任务、活动，突出知识的实用性、综合性和先进性，充分实现思想政治教育、知识传授、技能培养融合统一，持续推动技工院校内涵发展和特色发展。

（2）教材中融入了丰富的课程思政元素及党的二十大精神内容，选取国产汽车品牌进行详解，培养学生的国产品牌意识，增强民族自信，体现"培根铸魂，启智润心"教育理念，实现思想政治教育与技术技能培养的有机结合。

（3）教材编写邀请行业、企业专家加入，深入了解目前行业、企业对本专业人才的实际需求，由相关企业提供部分配套的教学资源和技术支持，行业企业人员深度参与教材编写与开发，进一步提高技能人才培养质量，帮助学生实现从学校学习到就业工作紧密衔接。

1

（4）部分教材配备了丰富的教学资源（纸数融合），教材的知识点以二维码链接动画、视频资源，所有教材配有课件、习题及答案等，满足学生个性化学习的需求，提升教材使用体验感。

本书是新能源汽车检测与维修专业技能人才培养工学一体化课程教材之一，主要选取比亚迪 e5、吉利帝豪 EV300、北汽 EC200 等车型，并结合市场其他主流品牌新能源汽车，讲解新能源汽车照明系统、辅助电器系统、电动车窗系统、中控门锁系统、视听系统等相关知识及工作内容、工作流程。设定的学习情景主要来源于生产一线，核心知识与工作实际紧密贴合，共有 5 个学习任务、17 个学习活动。

本书由广西工业技师学院唐启贵、刘轩帆担任主编，由广西交通技师学院黎庆荣、广西工业技师学院卢小梅、朱汝玲担任副主编，参编人员有广西工业技师学院罗啸凤、黄宗尔、黄光强、陈姿杏、潘朝兴、袁园，柳州五菱新能源汽车有限公司赖建文、陈显鑫。

虽然编者在编写过程中查阅了大量的书籍、文献和资料，但新能源汽车技术发展速度很快，以及编者水平有限，书中难免有疏漏之处。恳请广大读者提出宝贵的意见和建议，帮助我们不断改进和完善本书。再次感谢您的阅读和支持。

编　者
2025 年 1 月

目录
Contents

学习任务一

新能源汽车前照灯不亮故障检修

学习目标 >>>

1. 知识目标

(1)掌握前照灯的作用和组成。

(2)掌握前照灯的类型和工作原理。

(3)掌握前照灯控制电路的组成和作用。

(4)掌握相关法律法规及标准对前照灯的要求。

2. 技能目标

(1)能进行前照灯的检查和更换。

(2)能正确使用前照灯检测仪对前照灯进行检测。

(3)能进行前照灯灯光的检测和调整。

(4)能分析并确定前照灯控制电路的简单故障和原因。

(5)能进行前照灯控制电路简单故障检修。

3. 素养目标

(1)培养安全生产意识以及环保意识。

(2)培养艰苦奋斗、艰苦朴素、勤俭节约的工作态度和精神。

(3)培养吃苦耐劳精神,不断学习积累专业技能,树立技能理想,坚定技能信念。

参考学时 >>>

50 学时

任务描述 >>>

一辆新能源汽车进厂维修,客户反映新能源汽车前方有灯不亮。经班组长初步检查,诊断为灯光系统故障,需要对其进行检修。学生从班组长(教师扮演)接受车辆维修任务,通过阅读维修工单,明确任务要求,查阅维修手册,确定作业流程与技术标准;以独立或小组合作的方式,在规定时间内完成工具设备、新能源汽车基本防护等工作准备、灯光系统故障确认、电路检查及部件更换等检修作业,如灯具、灯光开关控制线路、灯光开关、灯光熔断丝的检修等;为使汽车灯光恢复正常使用性能,符合国家关于汽车灯光的标准要求,进行必要的灯光检测与调整;对于发现的维修增项须经前台、客户确认后实施,自检合格后,填写维修工单,交付班组长进行质量检验。同时,学生应在教师指导下总结任务实施过程,撰写任务实施指导书,在工作过程中遵循现场工作管理规范。

学习活动1　新能源汽车示廓灯不亮故障检修

一　明确任务

张先生经常要加班到很晚才开车回家。有一天在夜间开车时,因为左前示廓灯无法开启,在会车时,对方车辆驾驶人视线模糊,无法识别张先生汽车的轮廓,差一点造成交通事故。在学习活动1中,将围绕此故障学习新能源汽车示廓灯不亮的故障检修。

二　工作准备与计划制订

比亚迪 e5 照明系统组成

(一)知识准备

1.汽车照明系统的组成

汽车照明系统由电源、照明装置和控制部分组成。照明装置包括外部灯、内部灯和工作照明灯,控制部分包括各种灯光开关、继电器等。

1)外部灯

外部灯又称为外部照明灯,主要有_____、_____、_____、_____、_____、_____等,各种外部照明灯在车上的位置如图1-1所示。

(1)前照灯。

前照灯俗称大灯,安装在汽车头部两侧,主要用于夜间行车的道路照明,可以进行远近光变换。灯光为白色,有_____和_____两种配置方式,功率一般为 40~60W。

(2)示廓灯。

示廓灯又称示宽灯、位置灯,安装在汽车前部、后部和两侧,如图1-1中的右上图所示,其作用是夜间行车或停车时标志车辆的形状与位置,功率一般为 5~10W。前示廓灯俗称小灯,灯光为白色或黄色;后示廓灯俗称尾灯,灯光为红色;侧方位置灯光的示廓灯为琥珀色。

图 1-1　外部灯在车上的位置

（3）转向灯。

转向灯安装于汽车头部、尾部及左右两侧,用来指示车辆行驶趋向。在紧急危险状态时,全部转向灯可通过_____开关接通同时闪烁,灯光为黄色,功率为 20W以上。

（4）雾灯。

雾灯安装于汽车的前部和后部,用于在雨雾天气行车时照明道路和为迎面来车和后面来车提供信号。前雾灯安装在前照灯附近,一般比前照灯的位置稍低,因为雾天能见度低,驾驶人视线受到限制。红色和黄色是穿透力最强的颜色,前雾灯灯光为黄色,这是因为黄色光的光波较长,具有良好的透雾性能,灯泡功率一般为 35～55W。后雾灯采用单只时,应安装在车辆纵向平面的左侧,与制动灯间的距离应大于 100mm,后雾灯灯光为红色,以警示尾随车辆保持安全距离,灯泡功率一般为 16～27W。

（5）牌照灯。

牌照灯用于照亮车辆牌照,要求夜间在车后_____m 处能看清牌照号码。牌照灯安装在汽车尾部牌照的上方或左右两侧,牌照灯灯光为白色,灯泡功率为 8～10W。牌照灯没有单独的开关控制,受示廓灯或前照灯开关控制。按照相关规定要求,牌照灯必须与_____由同一个开关控制。

（6）倒车灯。

倒车灯装于汽车尾部,用于倒车时汽车后方道路照明和警告其他车辆和行人,表示该车正在倒车,兼有灯光信号装置的功能。倒车灯灯光为白色,功率一般为 28W。

2）内部灯和工作照明灯

内部灯包括_____、_____、_____等,如图 1-2 所示。工作照明灯包括

_____ 、_____ 等。

图 1-2　内部灯在车上的位置

（1）阅读灯。

阅读灯安装于乘员前部或顶部，车内光线不足时，能提供给乘员足够的亮度，且不会使驾驶人产生炫目，照明范围小，有的还有光轴方向调节机构。

（2）顶灯。

顶灯安装在驾驶室的顶部，其作用是照亮驾驶室内部及监视车门是否可靠关闭。顶灯灯光为白色，功率为 5 ~ 15W。

（3）门控灯。

门控灯安装于汽车外张式车门内侧底部，夜间开启车门时，门控灯点亮。门控灯既可以照亮脚下的路，又可以提醒后方行人注意避让车辆。门控灯灯光为红色，功率为 5W。

（4）行李舱灯。

行李舱灯用于夜间行李舱打开时照明，由车灯开关和行李舱门控开关控制，功率为 5W。

（5）仪表盘指示灯。

仪表盘指示灯分为_____ 、_____ 和_____ 三类。

第一类是我们平时开车最常见的指示灯，例如灯光信号灯、转向信号灯、驻车灯等，它们的作用是提示车辆各功能的状况。

第二类是警示灯，具有警示功能，例如燃油指示灯、车门状态指示灯、安全带指示灯等。警示灯一般会在驾驶人进行相应动作后熄灭，例如当我们系上安全带后，安全带指示灯会熄灭。

第三类是故障指示灯，也是最重要的指示灯，例如发电机故障指示灯、ABS 故障指示灯、变速箱故障指示灯等。这些故障指示灯平时很少会点亮，或者在起动发动机时，会点亮片刻后熄灭。如果故障指示灯常亮，并且伴有警告声，表明车辆已经出现故障或者异常。如果故障指示灯常亮,需要立刻进行检修。

(6)氛围灯。

氛围灯是一种能够起到装饰作用的照明灯,本质是一种LED线型灯,氛围灯具有较强的柔软性可以安装在需要用到氛围灯的部位。常见的氛围灯颜色有普罗旺斯紫、波罗的海蓝、巴塞罗那红、开罗金、托斯卡纳白、极地白、挪威森林绿等。不同颜色可以营造不同的氛围,带来不同的心情。目前主要是中高端车型配有氛围灯。例如奔驰S级(多达64种)、奔驰E级、大众迈腾等。现在一些专业的汽车美容中心可以给汽车安装氛围灯。

值得注意的是,一直闪烁或者亮度过高的车内氛围灯会影响驾驶人的视线,转移驾驶人的注意力,会导致夜间行车安全没有保障。并且,氛围灯在一定程度上额外增加了电量消耗,影响了汽车电池寿命。

2.示廓灯的分类

前照灯总成中的示廓灯又叫示宽灯或位置灯,安装在前照灯总成的底部。示廓灯是安装在车前以及车后最高处的灯具,类似于安装在飞机左右两翼尖的防撞灯,其作用是在黄昏、阴天、雨雾天气等时段行车时标志汽车的轮廓,以便车辆在会车及超车时判断出彼此的相对位置及车辆体积。通常情况下,示廓灯的颜色为前白后红。示廓灯分为前示廓灯和后示廓灯,前示廓灯一般为白色,后示廓灯一般为红色。

1)按照灯泡类型,可以分为_____和_____

(1)卤素车灯。

卤素车灯就是在灯泡内渗入少量的惰性气体碘(或溴),从灯丝蒸发出来的钨原子与碘原子发生反应,生成碘化钨,当碘化钨接触白热化的灯丝时(温度超过1450℃),又会分解还原为钨和碘,钨又重新回归到灯丝中,碘则重新进入气体中。如此循环下来,灯丝几乎不会烧断,灯泡也不会发黑,因此卤素灯一般比传统的白炽灯寿命更长,亮度更大。卤素灯泡如图1-3a)所示。

卤素车灯结构简单,成本较低;亮度容易控制和调整;灯光显色性好,穿透力强;比普通白炽灯使用寿命长、色温高、发光效率较高。但发光效率并不是很高,因为卤素灯泡会产生大量的热,造成很大的能量浪费;光源并不汇聚,光线较难集中。

(2)LED示廓灯

LED(light emitting diode)即发光二极管,是一种固态的半导体发光器件,如图1-3b)所示。当在LED的PN结上加正向电压时,可使P区的空穴注入N区,N区的电子注入P区,这样相互注入的空穴与电子相遇后会发生复合,复合时产生的能量大部分以光的形式出现。光的波长(光的颜色)是由形成PN结的材料决定的。随着科技的不断发展,LED车灯已经逐渐取代了传统的卤素车灯。

相比于卤素车灯,LED车灯更节能环保,亮度更高,寿命长耐高温,体积小,点亮无延迟,亮灯响应速度快。但LED车灯价格比较贵,更换成本高,后期维护比较麻烦。

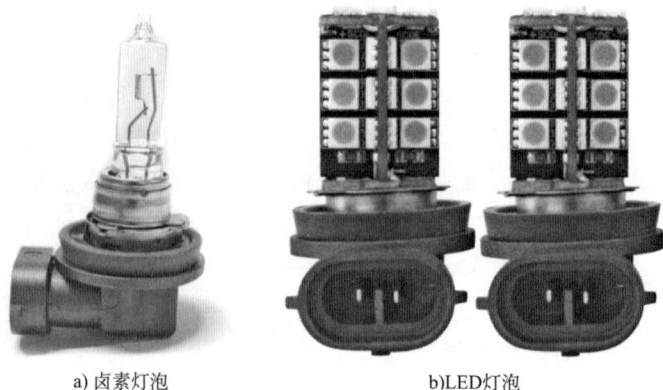

a) 卤素灯泡　　　　　　　　　b)LED灯泡

图1-3　示廓灯灯泡类型

2）按照线路设计分类，可以分为_____和_____

（1）传统示廓灯。

传统示廓灯即手动开启示廓灯，目前市面上大多数车型都会将灯光控制机构安装在转向盘的左侧。有的车型会将示廓灯的开关放置在转向盘左侧独立灯光旋钮上面，有的车型会将示廓灯的开关放置在转向盘左侧的操纵杆上。只需要将旋钮或者操纵杆扭到示廓灯的位置上，就可以打开示廓灯。

（2）光感示廓灯。

光感示廓灯可以根据光敏电阻的电流变化感知到环境光亮的变化，从而自动进行示廓灯的控制。光感示廓灯采用的光敏传感器除了对光源的敏感程度强，信号传输速度快以外，还具有以下特点：可以适用复杂的环境，如严寒、高温、潮湿等恶劣环境，并且在以上环境下工作的稳定性很强，因此被广泛采用。

装有光感示廓灯的汽车行驶在昼间或光线充足的环境中时，会保持关闭，不影响汽车的正常驾驶；行驶在夜间或光线不充足的情况下（例如在黄昏时刻，进入隧道或地下停车场），根据环境亮度变化，示廓灯系统会用提示音提示驾驶人开启示廓灯，3s后示廓灯会自动打开，为驾驶起到辅助安全的作用。

3. 示廓灯的标志

示廓灯的标志类似于两个三角叉的造型，左右两边均有三个斜线围绕，在灯光组合开关上的显示，如图1-4a）所示。此外，开灯后在驾驶室仪表盘上的显示，如图1-4b）所示。

4. 示廓灯的安装位置

示廓灯是安装在车前以及车后最高处的灯具，其中前方示廓灯位于两个前照灯旁边，如图1-5a）所示。后方示廓灯则与制动灯一起，如图1-5b）所示。示廓灯的安装位置距离车身边缘不应超过400mm。

5. 示廓灯的开关

示廓灯的控制开关就是灯光旋钮，在转向盘左侧。只具备手动开灯功能的车型，将灯光旋钮旋转一格就是开启示廓灯,再转一格是开启前照灯。具备自动开灯功能的车型,将开关转到 AUTO 位置,当环境光线较暗时示廓灯会自动亮起。

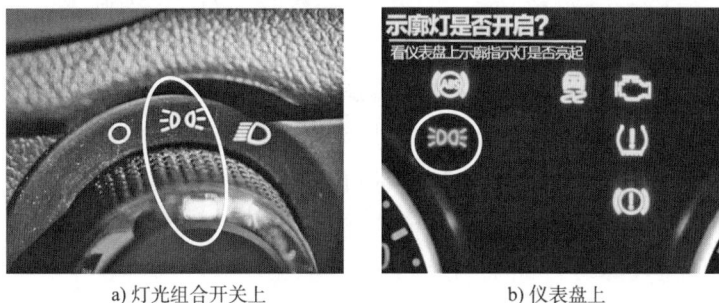

a) 灯光组合开关上   b) 仪表盘上

图 1-4 示廓灯的标志

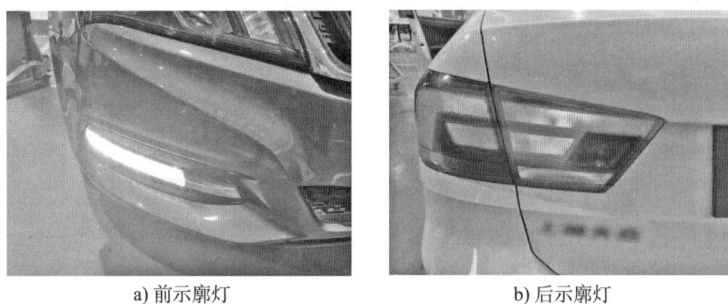

a) 前示廓灯   b) 后示廓灯

图 1-5 汽车示廓灯安装位置

常见的示廓灯开关有两种,分别是_____和_____。

1)旋钮式示廓灯

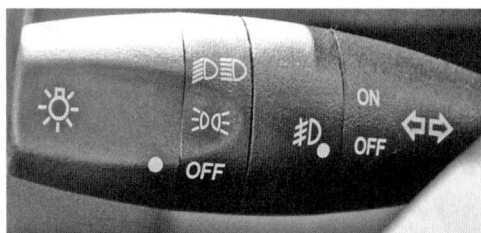

在旋钮式车灯面板上,将灯光旋钮从 OFF 挡向右侧旋至示廓灯位置即可打开示廓灯,如图 1-6 所示。

2)拨杆式示廓灯

将转向盘左侧的前照灯控制开关拨杆顶端可转动的部分,旋至示廓灯标志所在的位置,就可以打开示廓灯,如图 1-7 所示。

图 1-6 旋钮式示廓灯   图 1-7 拨杆式示廓灯

6. 示廓灯的作用

(1)示廓灯是一种警示标志的车灯,几乎没有照明作用,主要是在能见度低下的天

气下,用来提醒其他车辆注意。示廓灯的使用范围有以下几种情况: _____、
_____、_____、_____。

(2)前示廓灯一般为白色光源,方便来车会车时对方车辆驾驶人可以清楚地知道你的车身宽度和车辆位置,提高安全性。

(3)后示廓灯一般为红色光源,增加光源穿透性,可以让后车在视线不清晰的情况下更加容易发现前车,避免因视线不清无法及时发现前车导致车祸发生。

(4)示廓灯灯光标志必须在夜间300m以外可见,提醒其他车辆注意,从而保障行车安全。

7.示廓灯的相关参数

新能源汽车示廓灯相关参数,见表1-1。

新能源汽车示廓灯相关参数   表1-1

示廓灯	灯泡颜色	灯泡型号	功率	材料
前示廓灯	白色	T10/T20/W5W/P21/H8B	5～10W	卤素灯泡/LED灯泡
后示廓灯	红色	W215W/T10/W5W	5～10W	卤素灯泡/LED灯泡

一般情况下,更换示廓灯时,需要更换同型号的灯泡,否则可能出现不能正常使用、寿命缩短或者出现故障码等问题。

8.示廓灯的电路分析

查阅吉利帝豪EV300的维修手册,找出示廓灯的电路图,如图1-8所示。进行以下电路分析。

(1)通过查阅维修手册,分别查找图中的两个熔断丝:IF22/10A前照灯熔断丝,IF23/10A位置灯熔断丝。

(2)通过查阅维修手册,查找图中的一个继电器:IR05示廓灯继电器。

(3)当灯光组合开关打到"示廓灯"挡时,灯光组合开关线束连接器IP26的16号端子与14号端子接通,其示廓灯继电器控制回路:12V蓄电池B＋→熔断丝IF22/10A(室内熔断丝继电器盒)→灯光组合开关线束连接器IP26的16号端子→IP26的14号端子→示廓灯继电器的85端子→示廓灯继电器的86端子→由BCM控制搭铁→12V蓄电池负极。示廓灯继电器线圈通电吸合,此时电流将同时经过12V蓄电池B＋→熔断丝IF23/10A→示廓灯继电器的30端子→示廓灯继电器的87端子→室内熔断丝继电器盒连接器SO15的C号端子、保险盒3线束连接器CA20的7号端子、熔断丝盒线束连接器IP01的33号端子。

(4)室内熔断丝继电器盒连接器SO15的C号端子控制左后示廓灯、右后示廓灯、左牌照灯、右牌照灯,并通过底盘线束G15搭铁,形成回路。

(5)保险盒3线束连接器CA20的7号端子控制左前示廓灯和右前示廓灯,并分别通过动力线束G06和G10搭铁,形成回路。

示廓灯

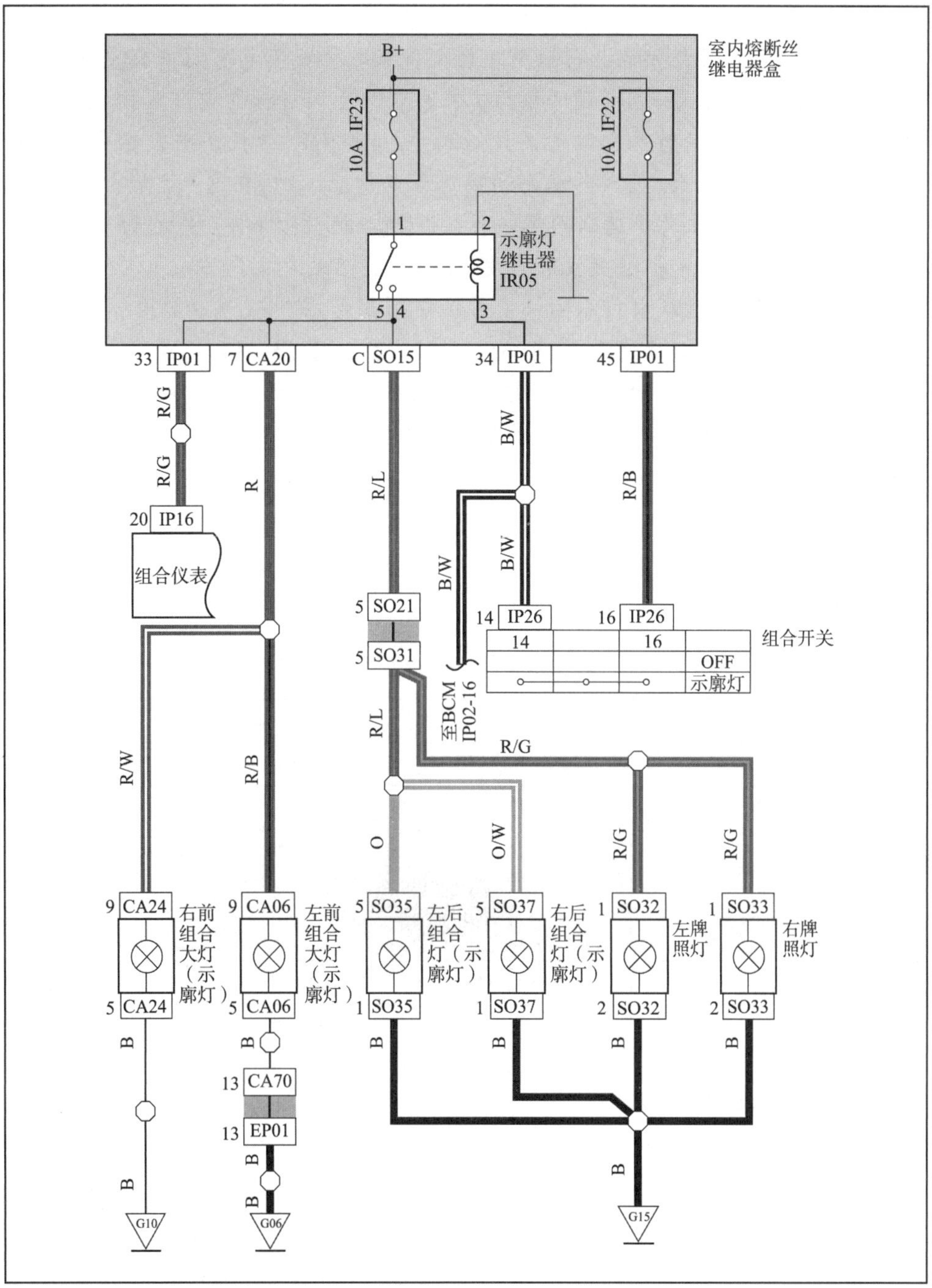

室内熔断丝
继电器盒

B+

10A IF23　　10A IF22

1　2　示廓灯
　　　继电器
　　　IR05
5　4　3

33 IP01　7 CA20　C SO15　34 IP01　45 IP01

R/G　R　R/L　B/W　R/B

R/G

20 IP16

组合仪表

B/W

B/W

5 SO21
5 SO31

14 IP26　16 IP26　组合开关

	14	16	
			OFF
	○—○	○—○	示廓灯

至BCM
IP02-16

R/L

R/W　R/B　R/L　R/G

O　O/W　R/G　R/G

9 CA24　9 CA06　5 SO35　5 SO37　1 SO32　1 SO33
右前组合大灯（示廓灯）　左前组合大灯（示廓灯）　左后组合灯（示廓灯）　右后组合灯（示廓灯）　左牌照灯　右牌照灯
5 CA24　5 CA06　1 SO35　1 SO37　2 SO32　2 SO33

B　B　B　B　B　B

13 CA70
13 EP01

B

G10　G06　G15

图1-8　示廓灯电路图

（6）熔断丝盒线束连接器 IP01 的 33 号端子通过 IP16 线束连接器的 20 号线送到组合仪表,点亮组合仪表示廓灯信号指示灯。

（7）综上所述,前后示廓灯和左右牌照灯是同时点亮的。

小贴士

陈国信是国网厦门供电公司输电运检室四级职员兼带电班副班长,他从学徒蜕变为"大国工匠",从一名普通的电力工人成长为全国首批输电线路技术技能带头人、享受国务院政府特殊津贴的高技能人才。1992年,从技工院校毕业的陈国信主动选择安全风险大、技术要求高的高压带电作业工种,在这个"苦脏累险"岗位一干就是31年。工作中遇到的每一个难题,都让他放心不下,吃饭、睡觉的时候都在想如何解决。他受抓娃娃机的启发,发明了利用无人机代替人工安装带电作业装梯绳的小滑车;他从自行车的轴承部位获得灵感,发明了省力丝杠;他利用棍子撑开导线扩大操作距离的方法,解决了110kV多回同塔线路检修难题;工具加工厂做不出新工具,他就用胡萝卜雕刻工具模型给工厂依样画葫芦……这样的例子,不胜枚举。他说:"我是用百分之九十九的努力,捕捉百分之一的灵感。"

(二)制订工作方案

1. 任务分工(表1-2)

学生任务分配表 表1-2

班级		组号		指导老师	
组长		任务分工			
组员1		任务分工			
组员2		任务分工			
组员3		任务分工			
组员4		任务分工			
组员5		任务分工			
组员6		任务分工			

2. 工量具、仪器设备与耗材准备

(1)使用的工量具有:_____。

(2)使用的仪器设备有:_____。

(3)使用的耗材有:_____。

3. 具体方案描述

_____

_____

_____

_____

三 计划实施

(一)安全注意事项及技能要点

1.安全注意事项

(1)确保学生完全在教师的指导下,在授权的范围内进行操作。

(2)禁止学生在不穿戴安全防护用品的情况下,接触车辆的任何部件。

(3)学生应充分了解其职责范围,绝不擅自对照明线路进行任何拆装。

(4)在任何时候都应注意自身的人身安全防护。

(5)切勿用手指触摸灯泡玻璃,防止损坏玻璃体导致受伤。

(6)检测用的仪器仪表使用完毕后,应及时关闭电源。

(7)能够规范使用车辆防护、隔离警示等设备。

(8)工作中及完成任务后,应遵守实训场地"8S"管理。

(9)确保在车辆下电状态下,对照明线路进行检查和更换。

2.技能要点

(1)规范拆卸示廓灯。

(2)规范检测示廓灯灯泡。

(3)规范检测示廓灯线路。

(二)新能源汽车示廓灯检查

1.新能源汽车示廓灯拆卸(表1-3)

新能源汽车示廓灯拆卸的操作方法及说明 表1-3

步骤	操作方法及说明	质量标准及记录
1.作业前准备工作	(1)布置作业前现场环境 	□正确设置隔离栏 □正确放置安全警示牌 □正确检查灭火器 □铺设车外三件套

步骤	操作方法及说明	质量标准及记录
1.作业前准备工作	（2）检查防护用具 	□正确检查棉手套有无破损
	（3）检查仪表工具 	□正确检查万用表 □正确进行绝缘测试仪短路测试 □正确进行绝缘测试仪开路测试
	（4）准备常用工具 	□手电筒 □十字螺丝刀

步骤	操作方法及说明	质量标准及记录
2.新能源汽车示廓灯拆卸	（1）拆卸蓄电池负极  	□完成 □未完成,原因:_____
	（2）拆卸示廓灯紧固螺钉  	□拆下 4 个螺钉 □脱开卡爪 □断开连接器并拆下左前示廓灯
	（3）拆卸左前示廓灯线束插头 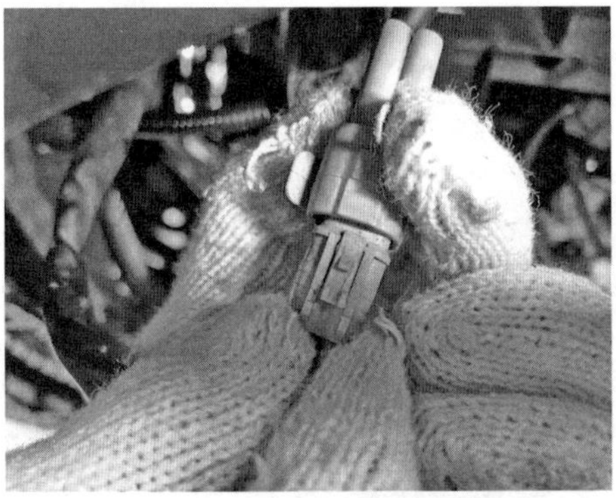 	□完成 □未完成,原因:_____

续上表

步骤	操作方法及说明	质量标准及记录
2.新能源汽车 示廓灯拆卸	(4)拆卸左前示廓灯灯泡 	□切勿用手指触摸灯泡玻璃,防止损坏玻璃体

2.新能源汽车示廓灯故障检查(表1-4)

新能源汽车示廓灯故障检查的操作方法及说明　　　　表1-4

步骤	操作方法及说明	质量标准及记录
1.检测示廓灯 电路中各元件 是否损坏	(1)检测 LED 示廓灯是否损坏 	□目视检查示廓灯丝是否熔断或者发黑 □使用万用表二极管挡位测量灯泡的正向压降和反向压降,测量值为:右示廓灯正向_____,反向_____ 结果判断:_____
	(2)检查熔断丝 IF22 是否熔断 	□操作启动开关,使车辆电源模式至 OFF 挡状态 □拔下熔断丝 IF01,使用万用表测量熔断丝的电阻,测量值为:_____ 结果判断:_____

步骤	操作方法及说明	质量标准及记录
1. 检测示廓灯电路中各元件是否损坏	（3）检查熔断丝 IF23 是否熔断 	□操作启动开关，使车辆电源模式至 OFF 挡状态 □拔下熔断丝 IF23，使用万用表测量熔断丝的电阻，测量值为：_____ 　结果判断：_____
2. 检测示廓灯电路中各线路是否正常导通	（1）检查示廓灯线束插头其中一端与负极之间的电压	□断开左前示廓灯线束连接器 □连接电池负极，接通示廓灯开关，用万用表测量左前示廓灯线束连接器两个端子与车身搭铁之间的电压，其中一端有电压，标准值为 11～14V，测量值为：_____ 　结果判断：_____
	（2）检查示廓灯线束插头另外一端与负极之间的线路连接 	□用万用表测量左前示廓灯线束另一端子与负极或车身搭铁之间的电阻，电阻标准值为 _____ Ω，测量值为 _____Ω 　结果判断：_____

3. 新能源汽车示廓灯安装(表1-5)

新能源汽车示廓灯安装的操作方法及说明 表1-5

步骤	操作方法及说明	质量标准及记录
1. 示廓灯安装	(1)安装左前示廓灯紧固螺钉 	□完成 □未完成,原因:_____ _____
	(2)安装示廓灯线束连接器插头 	□完成 □未完成,原因:_____ _____
	(3)连接蓄电池负极 	□完成 □未完成,原因:_____ _____

步骤	操作方法及说明	质量标准及记录
1. 示廓灯安装	(4)检查示廓灯安装后是否点亮 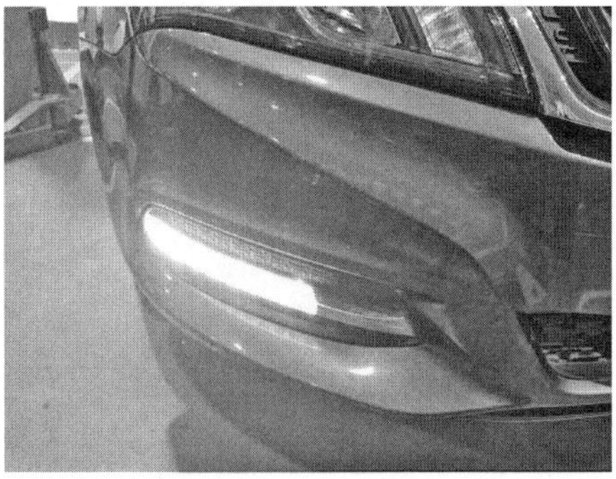 	□完成 □未完成,原因:_____ _____
2. 整理工位	场地"8S"  	□完成 □未完成,原因:_____ _____

四 ⚡ 评价反馈

(一)活动总结与反思(表1-6)

总结与反思　　　　　　　　　　　　表1-6

1. 如何检测示廓灯的故障

2. 活动过程总结	
3. 活动结果总结	
4. 需要改进的地方	

（二）活动评价（表1-7）

评价表

表1-7

评分项目	评分标准	分值	得分
学习目标	能明确本任务的知识、技能、素养目标，理解任务在工作中的重要程度	5	
工作任务分析	能清晰描述完成本次工作任务内容	2	
	能清晰描述完成本次工作任务需必备的技能与知识点	2	
有效信息获取	示廓灯的类型	2	
	示廓灯的安装位置	2	
	示廓灯的作用	2	
	查找并分析电路图	1	
	示廓灯的拆卸	2	
	示廓灯故障检测	4	
	示廓灯故障排除	5	

续上表

评分项目	评分标准	分值	得分
实施方案制定	能清晰地制定并填写本次新能源汽车示廓灯不亮检修作业计划	3	
	能组织或协同工作小组成员,明确本次任务所需仪器设备、工具、材料的准备与清点,并准备记录	2	
	能组织或协同工作小组成员交流,优化检查方案并记录	5	
任务实施	新能源汽车示廓灯拆卸操作方法及准备工作	7	
	新能源汽车示廓灯电路元件检测方法	10	
	新能源汽车示廓灯线路检测方法	10	
	新能源汽车示廓灯安装方法及场地恢复	10	
	新能源汽车示廓灯电路图的维修手册的查阅	10	
任务评价	通过本次任务实施,结合自己在实训过程中的表现,进行自我评价及自我反思并记录	3	
职业素养	按规定时间完成项目作业	2	
	遵守实训室管理规定、劳动纪律	2	
	积极参与课堂活动、回答问题	2	
	能够按时出勤	2	
思政要求	能积极参与小组讨论,发挥团队合作精神;具有较强的安全意识、责任意识;遵守劳动纪律,以积极的态度接受工作任务;学习过程遵循"8S"管理规定	5	
	得分(满分100)		

改进建议:

教师签字:

日期:

学习活动2 新能源汽车前照灯不亮故障检修

一 明确任务

某4S店维修售后小组接到一张任务工单:一辆2017款吉利帝豪EV300纯电动汽

车,行驶里程为70000km,在某天夜间行驶过程中突然出现了左前近光灯不工作故障。如果你是小组成员,你会如何检修该故障呢?

二 工作准备与计划制订

前照灯作用

(一)知识准备

1.前照灯的作用

前照灯俗称大灯,安装在汽车头部两侧,用来照亮车辆前方道路,发出的光一般为白色或黄色。根据相关国家标准规定,车辆的前照灯必须有_____和_____两种照明方式,并且可以在两者之间转换。远光灯与近光灯都是用于提供夜间或低能见度条件下的道路照明,远光灯角度高、距离远,而近光灯角度低、距离近。夜间交替使用远近灯光可以提醒前方和周围的行人及车辆。

汽车远光灯一般适用于机动车夜间在没有路灯或照明不良的道路,在光线较暗的国道或高速公路上行驶时使用。在市区内由于照明良好,必须使用近光灯。

夜间通过拱桥、人行横道,远、近光灯交替使用;夜间通过没有交通信号的路口,远、近光灯交替使用;夜间通过急弯、坡路,远、近光灯交替连续两次闪烁。

2.前照灯的结构

前照灯由_____、_____和_____三部分组成,如图1-9所示。

1)反射镜

前照灯反射镜由薄钢板经冲压而成,表面呈_____形状,内表面多用真空镀铝,镀铝层反光率为94%。反射镜的作用是将灯泡的光线聚合并导向前方。

前照灯灯泡发出的光度有限,如果没有安装反射镜,前照灯只能照清汽车灯前6m左右的路面。安装反射镜后,前照灯的照距可达150m或更远。多反射镜式前照灯如图1-10所示。

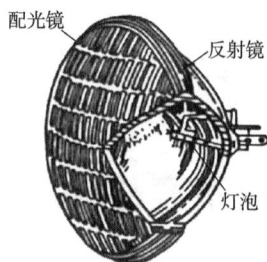

图1-9 前照灯的结构

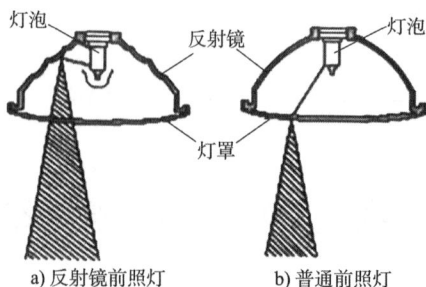

图1-10 多反射镜式前照灯

a)反射镜前照灯　　b)普通前照灯

2)配光镜

前照灯配光镜又称_____,其作用是将反射镜反射出的平行光束进行折射,对车前路面有良好而均匀的照明。配光镜由透光玻璃压制而成,是很多块特殊的棱镜和透镜的组合,其几何形状比较复杂,外形一般为圆形和矩形,如图 1-11 所示。配光镜安装于反射镜之前。

3)灯泡

汽车前照灯灯泡的作用是产生光,如图 1-12 所示。灯泡的额定电压有 6V、12V 和 24V 三种。灯泡的灯丝由功率较大的_____和功率较小的_____组成,由钨丝制作成_____状,以缩小灯丝的尺寸,有利于光束的聚合。

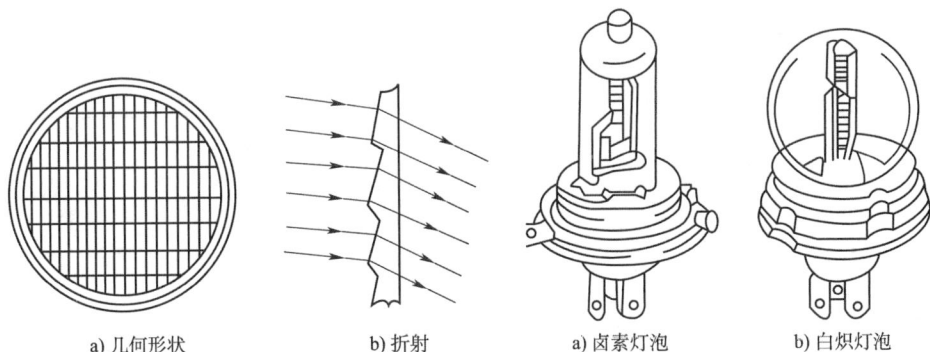

a) 几何形状　　　　b) 折射　　　　　　a) 卤素灯泡　　　b) 白炽灯泡

图 1-11　配光镜　　　　　　　图 1-12　前照灯灯泡类型

现在灯泡使用的卤族元素一般为碘或溴,称为碘钨灯泡或溴钨灯泡。卤族元素指碘、溴、氯、氟等元素,我国目前生产的主要是溴钨灯泡。卤钨灯泡利用的卤钨再生循环反应的基本原理是:从灯丝蒸发出来的气态钨与卤族元素反应生成一种挥发性卤化钨,它扩散到灯丝附近的高温区后受热分解,使钨重新回到灯丝上,被释放出来的卤族元素继续扩散并参与下一次循环反应,如此周而复始地循环下去,从而避免出现钨的蒸发和灯泡的发黑现象。普通灯泡与卤钨灯泡的结构,如图 1-13 所示。

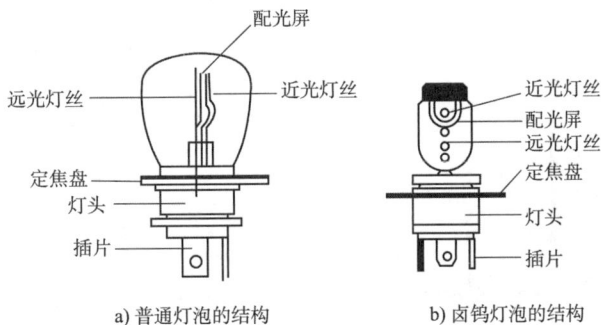

a) 普通灯泡的结构　　　　b) 卤钨灯泡的结构

图 1-13　普通灯泡与卤钨灯泡的结构

配光屏是在近光灯丝下加装的遮光镜或遮光罩。当接通近光灯丝时,配光屏将近光灯丝下部的光线完全遮住,消除了向上反射光线。装有配光屏的双丝灯泡如图 1-14 所示。

3.前照灯的电路及其工作原理

吉利帝豪 EV300 纯电动汽车前照灯电路图,如图 1-15、图 1-16 所示。

图 1-14　装有配光屏的双丝灯泡

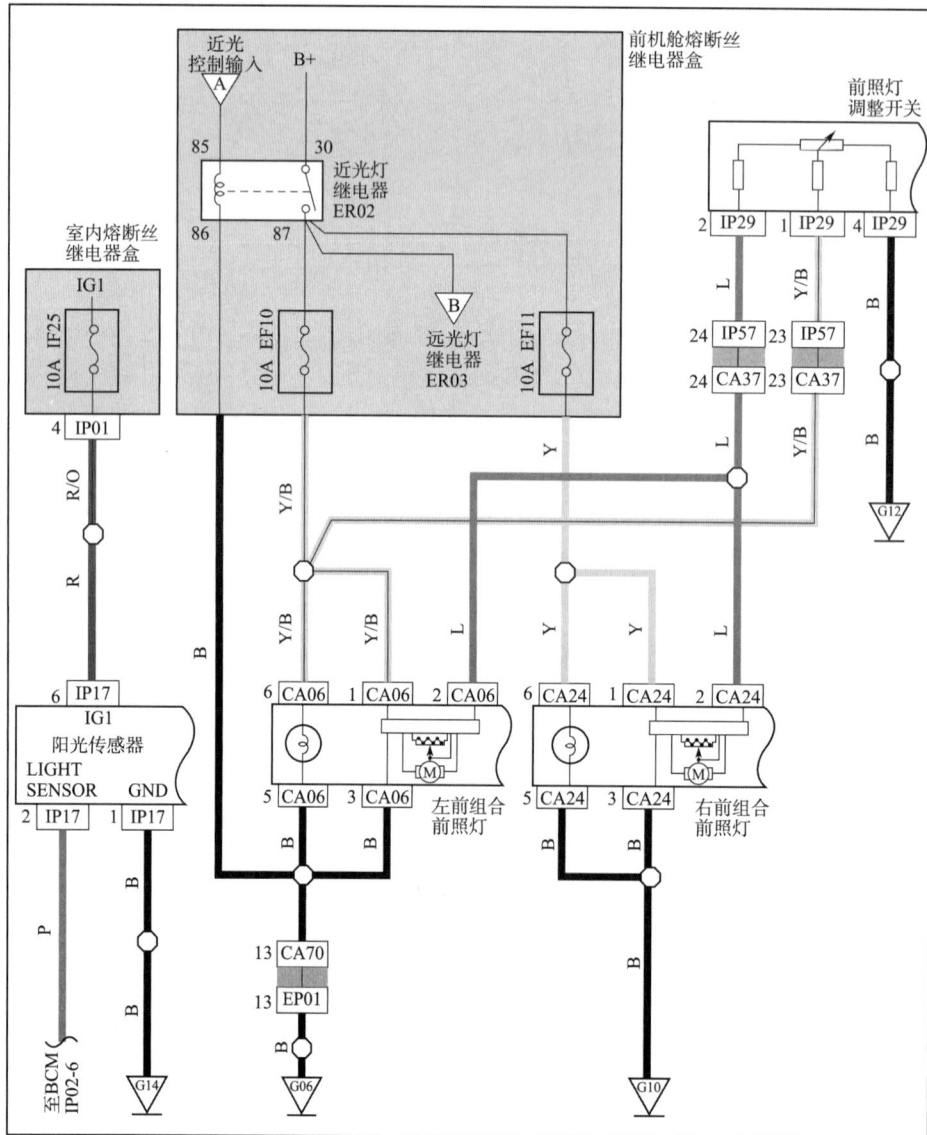

图 1-15　吉利帝豪 EV300 前照灯电路图 1

前照灯2

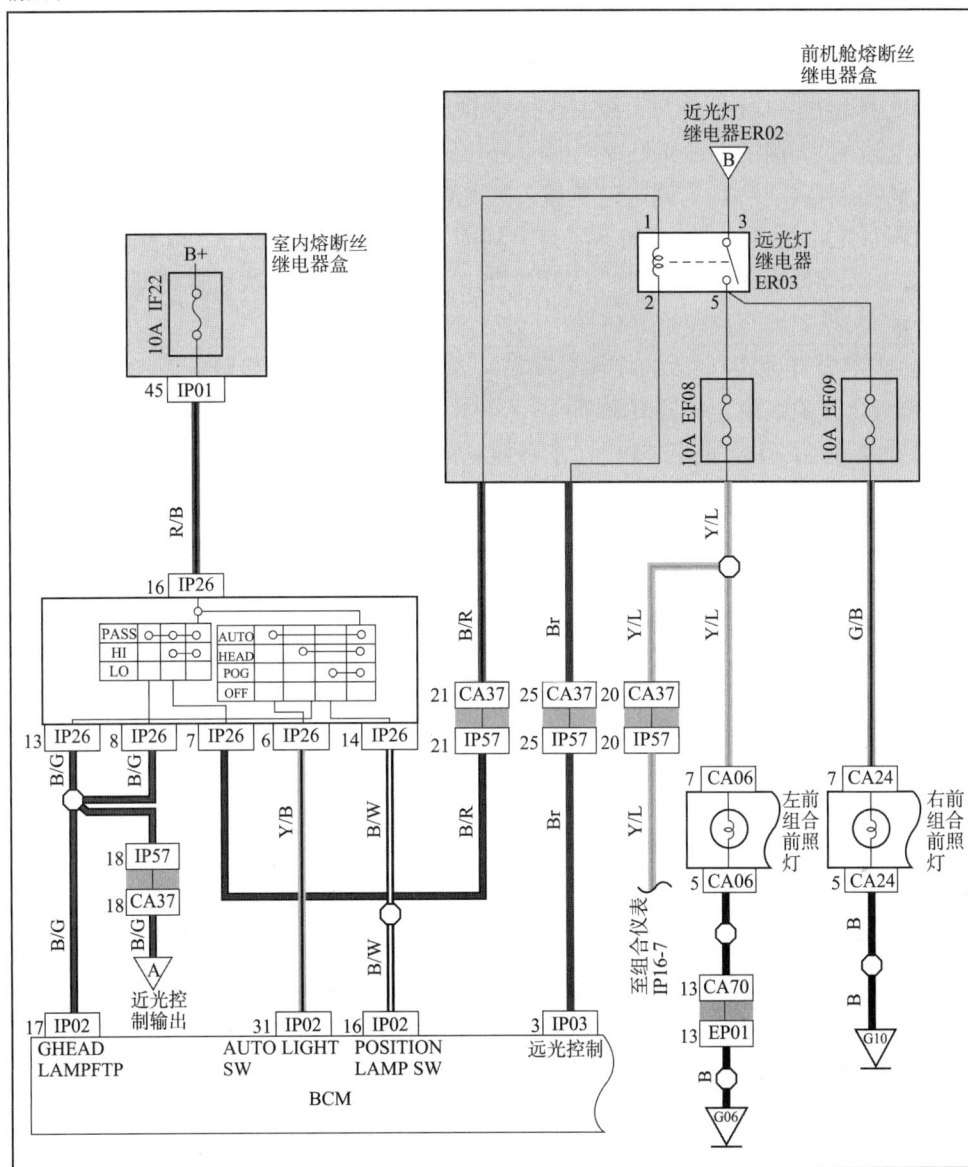

图1-16 吉利帝豪EV300前照灯电路图2

（1）当灯光组合开关打到"近光灯"挡时，灯光组合开关线束连接器IP26的16号与13号端子接通，其近光继电器控制回路：12V蓄电池B+→熔断丝IF22/10A（室内熔断丝继电器盒）→灯光组合开关线束连接器IP26的16号端子→IP26的13号端子BCM→近光灯继电器的85端子→近光灯继电器的86端子→搭铁点G08→12V蓄电池负极。近光灯继电器线圈通电吸合，接通近光灯工作电源，点亮近光灯。同时，近光灯12V工作电压通过线束连接到前照灯光轴调节开关和左、右前照灯光轴调节电机，此时上下拨动调节开关能改变调节电机的信号电压，从而实现前照灯的高度调节功能

（注意：太频繁地拨动此开关有可能造成调节电机不动作或损坏）。

（2）当灯光组合开关打到"远光灯"挡时，灯光组合开关线束连接器 IP26 的 16 号与 7 号端子接通，其远光继电器控制回路：12V 蓄电池 B + →熔断丝 IF22/10A（室内熔断丝继电器盒）→灯光组合开关线束连接器 IP26 的 16 号端子→IP26 的 7 号端子→远光灯继电器的 85 端子→远光灯继电器的 86 端子→BCM 线束连接器 IP03 的 3 号端子（由 BCM 控制搭铁）→12V 蓄电池负极。远光灯继电器线圈得电吸合，此时在近光灯继电器正常工作的条件下，点亮远光灯。同时，远光灯继电器的 87 端将 12V 电压信号，经过 10A 熔断丝 EFO8（前机舱熔断丝继电器盒）通过 IP16 线束连接器的 7 号线送到组合仪表，点亮组合仪表远光信号指示灯。

（3）当组合开关拨到"AUTO"（自动灯）挡时，启动开关使车辆电源模式为 ON 状态，灯光组合开关线束连接器 IP26 的 16 号与 6 号端子接通，将 12V 电压信号通过线束连接器 IP02 的 31 号端子送到 BCM（车身控制模块，Body Control Module），BCM 收到信号后，BCM 会监测来自环境光线传感器的信号。如果环境光照不强，BCM 会驱动近光灯继电器吸合，自动点亮近光灯；当环境光照增强时，BCM 会切断近光灯继电器的供电，从而实现前照灯自动关闭。

4.前照灯的安装位置

车头内侧小的灯泡是远光灯，车头外侧的较大的灯是近光灯。近光灯与远光灯都在一个灯泡里也在一个罩里，只是远光灯和近光灯的灯丝不同，里面的线路也不同。

5.前照灯的标志

在汽车前照灯开启远光或近光时，仪表上显示不同的标志：开启近光灯时，仪表盘上显示绿色标志，图标的光线线条是斜向下的；开启远光灯时，在仪表盘上显示蓝色标志，图标的光线线条是水平向前的，如图 1-17 所示。近光灯是为了近距离照明，灯光比较分散；远光灯是平行射出，照射角度高距离远。

6.前照灯的开关

现在车辆灯光开关基本都是_____和_____，其中以拨杆式灯光开关为主，拨杆式灯光开关也是最常见的，如图 1-18 所示。

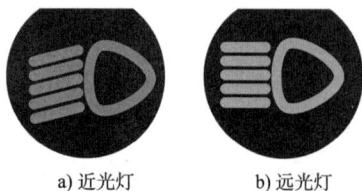

| a) 近光灯 | b) 远光灯 |

图 1-17　近光灯与远光灯的标志

图 1-18　拨杆式灯光开关

拨杆式灯光开关的手柄上只显示近光灯标志。操作时,需要将灯光开关头部位置旋转到近光灯标志对应的位置,近光灯即可点亮。切换远光灯时,需要将开关手柄整体向下压或整体向上提。

旋钮式灯光开关如图 1-19 所示。操作时,将开关旋钮顺时针旋转至近光灯标志对应的挡位,近光灯即可点亮。

拨杆式灯光开关和旋钮式灯光开关,都是通过拨动拨杆变换为远光灯。

一般来说,向发动机舱方向拨动开关,远光灯会一直开启,开启远光灯的前提条件是开启近光灯。在其他灯光挡位上进行操作,是没有办法开启远光灯的。远光灯开启状态下,拨回来一个挡位,远光灯关闭,恢复近光灯;再向驾驶人方向拨动一个挡位,临时远光闪灯,松开开关后,开关自动恢复到近光灯挡位,如图 1-20 所示。这个操作就是远近光交替,通常用于提醒对面车道车辆。

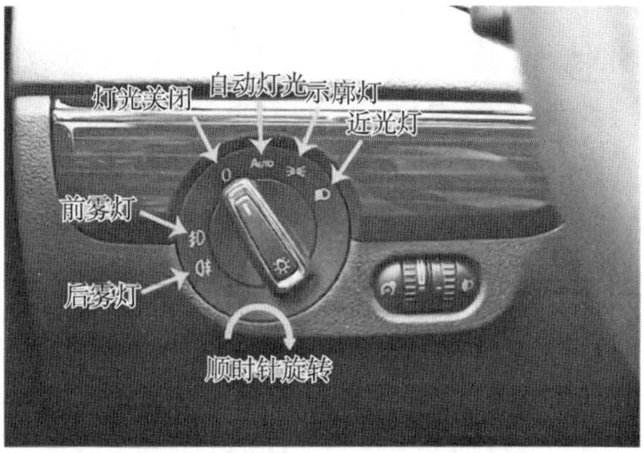

图 1-19　旋钮式灯光开关

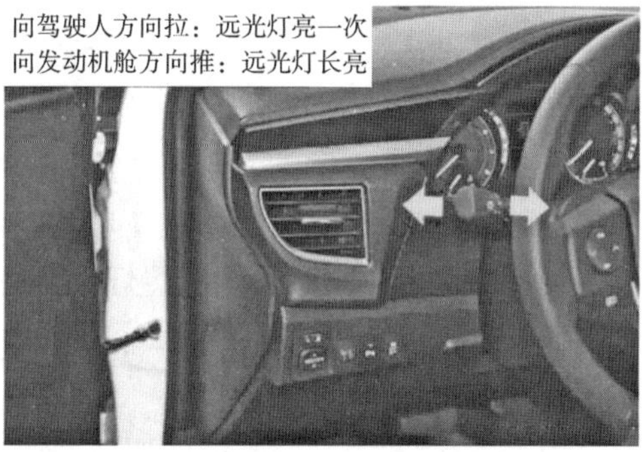

图 1-20　拨杆式灯光开关的使用

7. 前照灯的类型

按照结构不同,前照灯可分为_____和_____两大类。

1)半封闭式前照灯

图 1-21 为半封闭式前照灯,其配光镜(玻璃灯罩)靠卷曲反射镜周边牙齿而紧固在_____上,两者之间垫有橡皮密封圈,灯泡只能从反射镜后部装入,不必拆下光学组件,减少了对光学组件的影响,维护方便,但密封不良。

2)全封闭式前照灯

图 1-22 为全封闭式前照灯。全封闭式前照灯的灯丝焊在反射镜底座上,反射镜与配光镜制成一体,形成灯泡,灯泡里充入惰性气体。全封闭式前照灯完全避免了反射镜被污染,但成本较高。全封闭式前照灯可分为_____、_____、_____和_____等类型。

(1)反射镜前照灯。

反射式前照灯分为_____型和_____型两种。

抛物面反射式前照灯存在配光镜与遮光罩,不太符合汽车车身流线设计,且其光能利用率不高。

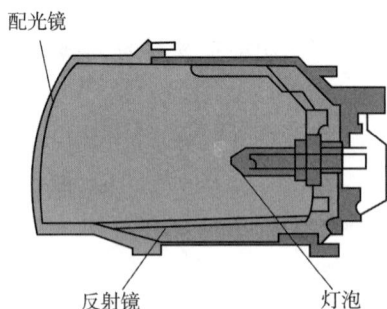

图1-21　半封闭式前照灯　　　图1-22　全封闭式前照灯

自由曲面反射式前照灯能较好地克服上述存在的几点问题，因此获得了较广的实际应用。

自由曲面反射式前照灯通常由光源、圆滑的配光镜、自由曲面反射器等组成。其最大的特点是通过自由曲面反射器来完成配光任务，圆滑的配光镜表面无花纹，仅作为汽车前照灯的外部密封使用。伴随着汽车行业的不断发展，汽车车身越来越趋向流线型，流线型车身有助于汽车节省能耗，使汽车车灯的设计空间变小。自由曲面反射式前照灯的配光镜无配光任务，在形状和位置有更大的选择空间，更加符合车身流线型的设计。自由曲面反射式前照灯没有遮光罩，光能利用率较高，还能有效提升汽车的行车安全性。自由曲面反射式前照灯的缺点是：加工工艺复杂，难以形成清晰的明暗截止线。

图1-23所示为多反射镜前照灯与普通前照灯的对比。两者的反射镜数量不同，多反光镜前照灯由多个反射镜组成，普通前照灯只有一个反射镜。两者的灯泡和配光镜的数量相同，但由于反射镜数量不同，光照区域明显不同。

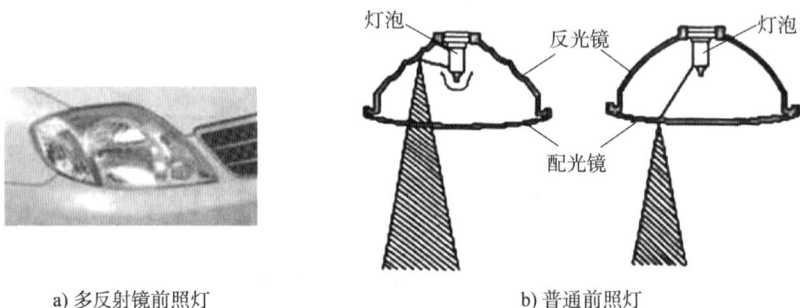

a) 多反射镜前照灯　　　　b) 普通前照灯

图1-23　多反射镜前照灯与普通前照灯的对比

（2）投射式前照灯。

投射式前照灯通常由光源、光学透镜、遮光板、椭球面反射器等组成。投射式前照灯主要采用光学透镜，具有配光均匀、出光口径较小等优点。光学透镜通常采用自由曲面透镜和非球面透镜。遮光板放在第二个焦点上，光源放在椭圆的第一焦点上，椭圆的第二个焦点和透镜的焦点重合。遮光板决定了投射式前照灯的截止线，因此投射式前照灯能够形成完美的明暗截止线。但一些光线会被遮光板遮住,导致光能利用率降低。

图1-24为投射式前照灯。投射式前照灯通过将光汇聚到一个小的区域来有效利用光源,尽管投射式前照灯的体积小,但比普通前照灯的亮度更高,可以让光照更加集中且亮度均匀。

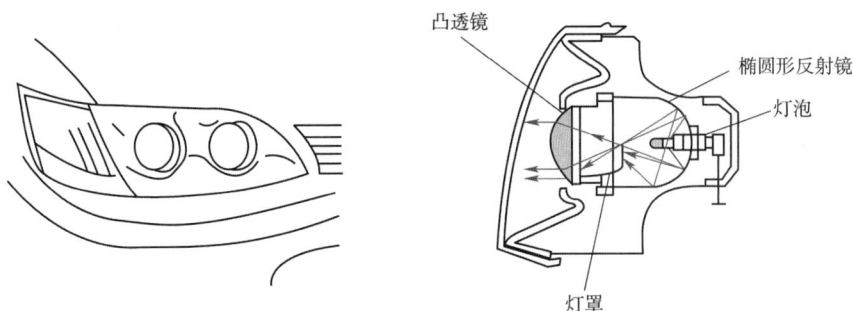

图1-24 投射式前照灯

3)按光源分类的前照灯

按照光源不同,前照灯又可分为 _____、_____、_____ 以及 _____四大类。

(1)白炽灯。

白炽灯是通过从玻璃灯泡中抽出空气,再充以氩和氮的混合惰性气体制成的,这可以减少钨的蒸发,延长灯泡的使用寿命。但白炽灯灯丝的钨质点仍会蒸发,进而损耗灯丝,而蒸发出来的钨会沉积在灯泡上,使灯泡发黑。白炽灯主要应用于信号灯系统,如制动灯、转向灯、行车灯等。

(2)卤素灯。

卤素灯是一种电光源灯,是白炽灯的改进型。卤素灯发光效率高,使用寿命长,目前在汽车前照灯中广泛使用,前照灯系统的性能也因此得到显著改善。

目前,汽车灯光系统中使用的卤素灯泡主要有H1、H3、H4、H7、HB3、HB4等,其中H1、H4和H7主要在前照灯中使用,H1、H3主要在前雾灯中使用,HB3、HB4是美国标准的前照灯灯泡。正在开发中的卤素灯泡还有H8、H9、H11和H13等,它们的特点是灯丝直径和灯丝长度均缩短,发光效率进一步提高,热辐射较少,有利于提高亮度和减小灯具尺寸。

(3)气体放电灯。

气体放电灯简称HID,利用高压电击穿灯泡中的惰性气体发光。目前,气体放电灯有D1S、D1R、D2S和D2R四种型号,其功率为35W,光通量为2800~3200lm,发光效率为80~91lm/W;工作电压为85V,启动电压为30kV,使用寿命可以达到3000h。其灯光颜色接近日光;近车点照度低,可减轻驾驶人眩目;照度高,更利于及时识别障碍,照明范围大,亮区更亮;光输出稳定、更节能。气体放电灯的缺点是工作电压高,需要电压提升系统。

(4)固体光源。

固体光源主要以 LED 为代表。_____,简称 LED,是一种能够将电能转化为可见光的半导体,采用电场发光。LED 灯的特点是寿命长、光效高、无辐射和低功耗。LED 灯的光谱几乎全部集中于可见光频段。根据应用,车辆上使用的 LED 灯可分为_____、_____和_____三种,照明用灯适用于前照灯;配光用灯适用于仪表指示灯背光显示、前后转向灯、制动指示灯、倒车灯、雾灯、阅读灯等;装饰用灯主要用于车辆灯光色彩变换,起到车辆内外的美化作用。

目前,制约 LED 灯在前照灯中使用的因素有:

①白色 LED 灯的形状、电压等的标准尚未确定;

②白色 LED 灯的发光效率较低,发热量极高,须采取散热措施;

③能提供高功率白色 LED 灯的厂商只有少数几家,无法大批量生产。

但 LED 前照灯的体积较薄且具有独特的多点照明功能,这将成为紧凑型轿车前照灯的一个发展趋势,目前日产、本田、丰田等日本汽车厂商及戴姆勒-克莱斯勒公司设计的一些紧凑型轿车概念车也装备了 LED 前照灯。

8. 前照灯控制方式

新能源汽车前照灯的控制有两种方式:一种是灯光组合开关控制继电器,继电器再控制对应灯泡的供电,使之通电发光。其控制原理如图 1-25 所示。另一种是以灯光组合开关和阳光传感器等作为信号输入元件,它们不直接控制车灯或继电器,只负责向控制单元输送信号,控制单元对收到的信号进行运算处理,然后根据信号处理的结果来驱动相应的灯光输出电路向对应的灯泡提供正极电源,使之通电发光。其控制原理如图 1-26 所示。

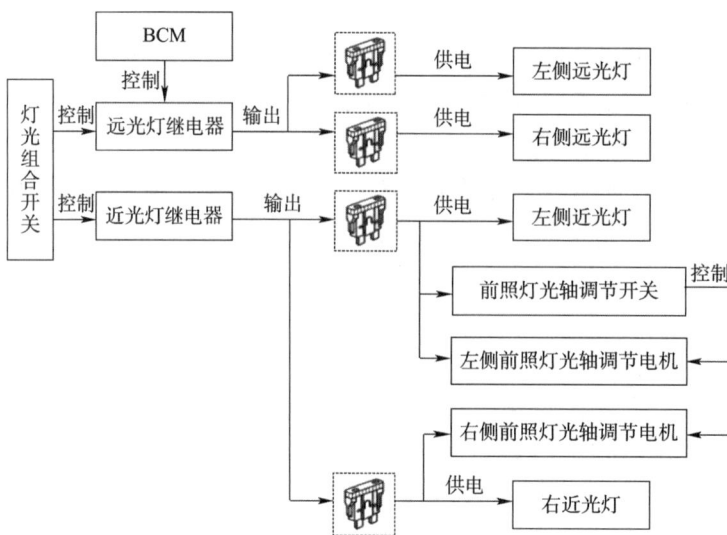

图 1-25　新能源汽车前照灯灯光控制原理 1

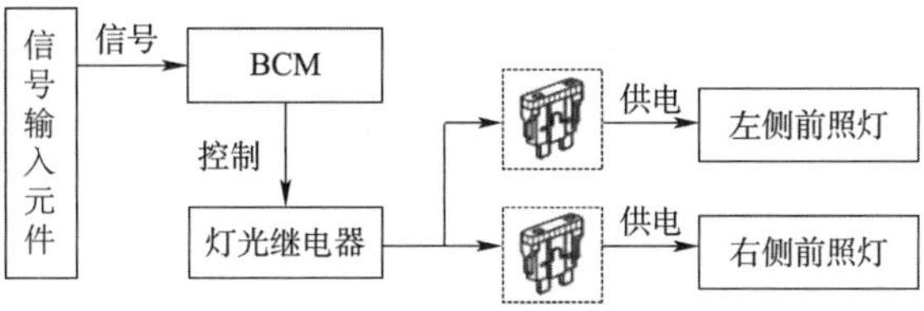

图 1-26　新能源汽车前照灯灯光控制原理 2

小贴士

　　杨叔子,1933 年 9 月 5 日出生于江西湖口,2022 年 11 月 4 日逝世,享年 89 岁。杨叔子是我国著名机械工程专家,中国科学院院士。

　　1981 年,杨叔子前往美国威斯康星大学麦迪逊分校做高级访问学者。访问期间,杨叔子接触到了时间序列分析的相关研究,并意识到其在机械制造领域的应用价值。回国后,杨叔子将在美国学习的收获与教学科研相结合,大力推进时间序列分析在国内机械制造领域的应用,填补了国内相关研究领域的空白。

　　为了攻克钢丝绳断丝定量检测这一 20 世纪国际公认的难题,杨叔子与师汉民等人齐心协力,通宵达旦地工作,于 1987 年年底初步研制出了钢丝绳断丝的定量检测技术。杨叔子又带领团队与煤炭部抚顺煤研所合作,成功研制出"钢丝绳断丝定量检测系统"。

　　后来,杨叔子敏锐地注意到人工智能与机械制造相融合的发展趋势,他发现仅仅将人工智能引入机械制造,只会形成一个个"智能化孤岛"。要迈向智能系统的全面智能化,必须从"人工智能在机械制造中的应用"上升到"智能制造"。

　　如今,智能制造已上升为国家战略。而杨叔子早在 20 世纪 80 年代末就已经敏锐地预判到这一趋势,并且为迎接我国智能制造时代的到来做出了开创性的贡献。不过,鉴于当时国内制造业水平与工业发达国家之间的差距,大部分人并不认可智能制造这一概念,但杨叔子坚信智能制造将是 21 世纪的主流制造技术。

　　杨叔子的一生成果斐然,但他一直保持谦逊。他曾说:"回顾我这一生,在党的培育下,在同志们的帮助下做了一点工作,我是幸福的。"

(二)制订工作方案

1. 任务分工(表 1-8)

学生任务分配表　　　　　　　　　　　　　　　　　　　　表 1-8

班级		组号		指导老师	
组长		任务分工			
组员 1		任务分工			

班级		组号		指导老师	
组员2		任务分工			
组员3		任务分工			
组员4		任务分工			
组员5		任务分工			
组员6		任务分工			

2. 工量具、仪器设备与耗材准备

(1)使用的工量具有：_____。

(2)使用的仪器设备有：_____。

(3)使用的耗材有：_____。

3. 具体方案描述

_____

_____

_____

_____

三 计划实施

(一)安全注意事项及技能要点

1. 安全注意事项

(1)确保学生完全在教师的指导下,在授权的范围内进行操作。

(2)禁止学生在不穿戴安全防护用品的情况下,接触车辆的任何部件。

(3)学生应充分了解其职责范围,绝不擅自对照明线路进行任何拆装。

(4)在任何时候都应注意自身的人身安全防护。

(5)切勿用手指触摸灯泡玻璃,防止损坏玻璃体导致受伤。

(6)检测用的仪器仪表使用完毕后,应及时关闭电源。

(7)能够规范使用车辆防护、隔离警示等设备。

(8)工作中及完成任务后,应遵守实训场地"8S"管理。

(9)确保在车辆下电状态下,对照明线路进行检查和更换。

2. 技能要点

(1)拆卸前照灯总成的方法。

(2)检测前照灯灯泡的方法。

(3)检测前照灯线路是否完好的方法。

（二）新能源汽车前照灯检查

1. 新能源汽车前照灯拆装(表1-9)

新能源汽车前照灯拆装的操作方法及说明　　　　　表1-9

步骤	操作方法及说明	质量标准及记录
1. 作业前准备工作	(1) 布置作业前现场环境 	□正确设置隔离栏 □正确放置安全警示牌 □正确检查灭火器 □铺设车外三件套
	(2) 检查防护用具 	□正确检查棉手套有无破损
	(3) 检查仪表工具 	□正确检查万用表 □正确进行绝缘测试仪短路测试 □正确进行绝缘测试仪开路测试

步骤	操作方法及说明	质量标准及记录
1.作业前准备工作	（4）准备常用工具 	□手电筒 □螺丝刀
2.新能源汽车前照灯拆卸	（1）拆卸蓄电池负极，并做好防护 	□正确断开辅助蓄电池负极 □辅助蓄电池负极缠上胶布
	（2）拆卸前保险杠总成 	□正确拆卸保险杠总成，无破损、无刮花

续上表

步骤	操作方法及说明	质量标准及记录
2. 新能源汽车前照灯拆卸	(3)断开前照灯总成线束连接器 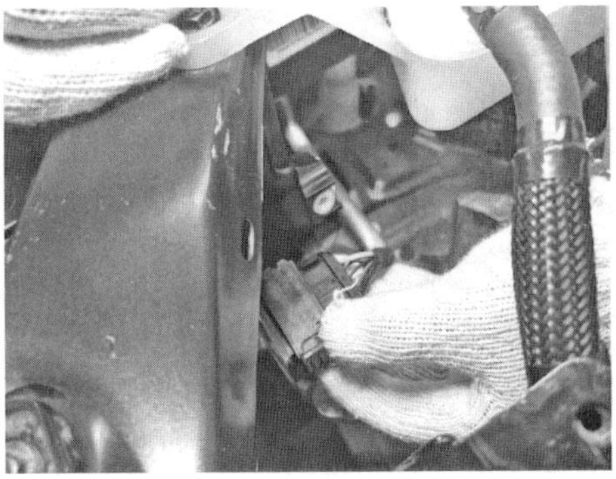	□插头、卡扣无破损,插头无破损
	(4)拆卸前照灯总成4个螺栓 	□正确选择工具 □正确使用工具 □分多次拧松固定螺钉 □固定螺钉无滑牙,无掉落
	(5)拆卸前照灯总成 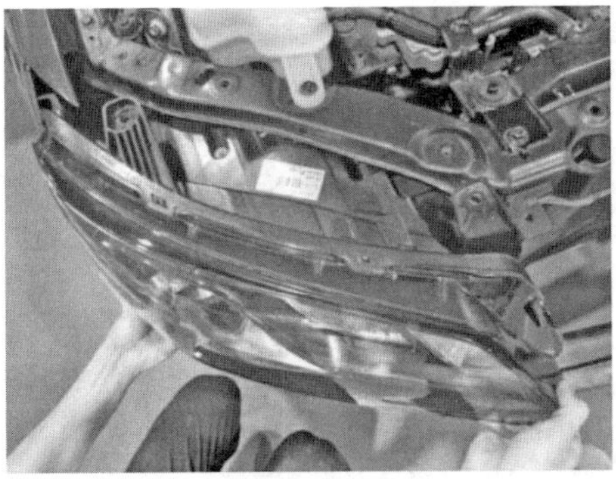	□拆下两个螺栓和螺钉 □脱开卡爪 □断开连接器并拆下后灯总成

步骤	操作方法及说明	质量标准及记录
2. 新能源汽车前照灯拆卸	(6)检查前照灯总成  	□切勿用手指触摸灯泡玻璃,防止损坏玻璃体
	(7)安装前照灯总成4个螺栓  	□按要求施加扭力 □正确使用工具
	(8)安装前照灯总成线束连接器 	□将前照灯总成线束连接器接插件安装到位,无松脱

续上表

步骤	操作方法及说明	质量标准及记录
2.新能源汽车 前照灯拆卸	(9)安装前保险杠总成 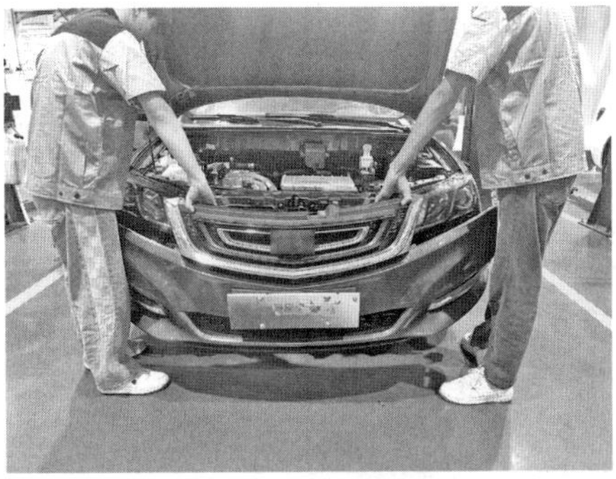 	□正确安装保险杠总成,无破损、无刮花
	(10)执行场地"8S"管理  	□工量具归位 □清理场地 □设备恢复

2. 新能源汽车前照灯故障检查(表1-10)

新能源汽车前照灯故障检查的操作方法及说明　　　　表1-10

步骤	操作方法及说明	质量标准及记录
1.检测前照灯 中熔断丝、 继电器 和组合开关	(1)检查熔断丝 IF22 是否熔断 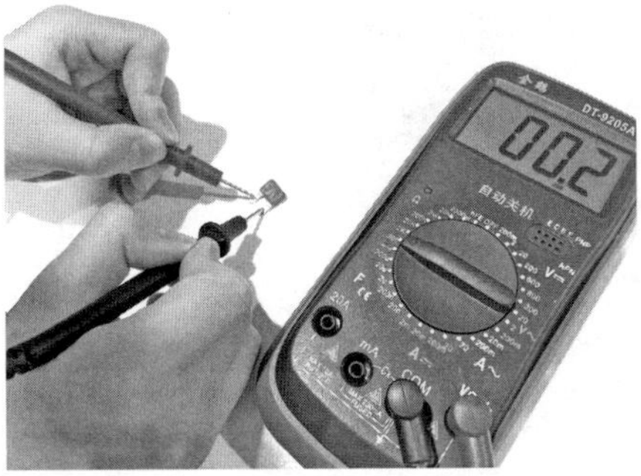 	□操作启动开关,使车辆电源模式至 OFF 挡状态 □拔下熔断丝 IF22,使用万用表测量熔断丝的电阻,测量值为:_____ 结果判断:_____

步骤	操作方法及说明	质量标准及记录
1.检测前照灯中熔断丝、继电器和组合开关	（2）检查熔断丝 EF10 是否熔断 	□操作启动开关,使车辆电源模式至 OFF 挡状态 □拔下熔断丝 EF10,使用万用表测量熔断丝的电阻,测量值为:_____ 　结果判断:_____
	（3）检查近光灯继电器 ER02 	□拔下前照灯继电器 □用万用表测量前照灯继电器 86 脚与 85 脚之间的电阻,测量值为_____ Ω □继电器 85 脚和 86 脚分别连接到 12V 蓄电池的正负极,同时用万用测量继电器 30 与 87 脚之间的电阻,电阻标准值:<1Ω,测量值为_____ Ω
	（4）检查灯光组合开关 	□拔下线束连接器 IP26; □接通组合开关的前照灯挡,同时用万用表测量 IP26 的 16 和 13 端子之间的电阻,电阻标准值:<1Ω,测量值为_____ Ω

续上表

步骤	操作方法及说明	质量标准及记录
2. 检测前照灯电路中各线路连接情况	（1）分别检查前照灯 CA06 端子 1 和 6、CA24 端子 1 和 6 的电压 	□断开前照灯线束连接器 CA06 和 CA24 □接通前照灯开关，同时用万用表测量前照灯线束连接器 4 个端子与车身搭铁之间的电压，标准值为 11 ~ 14V，测量值为_____ 结果判断：_____
	（2）检查 IP26 端子 13 与 CA06 端子 5 之间的线路 	□用万用表测量 IP26 端子 13 与近光灯继电器 ER02 的 85 号端子之间的电阻，电阻标准值为 70 ~ 90Ω，测量值为_____Ω 结果判断：_____
	（3）分别检查 CA06 端子 3 和 5 与搭铁点 G08 之间的线路 	□用万用表测量 CA06 端子 3 和 5 与搭铁点 G08 的电阻，电阻标准值为_____Ω，测量值为_____Ω 结果判断：_____

步骤	操作方法及说明	质量标准及记录
3.更换 近远光灯	(1)打开前照灯后盖 	□后盖无破损
	(2)断开近远光灯线束连接器 	□插头、卡扣无破损
	(3)拆卸近光灯 	□正确拆卸灯座卡扣,无损坏 □正确拆卸近光灯,灯泡无损坏 □线束无破损

步骤	操作方法及说明	质量标准及记录
	（4）检测近光灯情况 	□目视检查左、右近光灯灯丝是否熔断或者发黑 □使用万用表测量灯泡的电阻,测量值为: 左前照灯:＿＿＿＿＿＿ 右前照灯:＿＿＿＿＿＿ 结果判断:＿＿＿＿＿＿
3.更换 近远光灯	（5）安装近光灯 	□正确安装灯座卡扣,无损坏 □正确安装近光灯,灯泡无损坏 □线束无破损
	（6）拆卸远光灯 	□正确拆卸灯座卡扣,无损坏 □正确拆卸远光灯,灯泡无损坏 □线束无破损

续上表

步骤	操作方法及说明	质量标准及记录
3.更换近远光灯	(7)检测远光灯情况 	□目视检查左、右远光灯灯丝是否熔断或者发黑 □使用万用表测量灯泡的电阻,测量值为: 左前照灯:＿＿＿＿＿＿ 右前照灯:＿＿＿＿＿＿ 结果判断:＿＿＿＿＿＿
	(8)安装远光灯 	□正确安装灯座卡扣,无损坏 □正确安装远光灯,灯泡无损坏 □线束无破损
	(9)安装近远光灯线束连接器 	□插头、卡扣无破损

步骤	操作方法及说明	质量标准及记录
3.更换近远光灯	（10）安装前照灯后盖 	□后盖无破损
	（11）安装蓄电池负极，车辆上电 	□蓄电池负极无松动
	（12）开启近光灯，检查近远光的安装情况 	□近光灯正常亮起 □如果近光灯不亮，原因： _____

续上表

步骤	操作方法及说明	质量标准及记录
3.更换近远光灯	(13)开启远光灯,检查近远光的安装情况  	□远光灯正常亮起 □如果远光灯不亮,原因: _____
	(14)执行场地"8S"管理  	□完成 □未完成,原因:_____ _____

四 ⚡ 评价反馈

(一)活动总结与反思(表1-11)

总结与反思   表1-11

1.如何检测前照灯的故障

2. 活动过程总结

3. 活动结果总结

4. 需要改进的地方

(二)活动评价(表1-12)

评价表 表1-12

评分项目	评分标准	分值	得分
学习目标	能明确本任务的知识、技能、素养目标,理解任务在工作中的重要程度	5	
工作任务分析	能清晰描述完成本次工作任务内容	2	
	能清晰描述完成本次工作任务需必备的技能与知识点	2	
有效信息获取	前照灯的类型	2	
	前照灯的安装位置	2	
	前照灯的作用	2	
	查找并分析电路图	1	
	前照灯的拆卸	2	
	前照灯故障检测	4	
	前照灯故障排除	5	

续上表

评分项目	评分标准	分值	得分
实施方案制定	能清晰地制定并填写本次新能源汽车前照灯不亮检修作业计划	3	
	能组织或协同工作小组成员,明确本次任务所需的仪器设备、工具、材料的准备与清点,并准备记录	2	
	能组织或协同工作小组成员交流,优化检查方案并记录	5	
任务实施	新能源汽车前照灯拆卸操作方法及准备工作	7	
	新能源汽车前照灯电路元件检测方法	10	
	新能源汽车前照灯线路检测方法	10	
	新能源汽车前照灯安装方法及场地恢复	10	
	新能源汽车前照灯电路图的维修手册的查阅	10	
任务评价	能过本次任务实施,结合自己在实训过程中的表现,进行自我评价及自我反思并记录	3	
职业素养	按规定时间完成项目作业	2	
	遵守实训室管理规定、劳动纪律	2	
	积极参与课堂活动、回答问题	2	
	能够按时出勤	2	
思政要求	能积极参与小组讨论,发挥团队合作精神;具有较强的安全意识、责任意识;遵守劳动纪律,以积极的态度接受工作任务;学习过程遵循"8S"管理规定	5	
得分(满分100)			

改进建议:

教师签字:

日期:

学习活动3 新能源汽车前照灯灯光的检测与调整

明确任务

某4S店维修售后小组接到一张任务工单:一辆2017款吉利帝豪EV300纯电动汽车,行驶里程为70000km,在某天夜间行驶过程中发现前照灯光束照射范围不正常。

如果你是小组成员,你会如何检修该故障呢?

二 工作准备与计划制订

(一)知识准备

1. 前照灯光束照射位置要求

国家标准《机动车运行安全技术条件》(GB 7258—2017)中,关于汽车前照灯光束照射位置要求的规定如下。

在空载车状态下,汽车、摩托车前照灯近光光束照射在距离10m的屏幕上,近光光束明暗截止线转角或中点的垂直方向位置,对近光光束透光面中心(基准中心,下同)高度不大于1000mm的机动车,应不高于近光光束透光面中心所在水平面以下50mm的直线,且不低于近光光束透光面中心所在水平面以下300mm的直线;对近光光束透光面中心高度大于1000mm的机动车,应不高于近光光束透光面中心所在水平面以下100mm的直线,且不低于近光光束透光面中心所在水平面以下350mm的直线。除装用一只前照灯的三轮汽车和摩托车外,前照灯近光光束明暗截止线转角或中点的水平方向位置,与近光光束透光面中心所在处置面相比,向左偏移应不大于170mm,向右偏移应不大于350mm。

在空载车状态下,对于能单独调整远光光束的汽车、摩托车前照灯,前照灯远光光束照射在距离10mm的屏幕上,其发光强度最大点的垂直方向位置,应不高于远光光束透光面中心所在水平面(高度值为 H)以上100mm的直线,且不低于远光光束透光面中心所在水平面以下 $0.2H$ 的直线。除装用一只前照灯的三轮汽车和摩托车外,前照灯远光发光强度最大点的水平位置,与远光光束透光面中心所在垂直面相比,左灯向左偏移应不大于170mm且向右偏移应不大于350mm,右灯向左和向右偏移均应不大于350mm。

2. 前照灯发光强度要求

发光强度是表示光源亮度的物理量,单位是坎德拉(cd)。

机动车每只前照灯的远光光束发光强度应达到表1-13的要求;并且,在同时打开所有前照灯(远光)时,其总的远光光束发光强度应符合《汽车及挂车外部照明和光信号装置的安装规定》(GB 4785—2019)的规定。测试时,电源系统应处于满电状态。

前照灯远光光束发光强度最小值要求(单位:坎德)   表1-13

机动车类型	检查项目					
	新注册车			在用车		
	一灯制	二灯制	四灯制①	一灯制	二灯制	四灯制①
三轮汽车	8000	6000	—	6000	5000	—
最大设计车速小于70km/h 的汽车	—	10000	8000	—	8000	6000

续上表

机动车类型		检查项目					
		新注册车			在用车		
		一灯制	二灯制	四灯制①	一灯制	二灯制	四灯制①
其他汽车		—	18000	15000	—	15000	12000
普通摩托车		10000	8000	—	8000	6000	—
轻便摩托车		4000	3000	—	3000	2500	—
拖拉机运输机组	标定功率>18kW	—	8000		—	6000	
	标定功率≤18kW	6000②	6000	—	5000②	5000	—

注:①四灯制是指前照灯具有四个远光光束;采用四灯制的机动车其中两只对称的灯达到两灯制的要求时视为合格。

②允许手扶拖拉机运输机组只装用一只前照灯。

3. 前照灯的检测方法

前照灯的检测方法一般有_____、_____和____三种。

1)屏幕检测法

用屏幕法检测前照灯光束照射位置时,检查用场地应平整、屏幕与场地应平直、被检验的车辆应在空载、轮胎气压正常、乘坐 1 名驾驶人的条件下进行。将车辆停置于屏幕前,并与屏幕垂直,使前照灯基准中心距屏幕 10m,在屏幕上确定与前照灯基准中心离地面距离 H 等高的水平基准线及以车辆纵向中心平面在屏幕上的投影线为基准确定的左右前照灯基准中心位置线。分别测量左右远近光束的水平或垂直照射方位的偏移值。

根据检测标准,检测调整前照灯光束的照射位置时,对远、近双光束灯应以检测调整近光光束为主。对于远光单光束前照灯,则要检测远光光束的照射位置。用屏幕法检测前照灯简单易行,但只能检测出光束的照射位置,不能检测发光强度。为适应不同车型的检测,需经常更换屏幕,检测效率低,同时,需要占用较大场地。因此,目前广泛采用前照灯校正仪对汽车前照灯进行检测,如图1-27 所示。

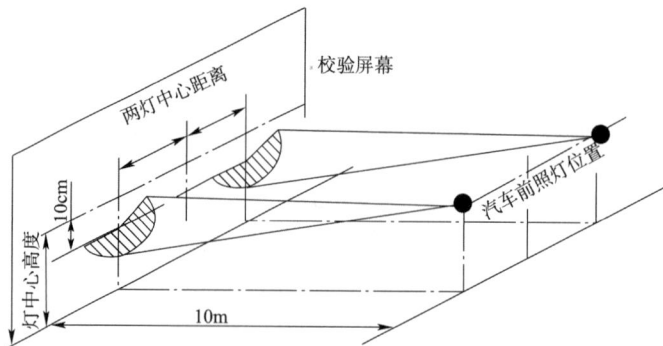

图 1-27　屏幕法检测汽车前照灯光束位置示意图

2)仪器检测法

前照灯检测仪一般采用具有能把光能转变为电流的硅光电池,按前照灯主光轴照射硅光电池产生电流的比例,测量前照灯的发光强度和光轴偏斜量的。前照灯检测仪按其构造特点可分为_____、_____和_____3种类型;按其自动化程度则可分为_____和_____2种类型。前照灯检测仪都是由受光器、照准装置、发光强度指示装置、光轴偏斜指示装置以及支柱、底座、导轨等组成。目前,国内的汽车检测站和汽车生产企业出厂检测线上常使用的有投影式前照灯检测仪(图1-28)和自动跟踪光轴式前照灯检测仪(图1-29)。

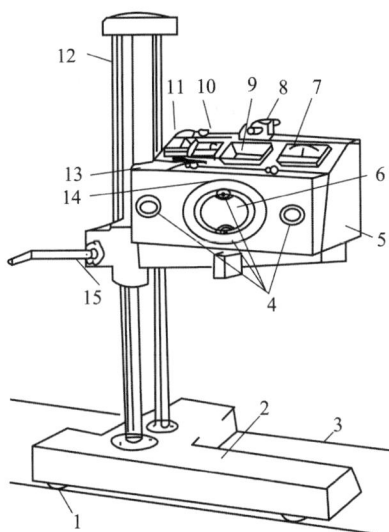

图1-28 投影式前照灯检测仪
1-车轮;2-底座;3-导轨;4-光电池;5-受光器;6-聚光透镜;7-光度计;8-车辆摆正找准器;9-投影屏;10-上下偏斜指示计;11-左右偏斜指示计;12-支柱;13-光轴刻度盘(左、右);14-光轴刻度盘(上、下);15-上下移动手柄

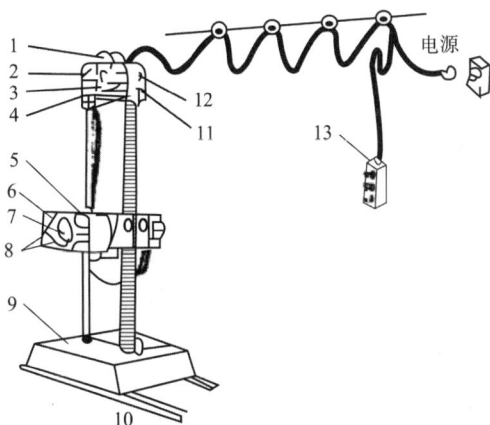

图1-29 自动跟踪光轴式前照灯检测仪
1-在用显示器;2-左右偏斜指示计;3-光度计;4-上下偏斜指示计;5-车辆摆正找准器;6-受光器;7-聚光透镜;8-光电元件;9-控制箱;10-导轨;11-熔断丝;12-电源开关;13-控制盒

(1)前照灯检测仪。

前照灯检测仪主要包含主机组成部分、标定器组成部分及导轨组成部分。

机动车前照灯检测仪执行检测任务的过程中,接受检测的机动车须沿着与前照灯检测仪运行轨道相垂直的方向行驶。在机动车到达限位开关组件施加触发作用的位置时,机动车停止行驶,并且启动远光灯组件或者近光灯组件。机动车前照灯检测仪开始启动、运行,对机动车前照灯组件的远光发光强度、远光光束偏移量、近光明暗截止线交叉点偏移量及前照灯基准中心高度等多项参数进行检测和调整,从而确保机动车行驶过程中的安全性和稳定性。

严格遵照《机动车前照灯检测仪》(JJG 745—2016)的相关要求,对机动车前照灯检测仪检定前的校准器进行安装操作,如图1-30所示。

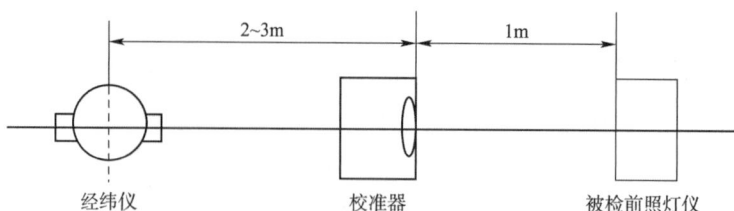

图 1-30　前照灯检测仪检定前校准器安置示意图

将前照灯检测仪校准器的光轴偏移角调整到 0，将校准器的发光强度按照 8kcd、15kcd、20kcd、25kcd、30kcd、40kcd 的顺序逐渐增大，并读取前照灯检测仪对应的发光强度示值。

（2）全自动检测前照灯。

全自动检测前照灯只测远光灯，不测近光灯，光轴下偏移与 H 无关，计算机自动判断，限值在下偏移某两角度范围内。

按规定，应检测前照灯远光发光强度，对采用远、近光双丝组合的灯泡，为防止会车时产生眩目并保证安全，在检测和调整前照灯光束照射位置时，应以近光光束为准。目前，许多检测站前照灯的检测工艺是不正确的，对修理和调整造成了严重误导。

4. 前照灯检测步骤

1）检验前仪器及车辆准备

检验前，仪器及车辆准备如下：

（1）前照灯检测仪受光面应清洁。

（2）对手动式前照灯检测仪应检查其电池电压是否在规定范围内。

（3）轨道内应无杂物，使仪器移动轻便。

（4）前照灯应清洁。

2）自动式前照灯检测仪检验

采用自动式前照灯检测仪检验时，按以下步骤进行：

（1）车辆沿引导线居中行驶至规定的检测距离处停止，车辆的纵向轴线应与引导线平行；如不平行，车辆应重新停放，或采用车辆摆正装置进行拨正。

（2）置变速器于空挡，车辆电源处于充电状态，开启前照灯远光灯。

（3）向自动式前照灯检测仪发出启动测量的指令，仪器自动搜寻被检前照灯，并测量其远光发光强度。

（4）按步骤（3）完成车辆所有前照灯的检测。

（5）在对并列的前照灯（四灯制前照灯）进行检验时，应将与受检灯相邻的灯遮蔽。

（6）采用气体放电光源前照灯时，测试前应预热。

3）特殊情况处理

若前照灯远光发光强度检测不合格，但经确认确实属于前照灯检测仪与车辆前照灯技术不匹配，经授权签字人确认后视同合格，并记录在检验表中。

小贴士

邓中夏,1894年10月5日出生于湖南省宜章县邓家湾村,是我党早期的一位卓越领导人和杰出的工人运动领袖,又是我党的一位重要理论家和学者。

1933年5月15日,邓中夏在上海工作时不幸被捕,被叛徒供出了真实身份。在狱中,他以一个共产党员的钢铁意志挺住了敌人的残酷摧残。监狱地下党支部通过难友对邓中夏说:"同志们很关心你,你有什么打算?"邓中夏听后激动地说:"请你告诉大家,就是把邓中夏的骨头烧成灰,邓中夏还是共产党员。"

邓中夏在自己生命的最后时刻,给党中央写了一封信,他深情地写道:"同志们,我快要到雨花台去了,你们继续努力奋斗吧! 最后胜利终究是我们的!"

1933年9月21日,雨花台刑场上,邓中夏大声高呼"打倒国民党反动派!""中国共产党万岁!""全世界无产阶级联合起来!"英勇就义时,年仅39岁。

(二)制订工作方案

1.任务分工(表1-14)

学生任务分配表　　　　表1-14

班级		组号		指导老师	
组长		任务分工			
组员1		任务分工			
组员2		任务分工			
组员3		任务分工			
组员4		任务分工			
组员5		任务分工			
组员6		任务分工			

2.工量具、仪器设备与耗材准备

(1)使用的工量具有:_____。

(2)使用的仪器设备有:_____。

(3)使用的耗材有:_____。

3.具体方案描述

_____

_____

_____

_____

三 计划实施

(一)安全注意事项及技能要点

1.安全注意事项

(1)确保学生完全在教师的指导下,在授权的范围内进行操作。

(2)禁止学生在不穿戴安全防护用品的情况下,接触车辆的任何部件。

(3)学生应充分了解其职责范围,绝不擅自对照明线路进行任何拆装。

(4)在任何时候都应注意自身的人身安全防护。

(5)切勿用手指触摸灯泡玻璃,防止损坏玻璃体导致受伤。

(6)检测用的仪器仪表使用完毕后,应及时关闭电源。

(7)能够规范使用车辆防护、隔离警示等设备。

(8)工作中及完成任务后,应遵守实训场地"8S"管理。

(9)确保在车辆下电状态下,对照明线路进行检查和更换。

2.技能要点

(1)正确使用前照灯检测仪对前照灯进行检测的方法。

(2)将前照灯调整到国家标准规定的技术状态。

(二)新能源汽车前照灯的检测与调整

1.新能源汽车前照灯检测(表1-15)

新能源汽车前照灯检测的操作方法及说明　　　　　　　表1-15

步骤	操作方法及说明	质量标准及记录
1.检测前的准备	(1)布置作业前现场环境 	□正确设置隔离栏 □正确放置安全警示牌 □正确检查灭火器 □铺设车外三件套

步骤	操作方法及说明	质量标准及记录
1. 检测前的准备	（2）检查防护用具 	□正确检查棉手套有无破损
	（3）前照灯清洁 	□干净整洁,不受外来光线的影响 □灯罩等处不得有污物或模糊不清
	（4）准备常用工具 	□万用表 □胶带 □胎压表

步骤	操作方法及说明	质量标准及记录
2. 车辆准备	(1) 车辆的停放 	□车辆放置在水平地面上,距离幕墙 3m □车辆左右两侧与幕墙距离相等
	(2) 检查车辆轮胎气压 	□标准气压＿＿＿＿＿＿ □实测气压＿＿＿＿＿＿
	(3) 检查车辆蓄电池电压 	□标准气压＿＿＿＿＿＿ □实测气压＿＿＿＿＿＿

步骤	操作方法及说明	质量标准及记录
2.车辆准备	（4）检查车辆蓄电池上电电压 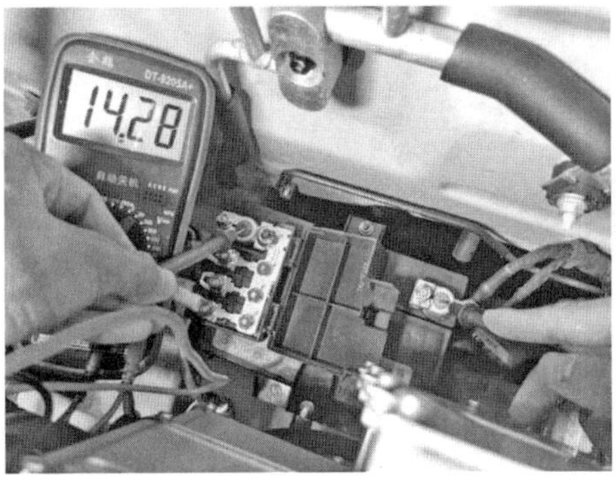 	□标准气压_____ □实测气压_____
	（5）检查车辆的负载状态  	□处于空载状态 □只乘坐一名驾驶人
	（6）检查前、后侧保险杠状态 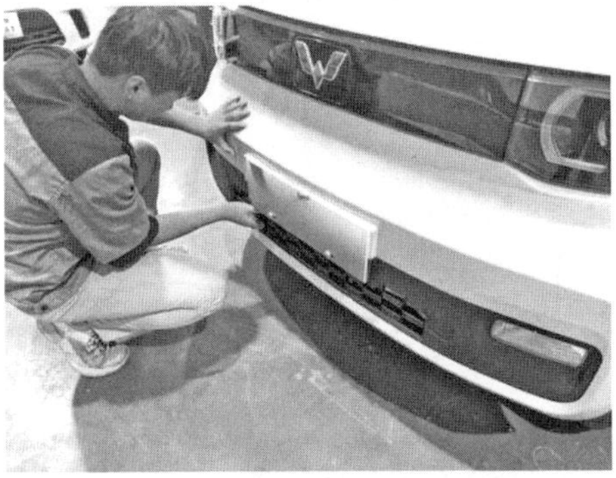 	□保险杠未松动 □保险杠未变形

步骤	操作方法及说明	质量标准及记录
2. 车辆准备	（7）检查大灯高度调节开关位置  	□开关置于"0"的位置

2. 新能源汽车前照灯调整(表1-16)

新能源汽车前照灯调整的操作方法及说明　　　　　表 1-16

步骤	操作方法及说明	质量标准及记录
1. 新能源汽车前照灯调整前的准备	（1）在幕墙上贴一条垂直的胶带或标记,使标记线与车辆的中心线对齐,作为车中心垂直线  	□完成 □未完成
	（2）测量灯泡中央位置到地板的距离,幕墙上的水平胶带或标记,用作车灯中心高度水平线  	□完成 □未完成

步骤	操作方法及说明	质量标准及记录
1.新能源汽车前照灯调整前的准备	(3)测量车辆中线与各前照灯中心的距离。将该标记对应转移到幕墙上。在幕墙上参照各前照灯灯泡的中心线贴垂直胶带或标记 	□完成 □未完成
2.新能源汽车前照灯调整	(1)检测前照灯光束位置 	□前照灯安装位置是否正常 □近光灯束是否合格 □远光灯束是否合格
	(2)前照灯光束水平位置调整 	□左、右车灯中心垂直线与车中心垂直线距离相等

续上表

步骤	操作方法及说明	质量标准及记录
2.新能源汽车前照灯调整	（3）前照灯光束垂直位置调整  	□左、右车灯中心高度一致

四 ⚡ 评价反馈

（一）活动总结与反思（表1-17）

总结与反思 　　　　　　　　　　　　　　　　　表1-17

1.如何进行前照灯的检测与调整   2.活动过程总结   3.活动结果总结

4.需要改进的地方

(二)活动评价(表1-18)

评价表   表1-18

评分项目	评分标准	分值	得分
学习目标	能明确本任务的知识、技能、素养目标,理解任务在工作中的重要程度	5	
工作任务分析	能清晰描述完成本次工作任务内容	2	
	能清晰描述完成本次工作任务需必备的技能与知识点	2	
有效信息获取	前照灯光束照射位置的要求	2	
	前照灯的发光强度	2	
	前照灯灯光的检测项目	2	
	写出前照灯的检测方法	7	
	前照灯的调整步骤	5	
实施方案制定	能清晰地制定并填写本次新能源汽车前照灯灯光的检测与调整作业计划	3	
	能组织或协同工作小组成员,明确本次任务所需仪器设备、工具、材料的准备与清点,并准备记录	2	
	能组织或协同工作小组成员交流,优化检查方案并记录	5	
任务实施	新能源汽车前照灯电路图的维修手册及相关国家标准的查阅	7	
	新能源汽车前照灯检测与调整的准备工作	10	
	新能源汽车前照灯的检测方法	10	
	新能源汽车前照灯的仪器检测法	10	
	新能源汽车前照灯的调整及场地恢复	10	
任务评价	能过本次任务实施,结合自己在实训过程中的表现,进行自我评价及自我反思并记录	3	

续上表

评分项目	评分标准	分值	得分
职业素养	按规定时间完成项目作业	2	
	遵守实训室管理规定、劳动纪律	2	
	积极参与课堂活动、回答问题	2	
	能够按时出勤	2	
思政要求	能积极参与小组讨论,发挥团队合作精神;具有较强的安全意识、责任意识;遵守劳动纪律,以积极的态度接受工作任务;学习过程遵循"8S"管理规定	5	
得分(满分100)			

改进建议:

教师签字:

日期:

学习活动 4　新能源汽车雾灯不亮故障检修

一　明确任务

某 4S 店售后维修小组接到一辆 2019 款五菱 EV50 纯电动车辆,累计行驶里程约为 70000km。车主反映,车辆雾天行车时,后雾灯无法开启。如果你是维修小组的成员之一,应该如何检修该故障?

二　工作准备与计划制订

(一)知识准备

1. 雾灯的种类

雾灯分为_____和_____,_____一般为明亮的黄色,_____则为红色。

_____一般用于雨雾天改善车前道路照明,_____则用于警示尾随车辆保持安全距离。在有雾的天气,前后雾灯通常是一起使用的。

2.雾灯的标志

前雾灯的标志左边是三条斜线,由一条弯曲的线穿过,右边是半椭圆形的图形,如图 1-31 所示。后雾灯的标志左边是半椭圆形的图形,右边是三条横线,由一条弯曲的线穿过,如图 1-32 所示。

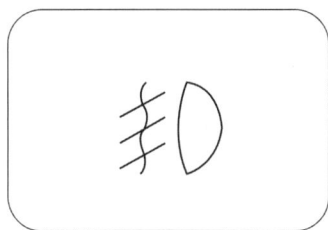

图 1-31　前雾灯的标志　　　　图 1-32　后雾灯的标志

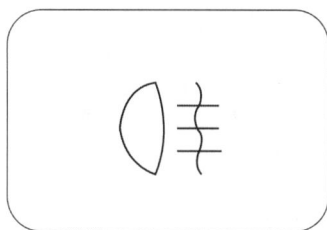

雾灯指示灯
功用

后雾灯的标志和前雾灯有一点区别,前雾灯标志的灯光线条是_____的,后雾灯的是_____的,一般位于车内的_____上。由于雾灯亮度高、穿透性强,不会因雾气而产生漫反射,所以正确使用雾灯,能够有效预防事故的发生。在有雾的天气,前后雾灯通常是一起使用的。

3.雾灯的安装位置

前雾灯装于汽车前部比前照灯稍低的位置,如图 1-33 所示。一般来说,前雾灯只能在保险杠以下、车身最贴近地面的位置,一旦雾灯装的位置高了,灯光就无法穿透雨雾照亮地面情况(雾气在 1m 以下一般比较稀薄),容易引起极大的危险。

后雾灯安装于汽车尾部的左侧位置,如图 1-34 所示。汽车后雾灯一般只安装一个,主要是为了区别后雾灯和_____。如果需要安装两个后雾灯,根据现行汽车灯光标准规定,_____与_____同时点亮时,为保证_____的可识别性,二者间距应大于 100mm。

图 1-33　汽车前雾灯安装位置　　　　图 1-34　汽车后雾灯安装位置

4.雾灯的开关

目前,绝大部分在售车型的雾灯开关都会设置在转向盘左后方或左侧,并且会有显眼的标识。开启示廓灯之后,就可以开启雾灯了。其中,前雾灯是可以单独开启的;后雾灯只能与前雾灯同时开启,无法单独开启。雾灯开关的样式主要有三种,分别是按键式、拨杆式和旋钮式。不同的汽车厂商都会有自己惯用的雾灯开启方式。

图 1-35　按键式雾灯开关

1)按键式雾灯开关

这种雾灯开关在通用汽车及福特汽车等美系品牌中比较常见。这种开启方式的特点是操作方便,一按即能实现相应的功能,如图 1-35 所示。

2)拨杆式雾灯开关

拨杆式灯光控制系统将所有的控制功能集中在一根拨杆上,如图 1-36 所示。按顺序旋转操作杆端部便可以依次打开各种灯光。雾灯开关位于操作杆的里侧,依靠旋转进行控制,向上拧一格开启前雾灯,拧两格前后雾灯都开启,反之关闭。

3)旋钮式雾灯开关

旋钮式雾灯开关是将车辆灯光开关集中到了旋钮上,如图 1-37 所示。开启雾灯时须顺时针拧动旋钮,在任一灯光挡位,往外拉一下旋钮则可开启前雾灯,拉两下前后雾灯都开启,回推则关闭雾灯。

图 1-36　拨杆式雾灯开关

图 1-37　旋钮式雾灯开关

5.雾灯的作用

(1)提高视距:前雾灯可以增大驾驶人的视距,使驾驶人在雾气笼罩的路面上看得更远更清晰,减少因视线模糊而引起的交通事故。

(2)提供道路照明:前雾灯可以在低能见度的天气条件下为驾驶人提供道路照明,帮助驾驶人拓宽近距离两侧视野,以便更好地观察前方和周围的交通环境。

(3)为车辆提供安全保障:前后雾灯的照明效果可以提高车辆外观的可见性,使其他车辆更容易发现和识别该车辆,从而增加行驶安全性。

前雾灯和近光灯的区别主要体现在_____、_____、_____等,这些方面前雾灯都比近光灯要强。只开近光灯的情况下,视距范围 20°~35°,如图 1-38 所示;有了前雾灯的加持,视距范围可拓宽至100°~120°,如图 1-39 所示。可见雾灯对于拓宽近距离两侧视野也是非常有用的,在能见度低于_____m 的时候雾灯和近光灯要一起开。前雾灯的穿透力很强,在大雾的天气里,能够穿透浓雾,让人看清楚前方道路,但是雾灯只能是在大雾天气里使用的,它的功率要比近光灯高很多,为 35~

55W,照射的角度、亮度、穿透性也比近光灯高很多,在大雾天气里,能够起到很好的作用。但是因为它的穿透性过强,所以比较晃眼,如果在正常天气使用雾灯,就会对前后车驾驶人造成很大的干扰,很容易造成事故的发生。

图1-38 近光灯的视距范围

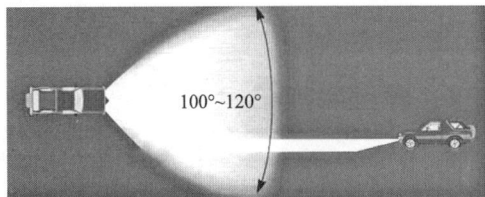

图1-39 近光灯+雾灯的视距范围

近光灯能够照亮车前一定距离的范围,功率比较低,照射角度低于水平线。在行驶的时候使用近光灯,对其他车辆的影响和干扰不大。不过若是大雾天气,穿透力很弱的近光灯就不行了,驾驶人很难依靠近光灯分辨清楚路况,此时需要使用雾灯去弥补近光灯无法穿透暴雨及浓雾的缺陷。

后雾灯的穿透力比双闪灯更强,在雨天或雾天时,可以更好地提醒后方车辆,使其及时发现你的车辆位置。

《中华人民共和国道路交通安全法实施条例》第五十八条就雾灯的使用做了如下规定:"机动车在夜间没有路灯、照明不良或者遇有雾、雨、雪、沙尘、冰雹等低能见度情况下行驶时,应当开启前照灯、示廓灯和后位灯,但同方向行驶的后车与前车近距离行驶时,不得使用远光灯。机动车雾天行驶应当开启雾灯和危险报警闪光灯。"

6. 雾灯的相关参数

新能源汽车雾灯相关参数,见表1-19。

新能源汽车雾灯相关参数 表1-19

雾灯	灯泡颜色	灯泡型号	功率(W)	材料
前雾灯	黄色	H1/H3/H4/H7/H8/H11/9004/9005/9006	35~55	卤素灯泡/LED灯泡
后雾灯	红色	P21W/W21W/P27W/W16W	16~27	卤素灯泡/LED灯泡

由于雾灯安装位置较低,经常会遇到涉水或沾上粉尘、泥浆的情况,所以雾灯的结构和工艺跟汽车大灯不一样。一般来说,雾灯的密封性更好,加上雾灯的体积较小,散热性能较差,雾灯长时间使用会比大灯更容易损耗,特别是,某些雾灯采用全密封设计,烧了灯泡不能单独更换灯泡,只能更换整组雾灯。

7. 后雾灯的电路分析

查阅五菱EV50的维修手册,找出后雾灯的电路图,如图1-40所示。进行以下电路分析。

(1)通过查阅维修手册,分别查找图中的三个元件:后雾灯开关、后雾灯控制器、后雾灯。

来自大灯开关　来自大灯开关

16　　17

156B-L-0.75　1

16D-R-0.5　2

17C-RW-0.5　3

9	6		7
	112B BRy0.5		21D GW0.5
114 Br0.5	16D R0.5	E5B D0.5	8
	2		
	156B L0.75	17C RW0.5	
4	1		3

后雾灯控制器

21D-GW-0.5　7

114-Br-0.5　5

小灯　26E-GR-0.5

112B-BrY-0.5　6

E5B-B-0.5　8

后雾灯开关

	5	4	6	3
OFF			⊗	
ON				

112-BrY-0.5

112-BrY-0.5

112

E14D-B-0.5

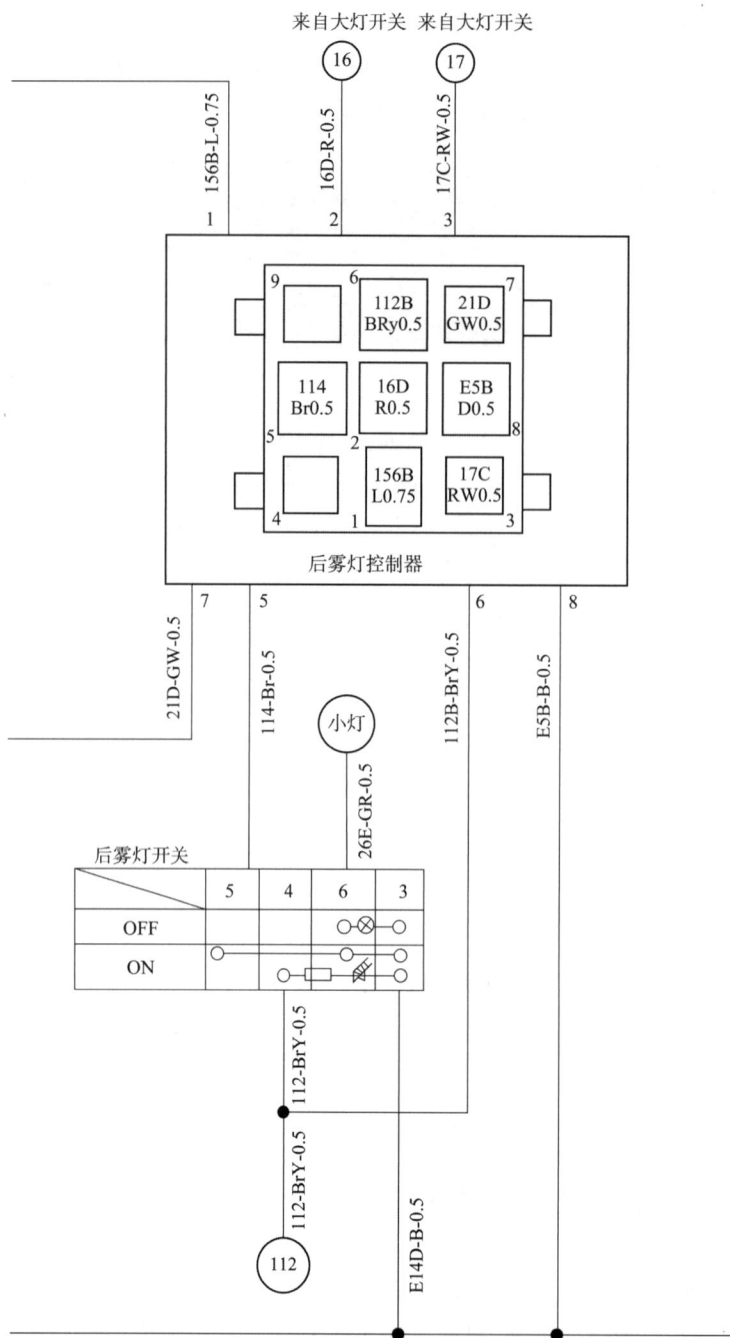

图 1-40　五菱 EV50 后雾灯电路图

（2）后雾灯通电控制：后雾灯控制器常电端为 1 号端子，将灯光组合开关打到"后雾灯"挡，控制器 5 号端子与后雾灯开关 5 号端子接通得电，通过后雾灯的 4 号端子点亮后雾灯。

（3）小灯开关调至"ON"挡时，控制器 7 号端子得电，当 2、3、4 号端子任一引脚得到使能信号(高电平)并保持,此时若5号端子接收到负极触发信号(上升沿有效,防干扰功能;延时0.3s动作),则后雾灯由灭变为亮;反之,若之前灯为亮的状态,则5号端子接收到的触发信号为关断信号,即由亮变灭,随着5号端子接收触发信号的不断更迭,灯的状态(亮或灭)不断循环改变。后雾灯点亮后,2、3、4号端子都失去使能信号并保持,后雾灯不能熄灭;只能通过5号端子触发关断或7号端子失去电源时,后雾灯才能熄灭。

(4)综上所述,只有当示廓灯(小灯)开启时,后雾灯才能打开。

8.雾灯常见故障及检修思路

新能源汽车雾灯常见故障及检修思路,见表1-20。

新能源汽车雾灯常见故障及检修思路 表1-20

故障现象	故障原因	检修思路
雾灯开关打开,左右两个雾灯均不亮	1. 雾灯本身烧坏 2. 雾灯开关损坏 3. 雾灯的控制线路或者通电线路出现断路 4. 雾灯搭铁不良	1. 检查熔断丝是否熔断。若熔断,则应查明原因、排除短路故障后更换相同规格的熔断丝 2. 检查电池是否亏电、线路是否断路 3. 检查灯光组合开关、继电器、BCM、灯泡是否损坏
雾灯亮度降低,灯光发红而暗淡	1. 灯具的散光玻璃或反光镜上积有尘垢 2. 蓄电池充电能力下降,电力不足 3. 线路老化或导线过细,造成电阻增加	1. 用绒布或镜头纸将污垢清除干净 2. 对蓄电池进行充电或更换新的蓄电池 3. 修复线路
单个雾灯灯泡不亮	1. 灯泡损坏 2. 线路故障	1. 更换灯泡 2. 修复线路

小贴士

王笑冰,中国铁路广州局集团公司海口综合维修段海口综合维修车间信号工、高级技师。他从事铁路信号设备维护工作以来,实现了28年零违章、零违纪、零事故,曾获全国劳动模范、全国铁路系统火车头奖奖章、铁路工匠等荣誉。

多年来,王笑冰和同事们肩负使命,在枯燥的工作中兢兢业业,在急难险重的任务前勇于担当,做忠于职守的海岛守路人。王笑冰参加高铁列控系统改造、海口南站计算机监测施工等中修、大修、站场改造施工100余次。每一次他都认真执行标准化作业,保证施工质量工艺,安全优质完成每一次任务。工作中,他思考最多的是设备如何能不出故障、出了故障如何最快修复。在执行信号设备检修作业标准和提升信号设备故障应急处理能力上,他坚持双管齐下,勤于动脑、善于思考,形成了独具特色的"王笑冰工作法"。笑对冰雪,直面风霜,敢于求索,勇于担当。王笑冰不断向着更高、更远的目标攀登,他用实际行动证明,辛勤的汗水加上深入的思考,可以让一个人做得更好、走得更远。

(二)制订工作方案

1.任务分工(表1-21)

学生任务分配表
表1-21

班级		组号		指导老师	
组长		任务分工			
组员1		任务分工			
组员2		任务分工			
组员3		任务分工			
组员4		任务分工			
组员5		任务分工			
组员6		任务分工			

2.工量具、仪器设备与耗材准备

(1)使用的工量具有：_____。

(2)使用的仪器设备有：_____。

(3)使用的耗材有：_____。

3.具体方案描述

_____

_____

_____

_____

三 计划实施

(一)安全注意事项及技能要点

1.安全注意事项

(1)确保学生完全在教师的指导下,在授权的范围内进行操作。

(2)禁止学生在不穿戴安全防护用品的情况下,接触车辆的任何部件。

(3)学生应充分了解其职责范围,绝不擅自对照明线路进行任何拆装。

(4)在任何时候都应注意自身的人身安全防护。

(5)切勿用手指触摸灯泡玻璃,防止损坏玻璃体导致受伤。

(6)检测用的仪器仪表使用完毕后,应及时关闭电源。

（7）能够规范使用车辆防护、隔离警示等设备。

（8）工作中及完成任务后，应遵守实训场地"8S"管理。

（9）确保在车辆下电状态下，对照明线路进行检查和更换。

2.技能要点

（1）拆卸后雾灯的方法。

（2）检测后雾灯灯泡的方法。

（3）检测后雾灯线路是否完好的方法。

（二）新能源汽车后雾灯检查

1.新能源汽车雾灯拆卸（表1-22）

新能源汽车雾灯拆卸的操作方法及说明

表1-22

步骤	操作方法及说明	质量标准及记录
1.作业前准备工作	（1）布置作业前现场环境 	□正确设置隔离栏 □正确放置安全警示牌 □正确检查火火器
	（2）检查防护用具 	□正确检查棉手套有无破损

步骤	操作方法及说明	质量标准及记录
1. 作业前准备工作	(3)检查仪表工具  	□正确检查万用表 □正确进行绝缘测试仪短路测试 □正确进行绝缘测试仪开路测试
	(4)准备常用工具 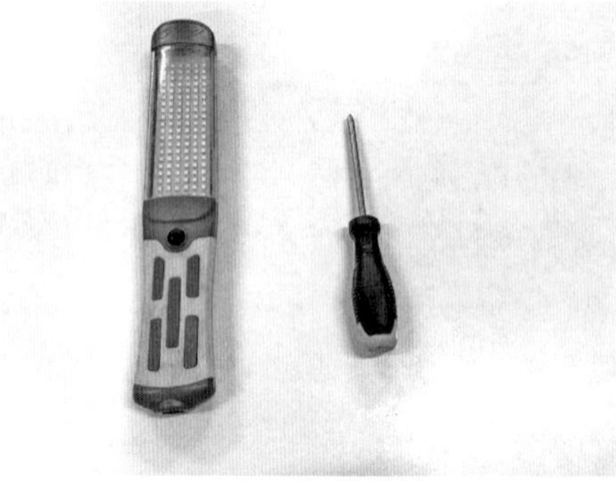 	□手电筒 □十字螺丝刀
2. 新能源汽车雾灯拆卸	(1)拆卸蓄电池负极  	□完成 □未完成,原因:_____

步骤	操作方法及说明	质量标准及记录
2. 新能源汽车雾灯拆卸	（2）打开汽车行李舱，拆下后灯总成螺栓  	□完成 □未完成，原因：_____ _____
	（3）拆卸后灯总成 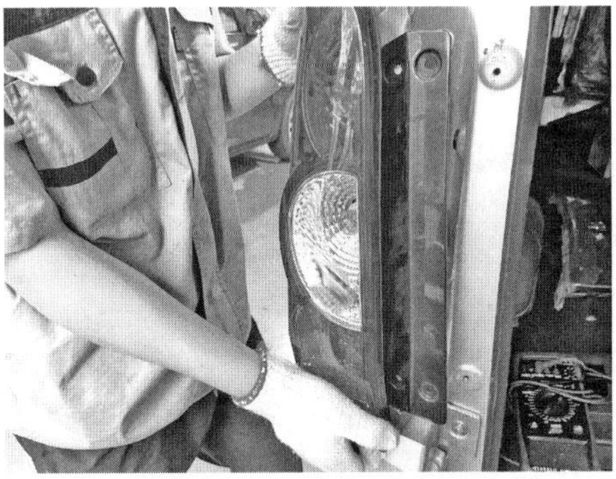 	□拆下两个螺栓和螺钉 □脱开卡爪 □断开连接器并拆下后灯总成
	（4）拆卸左后雾灯灯泡 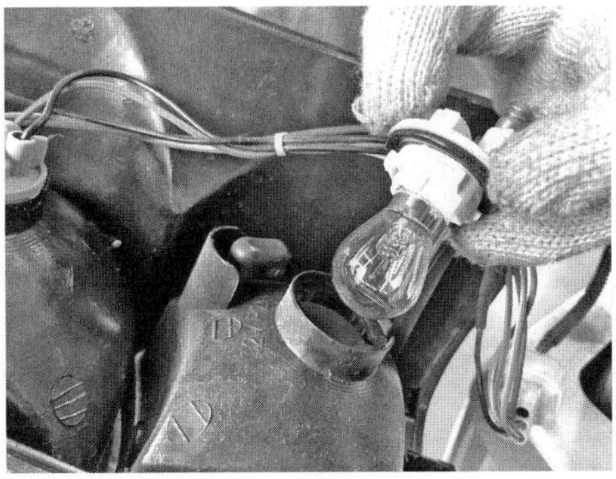 	□切勿用手指触摸灯泡玻璃，防止损坏玻璃体

步骤	操作方法及说明	质量标准及记录
2. 新能源汽车雾灯拆卸	（5）拆下后雾灯控制器 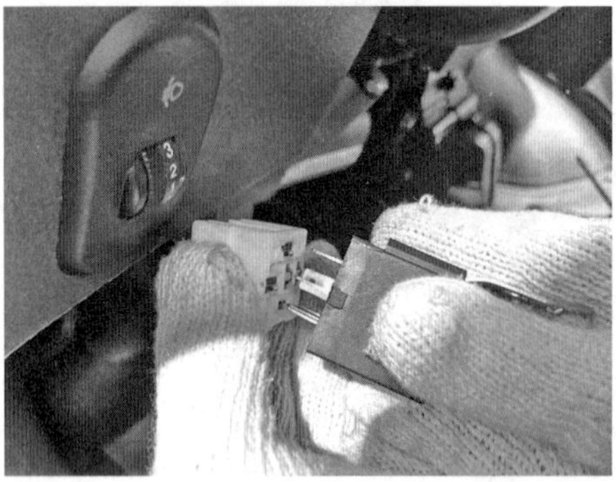 	□拆下转向盘下方挡板，在驾驶室弯梁的左边找到后雾灯控制器
	（6）拆卸空调出风口挡板  	□拆下仪表盘挡板，在驾驶室正中央处找到后雾灯开关
	（7）拔出雾灯开关连接器  	□拆下仪表盘挡板，在驾驶室正中央处找到后雾灯开关

2.新能源汽车后雾灯故障检查(表1-23)

新能源汽车后雾灯故障检查的操作方法及说明　　　　　　表1-23

步骤	操作方法及说明	质量标准及记录
1.检测后雾灯电路中各元件是否损坏	(1)检测后雾灯灯丝,确认灯丝是否熔断 	□目视检查后雾灯灯丝是否熔断或者发黑 □使用万用表测量灯泡的电阻,测量值为:_____ 结果判断:_____
	(2)检查熔断丝IF01是否熔断 	□操作启动开关,使车辆电源模式至"OFF"挡状态 □拔下熔断丝IF01,使用万用表测量熔断丝的电阻,测量值为:_____ 结果判断:_____
	(3)检查熔断丝IF02是否熔断 	□操作启动开关,使车辆电源模式至"OFF"挡状态 □拔下熔断丝IF02,使用万用表测量熔断丝的电阻,测量值为:_____ 结果判断:_____

续上表

步骤	操作方法及说明	质量标准及记录
2.检测后雾灯电路中各线路是否正常导通	(1)检查后雾灯开关5号端子和后雾灯控制器5号端子之间的线路 	□用万用表测量后雾灯开关5号端子和后雾灯控制器5号端子之间的电阻,电阻标准值为_____Ω,测量值为_____Ω 结果判断:_____
	(2)检查后雾灯开关4号端子与后雾灯灯泡的线路 	□用万用表测量后雾灯开关4号端子和后雾灯之间的电阻,电阻标准值为_____Ω,测量值为_____Ω 结果判断:_____ □两者位置距离较远,使用跨接线进行引出测量
	(3)检查控制器1号端子是否有常电 	□用万用表测量后雾灯控制器1号端子与车身搭铁之间的电压,标准值为11~14V,测量值为_____ 结果判断:_____

3. 新能源汽车后雾灯安装 (表 1-24)

新能源汽车后雾灯安装的操作方法及说明   表 1-24

步骤	操作方法及说明	质量标准及记录
1. 后雾灯系统的安装	(1)安装后雾灯灯泡 	□完成 □未完成,原因:_____ _____
	(2)安装后灯总成紧固螺栓 	□完成 □未完成,原因:_____ _____
	(3)安装后灯总成 	□完成 □未完成,原因:_____ _____

步骤	操作方法及说明	质量标准及记录
1. 后雾灯系统的安装	(4)连接后雾灯开关  	□完成 □未完成,原因:_____ _____
	(5)连接后雾灯控制器接插头 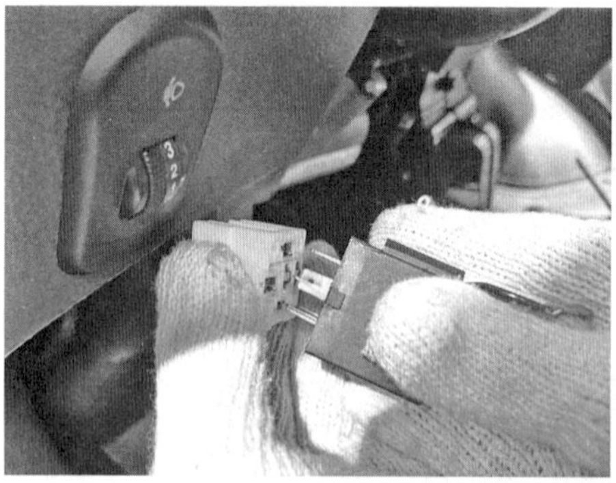 	□完成 □未完成,原因:_____ _____
	(6)安装空调出风口挡板  	□完成 □未完成,原因:_____ _____

续上表

步骤	操作方法及说明	质量标准及记录
1. 后雾灯系统的安装	（7）连接蓄电池负极  	□完成 □未完成，原因：_____ _____
	（8）检查后雾灯安装后是否点亮  	□完成 □未完成，原因：_____ _____
2. 整理工位	场地"8S"管理  	□完成 □未完成，原因：_____ _____

四 评价反馈

(一)活动总结与反思(表1-25)

总结与反思 表1-25

1.如何检测后雾灯的故障
2.活动过程总结
3.活动结果总结
4.需要改进的地方

(二)活动评价(表1-26)

评价表 表1-26

评分项目	评分标准	分值	得分
学习目标	能明确本任务的知识、技能、素养目标,理解任务在工作中的重要程度	5	
工作任务分析	能清晰描述完成本次工作任务内容	2	
	能清晰描述完成本次工作任务需必备的技能与知识点	2	

续上表

评分项目	评分标准	分值	得分
有效信息获取	雾灯的类型	2	
	雾灯的安装位置	2	
	雾灯的作用	2	
	查找并分析电路图	1	
	雾灯的拆卸	2	
	雾灯故障检测	4	
	雾灯故障排除	5	
实施方案制定	能清晰地制定并填写本次新能源汽车雾灯不亮检修作业计划	3	
	能组织或协同工作小组成员,明确本次任务所需仪器设备、工具、材料的准备与清点,并准备记录	2	
	能组织或协同工作小组成员交流,优化检查方案并记录	5	
任务实施	新能源汽车雾灯拆卸操作方法及准备工作	7	
	新能源汽车雾灯电路元件检测方法	10	
	新能源汽车雾灯线路检测方法	10	
	新能源汽车雾灯安装方法及场地恢复	10	
	新能源汽车雾灯电路图的维修手册的查阅	10	
任务评价	能过本次任务实施,结合自己在实训过程中的表现,进行自我评价及自我反思并记录	3	
职业素养	按规定时间完成项目作业	2	
	遵守实训室管理规定、劳动纪律	2	
	积极参与课堂活动、回答问题	2	
	能够按时出勤	2	
思政要求	能积极参与小组讨论,发挥团队合作精神;具有较强的安全意识、责任意识;遵守劳动纪律,以积极的态度接受工作任务;学习过程遵循"8S"管理规定	5	
得分(满分100)			

改进建议:

教师签字:

日期:

习题 >>>

一、填空题

1. 汽车前雾灯位于_____,数量为_____个,灯光颜色为_____。

2. 汽车后雾灯位于汽车尾部右边,灯光颜色为_____。

3. 后雾灯与制动灯同时点亮时,为保证制动灯的可识别性,二者间距应大于_____。

4. 前照灯安装在_____,数量为_____或者_____,灯光为白色。

5. 前照灯由_____、_____和_____三个光学组件组成。

6. 前照灯光包括_____、_____、_____。

二、单项选择题

1. 以下哪个是常见的雾灯故障?( )

　　A. 搭铁不良　　　B. 灯泡故障　　　C. 线路断路　　　D. 以上都是

2. 在雾天、下雪、暴雨或尘埃弥漫等情况下,用来改善车前道路的照明灯为( )

　　A. 前照灯　　　　B. 示廓灯　　　　C. 雾灯　　　　　D. 驻车灯

3. 关于照明系统的故障检修,甲说如果两边灯都不亮,我们首先应检查该系统的熔断丝,若熔断丝烧断,则直接更换熔断丝;乙说若熔断丝烧断,我们应检查线路中有无短路、搭铁等故障,然后再更换熔断丝。试问谁说的正确?( )

　　A. 甲正确　　　　　　　　　　B. 乙正确

　　C. 两人均正确　　　　　　　　D. 两人均不正确

4. 前照灯灯泡中的近光灯丝应安装在( )。

　　A. 反光镜的焦点处　　　　　　B. 反光镜的焦点前上方

　　C. 反光镜的焦点下方　　　　　D. 反光镜的焦点前下方

5. 功率低、发光强度最高、寿命长且无灯丝的车辆前照灯是( )。

　　A. 投射式前照灯　　　　　　　B. 封闭式前照灯

　　C. 氙气灯　　　　　　　　　　D. 半封闭式前照灯

学习任务二
新能源汽车刮水器不工作故障检修

学习目标 》》》

1. 知识目标
(1) 掌握刮水系统的基本组成及工作过程。
(2) 掌握刮水系统常见故障及其原因。
(3) 掌握维修手册的查询方法及电路图的识读方法。
(4) 掌握汽车刮水系统主要元器件的拆装方法和检查方法。

2. 技能目标
(1) 能根据汽车刮水系统故障现象制定故障诊断流程和故障排除计划。
(2) 能快速查阅维修手册及正确识读电路图。
(3) 能正确对汽车刮水系统进行拆卸和安装。
(4) 能对汽车刮水系统的主要元器件、线路进行检测,并判断其性能。

3. 素养目标
(1) 培养安全生产意识以及环保意识。
(2) 培养艰苦奋斗、艰苦朴素、勤俭节约的工作态度和精神。
(3) 培养吃苦耐劳精神,不断学习积累专业技能,树立技能理想,坚定技能信念。

参考学时 》》》

24 学时

任务描述 》》》

某新能源汽车售后服务企业接收到一辆故障新能源汽车,客户反映车辆刮水器不工作,班组长初步诊断为雨刮部分故障,需要对其进行检修。学生要在 1.5 学时内,依据车辆维修手册等技术标准和要求,排查刮水系统各组成部件的工作情况,查找、确定故障点并进行修复,确保刮水器恢复良好功能状态。

学生从教师处领取任务,通过阅读任务工单,明确任务要求,参照《纯电动汽车维护、检测、诊断技术规范》(JT/T 1344—2020)及企业操作规程,明确新能源汽车刮水器不工作故障检修的作业内容和作业流程,根据作业需要领取工具、材料、设备,以独立或二人合作的方式,按照作业流程及规范在规定时间内对电器辅助系统的相应部件进行检测、拆卸、调整和更换作业,使车辆刮水系统恢复正常使用性能,必要时通过有效沟通,经教师同意后对发现的维修增项进行维修作业。作业完成后,对作业质量进行自检,填写作业检查单交由教师验收。

工作过程中,学生应严格遵守国家、行业标准,执行企业操作规程,自觉遵守企业质量、安全、环保及"8S"管理等制度规定。

学习活动1 新能源汽车刮水系统基本检查

一 明确任务

一辆比亚迪 e5 新能源汽车的用户反映:打开刮水器开关,刮水器不工作。维修技师检测前,需要对刮水系统进行基本检查,充分掌握刮水系统的工作状态,为维修做准备。

二 工作准备与计划制订

(一)知识准备

新能源汽车刮水系统包括 _____ 、_____ 和除霜装置等,有点刮、间歇刮、慢刮、快刮等不同的刮水功能,意在通过方便、安全、可靠的手段来保证驾驶人清晰的视野。

1. 刮水器

1) 刮水器的作用

为了保证汽车驾驶人在雨天或雪天时有良好的视线,确保其行驶安全,在汽车的风窗玻璃上装有刮水器。电动刮水器系统的动力源是直流电动机,通过传动机构,可以使刮水片在风窗玻璃的外表面上往复摆动,以扫除风窗玻璃上的雨水、积雪或灰尘。

2) 刮水器的组成

刮水器主要由 _____ 、_____ 、_____ 、_____ 等组成,其结构图如图 2-1 所示。图 2-2 为比亚迪 e5 汽车刮水器实物图。

(1)刮水片。

刮水片采用橡胶材料制成,具备耐热、耐寒、耐酸碱、耐腐蚀、能贴合风窗玻璃、减轻电动机负担、低噪声、拨水性强、质软不刮伤风窗玻璃等特点。

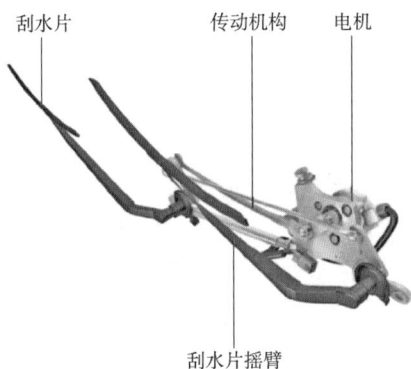

图 2-1 刮水器结构

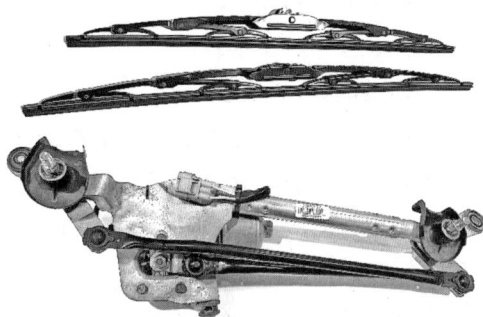

图 2-2 比亚迪 e5 刮水器实物图

（2）刮水片摇臂。

刮水片摇臂是刮水器传动机构和刮水片间的连接件，它支撑刮水片并使刮水片贴在玻璃上。刮水片摇臂的固定部分大多为锌或铝铸件，要将刮水片摇臂拧到刮水器支撑轴的圆锥体上，刮水片摇臂的另一端为弓形套钩（弓钩），常为钢带制成，用以携带刮水片。

（3）刮水器电动机。

刮水器电动机按磁场结构不同可分为绕线式和永磁式两种。绕线式刮水器电动机的磁极绕有励磁绕组，通电流时产生磁场；而永磁式刮水器电动机的磁极用永久磁铁制成，具有体积小、质量小、结构简单等特点，故在汽车上得到了广泛的使用。它主要由外壳、永久磁铁、电枢、电刷及复位器（铜环、触点臂），还有蜗轮蜗杆组成的减速器和输出轴组成。当刮水器电动机通电时，电枢转动，经蜗轮蜗杆和输出轴后，把动力传给传动机构。

（4）传动机构。

传动机构由串联或并联的四角铰节连杆构成，在刮水器角度大或传动困难的情况下也采用十字杆或中间连接传动和可控的中间连接传动。

（5）刮水器开关。

刮水器开关是控制刮水器的操作装置，大多数安装在组合开关右侧的操作杆上，即转向盘右下方的转向柱上，如图 2-3 所示为比亚迪 e5 刮水器开关。将开关手柄向下拉或向上推，可选择不同的挡位，向内拉手柄则可喷出玻璃清洁液。

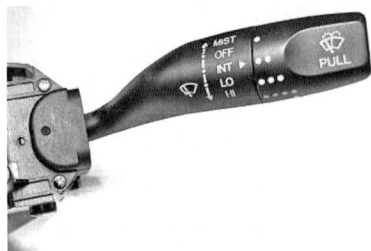

图 2-3 比亚迪 e5 刮水器开关

3）刮水器的工作原理

刮水器是由刮水器开关提供信号给 BCM（车身控制模块），BCM 接收到刮水器开关的信号后，驱动刮水器电动机转动。当刮水器开关处于低速挡时，电流从电动机的低速电刷流入电枢绕组，产生大的反电动势，电动机以低速旋转；当刮水器开关处于高速挡时，电流从电动机的高速电刷流入电枢绕组，产生小的反电动势，电动机以高速旋转。

当起动刮水器洗涤器开关，此时洗涤泵处于工作状态；连续操作该开关 1 s 后，刮水器电动机也开始起动并低速转动。当关闭刮水器洗涤器开关后，刮水器电动机在电枢的惯性作用下不会立即停止,而是会继续转一会儿,同时电枢产生反电动势,对刮水器电动机产生电力制动。

2. 洗涤器

1)洗涤器的作用

汽车在风沙或尘土较多的环境中行驶时,灰尘会落在风窗玻璃上而影响驾驶人的视线。因此,很多汽车的电动刮水系统中安装了清洗装置,必要时向风窗玻璃表面上喷洒水或专用清洁液(北方地区冬季不宜用水,以免冻裂储液罐或输液管),在刮水器的配合下保持风窗玻璃的洁净。

2)洗涤器的工作原理

洗涤器实物如图 2-4 所示,主要由储液罐、洗涤泵、输液管、三通、喷嘴及清洗开关等组成。

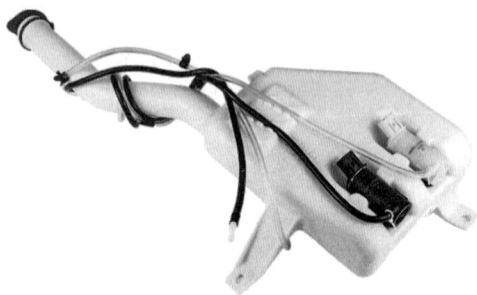

图 2-4　洗涤器

储液罐一般由塑料制成,内装清洁液或水。有些储液罐上装有液面位置传感器,用以监视储液罐中清洁液的多少。洗涤泵即喷水电动机,实际上是由一个小型直流电动机和一个小型离心式水泵共同构成的。它工作时可以将清洁液加压至_____kPa,通过输液管及三通送到喷嘴,然后喷洒到风窗玻璃表面。喷嘴安装在风窗玻璃下面(前机舱盖上后方),其喷射方向可以调整,以使清洁液喷到合适位置。洗涤泵连续工作时间一般不超过 5s,无清洗液时不要开动洗涤泵。

操作洗涤器开关后,刮水器就能接通并延迟一段时间工作。切断洗涤器开关后,刮水器还会工作一段时间,直到风窗玻璃上没有湿气。电动刮水系统延迟接通时间约为 1s,持续工作时间为 3~5s。

3. 刮水系统常见故障现象

刮水器不工作是电气部分的典型故障,刮水器不工作有 4 种典型故障现象:各挡位都不工作、个别挡位不工作、刮水器不能复位和刮水器不工作。

当发现刮水器不工作时,主要的故障原因可能有:熔断器断路;雨刮开关损坏;雨刮电动机烧毁;机械传动部分连接处锈蚀或松脱;控制线路有断路或短路。

小贴士

　　刮水器有助于清除雨水,提高行车安全性。驾驶人在雨天开车应及时开启刮水器,减少交通事故发生概率,同时减少不必要的能源消耗和排放。培养保护环境、节约能源的意识,同时认识到个人行为与能源的关系。

(二)制订工作方案

1. 小组分工

每 4 位同学一组,检修比亚迪 e5 汽车上的刮水系统,按照企业岗位操作规范进行作业。每组作业时间为 30min。

2. 场地设备检查

检查举升机,车辆在工位停放周正,铺好车内和车外护套。

3. 工量具、仪器设备与耗材准备

(1)安全防护:做好车辆高压安全防护与隔离。

(2)工具设备:常用维修工具套装。

(3)台架车辆:比亚迪 e5 教学整车。

(4)辅助资料:比亚迪 e5 维修手册、教材。

4. 具体方案描述

_____

_____

_____

_____

三 ⚡ 计划实施

(一)安全注意事项及技能要点

1. 安全注意事项

(1)确保学生完全在教师的指导下,在授权的范围内进行操作。

(2)做好车辆高压安全防护与隔离,在任何时候都应注意自身的人身安全防护。

(3)注意防止电气线路在操作过程中的短路,禁止学生在不穿戴安全防护用品的情况下,接触任何车辆的高压电部件。

(4)注意使用刮水器前要将风窗玻璃上的粉尘颗粒物清理干净,并在风窗玻璃上喷洒清洁液,防止刮花风窗玻璃。

(5)使用电路图册时,要注意避免破损,电路图应与使用车型相对应。

(6)维修手册所述的其他相关要求。

2. 技能要点

(1)清洁液的检查方法。

(2)喷水器喷水位置及力度的检查方法。

(3)刮水器的检查方法。

（二）刮水器与喷水器的检查

1. 喷水器液位的检查（表2-1）

喷水器液位的检查 表2-1

步骤	操作方法及说明	质量标准及记录
1. 作业前准备工作	（1）布置作业前现场环境	□正确设置隔离栏 □正确放置安全警示牌 □正确检查灭火器
	（2）确认车辆基本情况	□铺设防护四件套
2. 喷水器及其液位的检查	（1）检查喷水器液位	□打开喷水器储液罐盖,拔出液位尺 □液位是否在正常刻度内:_____,如液位过低,需要添加清洁液到最高液位处,并盖好储液罐盖

步骤	操作方法及说明	质量标准及记录
2.喷水器及其液位的检查	（2）关闭前机舱盖,起动车辆,向上抬起刮水器操纵杆,使喷水器工作 	□注意安全,防止人身伤害 □刮水器是否联动工作:____ □在风窗玻璃上喷洒清洁液,防止干刮造成风窗玻璃损坏
	（3）检查喷水器左、右喷嘴喷水的状态:位置及力度 	□喷水位置在风窗玻璃左、右的中间 □偏低或偏高,可用大头针插入喷孔内,稍稍用力即可调整其朝向,使清洁液喷射到目标面积 □喷嘴堵塞时,可用细钢丝加以疏通 □喷水无力,检查喷水管路和喷嘴是否破裂或堵塞

2. 刮水器的检查(表2-2)

刮水器的检查   表2-2

步骤	操作方法及说明	质量标准及记录
1. 刮水器的检查	(1)起动车辆,向上抬起刮水器操纵杆,使喷水器工作 	□刮水器联动工作 □在风窗玻璃上喷洒清洁液,防止干刮造成风窗玻璃损坏
	(2)依次操作刮水器开关到间歇挡位置、低速挡位置和高速挡位置 	□检查刮水器间歇工作是否正常:_____ □检查刮水器低速工作是否正常:_____ □检查刮水器高速工作是否正常:_____
	(3)打开喷洗器开关,喷水时检查刮水片,检查刮水片摇臂是否自动停止到最低位置 	□刮拭风窗玻璃是否干净:_____,如刮拭不干净,则应更换刮水片 □关闭刮水器开关,刮水片摇臂是否自动停止到最低位置:_____

步骤	操作方法及说明	质量标准及记录
2. 场地恢复	场地"8S"管理  	□工量具归位 □清理场地

四 评价反馈

(一)活动总结与反思(表2-3)

总结与反思

表2-3

1. 新能源汽车刮水系统常见的故障现象和故障原因有哪些   2. 活动过程总结   3. 活动结果总结

续上表

4.需要改进的地方

（二）活动评价表（表2-4）

评价表　　　　　　　　　　　　　　　　表2-4

评分项目	评分标准	分值	得分
学习目标	能明确本任务的知识、技能、素养目标,理解任务在工作中的重要程度	5	
工作任务分析	能清晰描述完成本次任务内容	2	
	能清晰描述完成本次任务需必备的技能与知识点	2	
有效信息获取	能说出刮水器的作用	2	
	能清晰描述刮水器的组成	2	
	能说出刮水器电动机的类型	3	
	能描述刮水器的工作原理	3	
	能说出洗涤器的作用	3	
	能说出洗涤器的工作原理	3	
	能描述刮水系统的常见故障	3	
实施方案制定	能清晰地制定并填写刮水系统检查与更换作业计划	3	
	能组织或协同工作小组成员,明确本次任务所需仪器设备、工具、材料的准备与清点,并准备记录	3	
	能组织或协同小组成员交流,优化检查方案并记录	5	
任务实施	能按规范完成作业前准备工作	5	
	会检查清洁液的液位	5	
	检查喷水器左、右喷嘴喷水的位置及力度	10	
	会操作刮水器的四个挡位	10	
	能准确判断刮水器的工作状态	10	
	能按要求做好场地"8S"管理	5	
任务评价	能过本次任务实施,结合自己在实训过程中的表现,进行自我评价及自我反思并记录	3	

评分项目	评分标准	分值	得分
职业素养	按规定时间完成项目作业	2	
	遵守实训室管理规定、劳动纪律	2	
	积极参与课堂活动、回答问题	2	
	能够按时出勤	2	
思政要求	能积极参与小组讨论,发挥团队合作精神;具有较强的安全意识、责任意识;遵守劳动纪律,以积极的态度接受工作任务;学习过程遵循"8S"管理规定	5	
得分(满分100)			
改进建议:			

教师签字:

日期:

学习活动2　新能源汽车刮水器开关工作不良故障检修

一　明确任务

一辆比亚迪 e5 新能源汽车的用户反映:打开刮水器开关,刮水器不工作。经过维修技师检测,刮水器线路未发现故障,初步认为汽车刮水器开关工作不良,需要对刮水器开关进行检查,使其恢复正常。

二　工作准备与计划制订

(一)知识准备

1.刮水器开关的挡位

前后推拉操作杆为刮水器开关,一般有 3~4 个挡位;向上抬起操作杆为洗涤器开

关;操作杆中间位置还有一个开关,当刮水器开关位于间歇挡时,可用于调节刮水器间歇时间。具体各挡位的作用和操作如下:

1)OFF挡

即停止挡,无论刮水片运行到何处位置,当从别的挡位回到OFF挡时,电动机都会利用刮水器电动机蜗轮上的导电盘缺口,使刮水片始终停留在固定位置(风窗玻璃最低的位置)。

2)INT挡

即间歇挡,操作杆向后拨动一格,其利用间歇继电器完成隔几秒刮一下、再隔几秒刮一下的动作,此挡可用于_____时使用,在此挡位时,还可以通过间歇时间调节开关,调节刮水器间歇工作时间的长短。

3)LO挡

即低速挡,操作杆向后拨动两格,此时刮水器电动机的低速线圈通电,电动机低速旋转,用于_____时。

4)HI挡

即高速挡,操作杆向后拨动3格,此时刮水器电动机的高速线圈通电,电动机高速旋转,用于_____时。

5)喷水挡

在停止状态时,操作杆向上抬起,此时喷水器电动机运转,喷出清洁液的同时刮水器电动机低速旋转,当放开操作杆时,操作杆回位,洗涤器停止喷水,刮水器电动机停到固定位置。

小贴士

学会正确操作刮水器开关,在雨天或雾天行驶时及时打开刮水器,驾驶人可以保持良好的视野,提高驾驶安全性。安全驾驶是每个驾驶人的责任,每个驾驶人都应增强社会责任感和公民意识。

2.比亚迪e5刮水器开关控制电路

图2-5所示为比亚迪e5刮水器开关控制电路。

(二)制订工作方案

1.小组分工

每四位同学一组,检修比亚迪e5汽车上的刮水器系统,按照企业岗位操作规范进行作业。每组作业时间为30min。

2.场地设备检查

检查举升机,车辆在工位停放周正,铺好车内和车外护套。

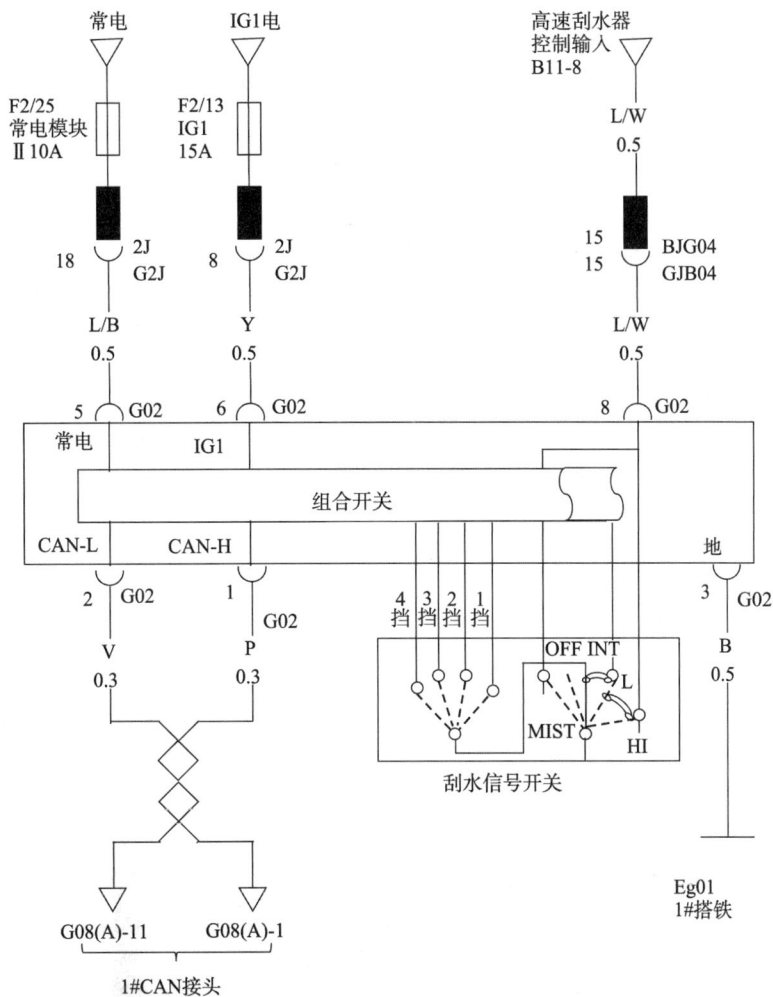

图 2-5 比亚迪 e5 刮水器开关控制电路

3. 工量具、仪器设备与耗材准备

(1) 安全防护：做好车辆高压安全防护与隔离。

(2) 工具设备：常用维修工具套装、万用表。

(3) 台架车辆：比亚迪 e5 教学整车。

(4) 辅助资料：比亚迪 e5 维修手册、教材。

4. 具体方案描述

_____

_____

_____

_____

三　计划实施

(一)安全注意事项及技能要点

1. 安全注意事项

(1)确保学生完全在教师的指导下,在授权的范围内进行操作。

(2)做好车辆高压安全防护与隔离,在任何时候都应注意自身的人身安全防护。

(3)注意防止电气线路在操作过程中的短路,禁止学生在不穿戴安全防护用品的情况下,接触任何车辆的高压电部件。

(4)拆卸刮水器开关前务必断开蓄电池负极,并且等待90s后再操作。

(5)注意使用万用表时,选择合适的挡位。

(6)使用电路图册时,要注意避免破损,电路图应与使用车型相对应。

(7)维修手册所述的其他相关要求。

2. 技能要点

(1)低压电池负极断开的正确方法。

(2)电路图的识读方法。

(3)保险及继电器的检测方法。

(4)刮水器开关的拆卸和安装方法。

(5)刮水器开关的检查方法。

(二)刮水器开关检查(表2-5)

刮水器开关检查　　　　　　　　　　　　　　　　表2-5

步骤	操作方法及说明	质量标准及记录
1.作业前准备工作	(1)布置作业前现场环境 	□正确设置隔离栏 □正确放置安全警示牌 □正确检查灭火器

续上表

步骤	操作方法及说明	质量标准及记录
1.作业前准备工作	（2）确认车辆基本情况 （3）检查仪表工具 	□铺设防护四件套 □正确检查万用表
2.查阅维修手册	查阅维修手册,查找IG1 F2/13保险、常电模块ⅡF2/25保险的规格及位置	□F2/13保险的规格为：____ _____ □F2/25保险的规格为：____ _____
3.检查保险	用万用表检查仪表板配电盒F2/13、F2/25保险通断 	□选用_____挡测量保险电阻，测得 F2/13 阻值为_____,结果判断:_____; F2/25阻值为_____,结果判断:_____

步骤	操作方法及说明	质量标准及记录
4.拆卸 刮水器开关	(1)断开蓄电池的负极电缆 	□正确使用工具断开蓄电池负极端子电缆；断开蓄电池电缆后至少要等待90s，防止气囊展开
	(2)转动转向盘使前轮对准直行位置，拆卸转向盘的装饰盖及线束连接器 	□转向盘对准前轮直行位置 □拆卸转向盘下盖 □松开转向盘装饰盖固定螺钉 □断开转向盘装饰盖上线束连接器
	(3)拆卸转向盘总成 	□握紧转向盘，松开转向盘总成固定螺母 □在转向盘总成和转向主轴上做装配标记 □拆卸转向盘总成

步骤	操作方法及说明	质量标准及记录
4.拆卸刮水器开关	（4）拆卸带转向角传感器的螺旋电缆 （5）拆下刮水器开关	□拆卸转向柱罩 □断开带转向角传感器的螺旋电缆连接器 □依次脱开螺旋电缆固定卡爪，拆下带转向角传感器的螺旋电缆 □按下刮水器开关连接器锁扣，依次分离两个连接器 □用缠有胶布的螺丝刀，按下刮水器开关固定锁扣，分离并拆下刮水器开关
5.检查刮水器开关	选用数字万用表检测刮水器开关	□对应挡位打开时两端子间的电阻 $<1\Omega$

步骤	操作方法及说明	质量标准及记录
6. 安装 刮水器开关	(1) 锁止刮水器开关 	□安装刮水器开关,使固定锁扣锁止牢固 □插接刮水器开关两个线束连接器
	(2) 安装带转向角传感器的螺旋电缆 	□确认车辆前轮正对前方 □插接线束连接器,确保连接器锁止可靠 □安装转向柱罩
	(3) 安装转向盘总成及转向盘线速插头 	□对准转向盘总成和转向主轴上的装配标记,将转向盘压入 □紧固转向盘固定螺母

步骤	操作方法及说明	质量标准及记录
6. 安装刮水器开关	（4）安装安全气囊  	□安装转向盘装饰盖 □安装转向盘下盖
	（5）安装并紧固转向盘装饰盖  	□检查喇叭 □检查转向盘中心点
7. 场地恢复	场地"8S"管理  	□工量具归位 □清理场地

四 评价反馈

(一)活动总结与反思(表2-6)

总结与反思　　　　　　　　　　　　　　　　表2-6

1.新能源汽车刮水器开关有哪些挡位
2.活动过程总结
3.活动结果总结
4.需要改进的地方

(二)活动评价表(表2-7)

评价表　　　　　　　　　　　　　　　　表2-7

评分项目	评分标准	分值	得分
学习目标	能明确本任务的知识、技能、素养目标,理解任务在工作中的重要程度	5	
工作任务分析	能清晰描述完成本次工作任务内容	2	
	能清晰描述完成本次工作任务需必备的技能与知识点	2	

续上表

评分项目	评分标准	分值	得分
有效信息获取	能说出刮水器开关挡位的名称	3	
	能描述刮水器开关各挡位的作用	3	
	能说出刮水器开关挡位的操作方法	3	
	能说出比亚迪 e5 刮水器开关电路控制原理	3	
实施方案制定	能清晰地制定并填写刮水器开关检查与更换作业计划	3	
	能组织或协同工作小组成员,明确本次任务所需仪器设备、工具、材料的准备与清点,并准备记录	5	
	能组织或协同工作小组成员交流,优化检查方案并记录	5	
任务实施	能按规范完成作业前准备工作	5	
	能查找并检查 IG1 保险、常电模块 Ⅱ 保险的规格及位置	10	
	能正确拆卸刮水器开关	10	
	能正确检查刮水器开关	10	
	能正确安装刮水器开关	10	
	能按要求做好场地"8S"管理	5	
任务评价	能过本次任务实施,结合自己在实训过程中的表现,进行自我评价及自我反思并记录	3	
职业素养	按规定时间完成项目作业	2	
	遵守实训室管理规定、劳动纪律	2	
	积极参与课堂活动、回答问题	2	
	能够按时出勤	2	
思政要求	能积极参与小组讨论,发挥团队合作精神;具有较强的安全意识、责任意识;遵守劳动纪律,以积极的态度接受工作任务;学习过程遵循"8S"管理规定	5	
得分(满分100)			

改进建议:

教师签字:

日期:

学习活动 3 新能源汽车刮水器电机及连杆机构的检查与更换

一 明确任务

一辆比亚迪 e5 新能源汽车的用户反映:打开刮水器开关,刮水器不工作。经过维修技师检测,刮水系统线路未发现故障,初步认为汽车刮水器电机及连杆机构故障,需要对以上两个部件进行检查,使其恢复正常。

二 工作准备与计划制订

(一)知识准备

1.刮水器电机

1)作用与结构

刮水器电机将电能转化为机械能,通过连杆驱动刮水器臂摆动,同时还要保证刮水器臂每次都停止在最低位置。它内部主要由＿＿＿＿＿＿＿＿、＿＿＿＿＿＿＿＿和＿＿＿＿＿＿＿＿等组成,如图 2-6 所示。

永磁式双速直流电机

减速器和自动复位器

图 2-6 刮水器电机

2)变速工作原理

永磁式双速直流电机是通过改变电刷间的导体数目,从而改变电机的转速来实现变速的。如图 2-7 所示,它采用三电刷结构,B_1 为低速运转电刷,B_2 为高速运转电刷,B_3 为公共电刷。

当电机工作时,在电枢线圈内同时产生与电枢电流方向相反的反电动势(如图 2-7 中箭头所指方向),其大小与转速成正比。只有当反电动势等于外加电压时,电枢的转速才趋于稳定。

(1)低速运转。

当开关 K 拨向 LO(低速挡)时,如图 2-7a)所示。电源电压加在 B_1 与 B_3 电刷之间。在电刷 B_1 和 B_3 之间有两条并联的电枢绕组支路,一条是由绕组 1、2、3、4 串联的支路,另一条是由绕组 5、6、7、8 串联的支路。每条支路中串联的有效线圈各 4 个,串联线圈数相对较多,故反电动势较大,电机以较低转速运转。

(2)高速运转。

当开关 K 拨向 HI(高速挡)时,如图 2-7b)所示。电源电压加在 B_2 与 B_3 电刷之间。在电刷 B_2 和 B_3 之间有两条并联的电枢绕组支路,一条是由绕组 1、2、3、4、8 串联的支路,另一条是由绕组 5、6、7 串联的支路。由于绕组 8 和绕组 4 的绕线方向相反,而流经其中的电流方向相同,故绕组 8 产生的反电动势与 4 产生的反电动势互相抵消,只有 3 个绕组的反电动势与电源电压平衡,故反电动势较小,电机以较高转速运转。

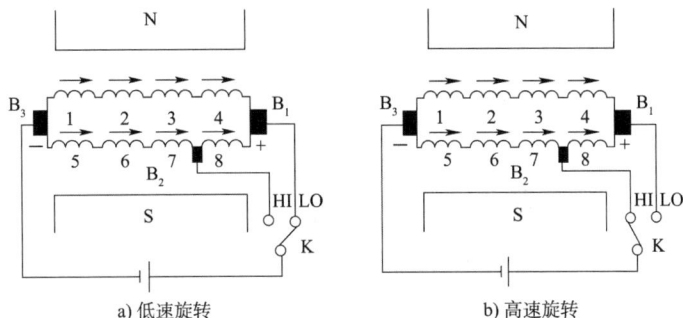

图 2-7 永磁式双速直流电动机的变速原理

3)刮水器的自动复位

刮水器的自动复位是指在任何时刻关闭刮水器控制开关时,刮水片都能自动停止在风窗玻璃的最低位置而不影响驾驶人的视线。如图 2-8 所示,在直流电机减速机构的蜗轮上嵌有铜环,此铜环分两个部分,其中面积较大的一片与电机外壳连接(搭铁)。

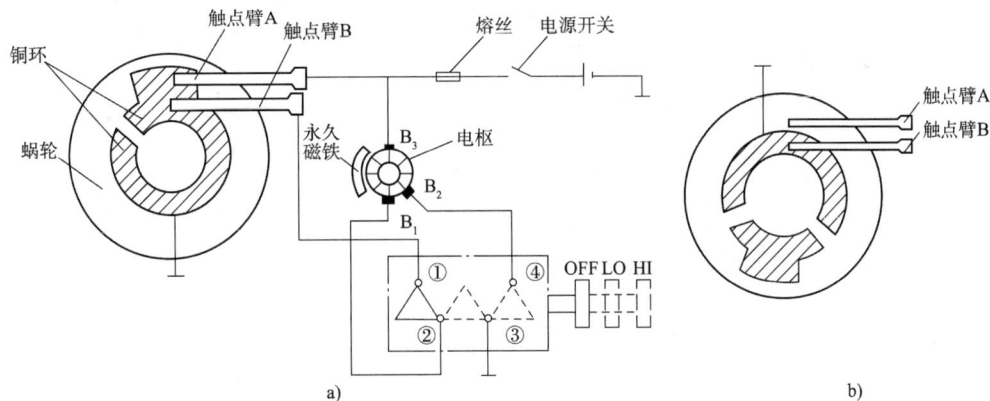

图 2-8 刮水器自动复位

当把刮水器开关退到 OFF(关闭位置)时,如果刮水片此时还没有停止到规定位置,由于触点臂 B 与铜环相接触,如图 2-8b)所示,则电流继续流入电枢,此时电机仍将运转,电路如下:蓄电池正极→熔丝→电刷 B3→电枢绕组→电刷 B1→刮水器开关 OFF 挡→触点臂 B→铜环→搭铁→蓄电池负极,此时刮水器以低速运转直至蜗轮旋转到特定位置,电路中断。

2.连杆机构

刮水器连杆机构是汽车前风窗玻璃上安装的刮水系统中的一部分,它是由连杆机构、刮水器臂和连接刮水器臂与电动马达或手动操作杆的机构组成的。连杆机构通过连接刮水器臂和驱动装置,使刮水器臂能够在前风窗玻璃表面上来回摆动,从而清除雨水、雪或其他杂物,保持驾驶人的视线清晰。这个机构通常由铝合金或钢铁制成,能承受汽车行驶过程中的各种力和环境条件。

3. 比亚迪 e5 刮水器电机控制电路

图 2-9 所示为比亚迪 e5 刮水器电机控制电路。

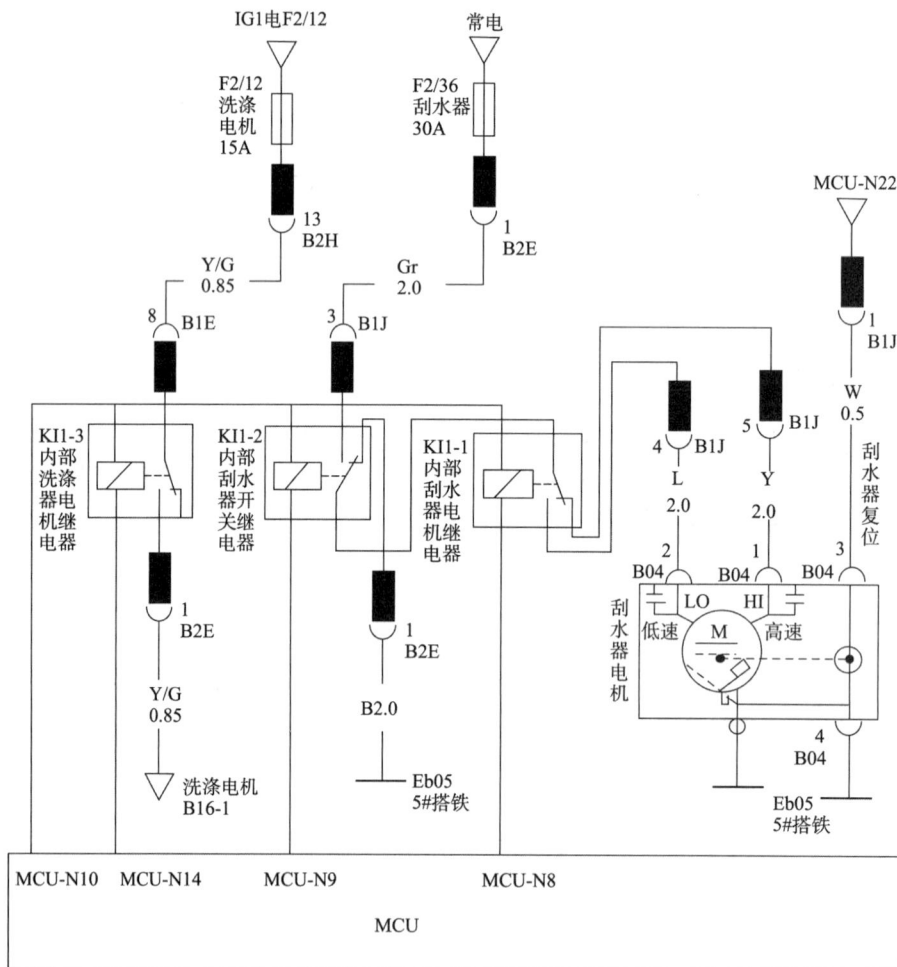

图 2-9 比亚迪 e5 刮水器电机控制电路

小贴士

通过学习汽车刮水系统的技术原理和发展历程,了解汽车科技的创新对交通出行的影响。汽车科技的进步大大提高了行车安全性和舒适性,只有不断创新、勇于实践才能更好地推动科技进步,让科技成果更好地服务于社会、改善人民生活。

(二)计划制定方案

1. 小组分工

每 4 位同学一组,检修比亚迪 e5 汽车上的刮水系统,按照企业岗位操作规范进行作业。每组作业时间为 30min。

2. 场地设备检查

检查举升机,车辆在工位停放周正,铺好车内和车外护套。

3. 工量具、仪器设备与耗材准备

(1)安全防护:做好车辆高压安全防护与隔离。

(2)工具设备:常用维修工具套装、万用表。

(3)台架车辆:比亚迪 e5 教学整车。

(4)辅助资料:比亚迪 e5 维修手册、教材。

4. 具体方案描述

_____

_____

_____

_____

三 计划实施

(一)安全注意事项及技能要点

1. 安全注意事项

(1)确保学生完全在教师的指导下,在授权的范围内进行操作。

(2)做好车辆高压安全防护与隔离,在任何时候都应注意自身的人身安全防护。

(3)注意防止电气线路在操作过程中的短路,禁止学生在不穿戴安全防护用品的情况下,接触任何车辆的高压电部件。

(4)注意使用万用表时,选择合适的挡位。

(5)使用电路图册时,要注意避免破损,电路图应与使用车型相对应。

(6)维修手册所述的其他相关要求。

2. 技能要点

(1)电路图的识读方法。

(2)保险及继电器的检测方法。

(3)刮水器电机和连杆总成的拆卸和安装方法。

(4)刮水器电机和连杆总成的检查方法。

（二）刮水器电机检查

将刮水器电机拆下来,测试各个挡位运转是否正常、运转速度是否正常,能否停止在规定位置,如果上述测试中有一项没通过,则更换雨刮电机。具体操作如表 2-8 所示。

刮水器电机检查

表 2-8

步骤	操作方法及说明	质量标准及记录
1. 作业前准备工作	(1)布置作业前现场环境 	□正确设置隔离栏 □正确放置安全警示牌 □正确检查灭火器
	(2)确认车辆基本情况 	□铺设防护四件套
	(3)检查仪表工具 	□正确检查万用表

续上表

步骤	操作方法及说明	质量标准及记录
2. 查阅维修手册	（1）查阅维修手册,查找前风窗洗涤 F2/12 保险的规格及位置	□ 保险规格为 _____,位置在_____
	（2）查阅维修手册,查找内部洗涤器电机 KI1-3 继电器、内部刮水器电机 KI1-2 继电器的规格及位置	□KI1-3 继电器保险规格为_____,位置在_____ □KI1-2 继电器保险规格为_____,位置在_____
3. 检查保险	用万用表检查仪表板配电盒 F2/12 保险通断	□选用_____挡测量保险电阻,测得 F2/12 阻值为 _____,结果判断:_____
4. 刮水器电机和连杆总成的拆卸	（1）拆下左、右刮水臂的端盖 	□用头部缠好胶带的一字螺钉旋具
	（2）拆下左、右刮水臂和刮水片总成 	□用套筒与棘轮扳手,拆下左、右刮水臂的锁止螺母

步骤	操作方法及说明	质量标准及记录
4.刮水器电机和连杆总成的拆卸	（3）拆下发动机盖至前围上板密封 	□脱开卡子 □拆卸时注意密封条上的卡扣不要掉落
	（4）拆下右前围板上通风栅板,用同样的方式拆下左前围板上通风栅板 	□脱开卡子和卡爪 □拆卸时不要碰到前风窗玻璃
	（5）松开雨刮电机线束固定卡夹,断开线束连接器 	□按动卡扣,不要硬拔,以免损坏连接器
	（6）拆下挡风玻璃雨刮电机和连杆总成 	□用套筒、棘轮扳手拆卸

步骤	操作方法及说明	质量标准及记录
5.刮水器电机和连杆总成的检查	依次检查刮水器电机低速、高速、自动复位挡位是否正常 	□将蓄电池正极与端子2相连,负极与公共电刷端子4相连 □检查电机是否低速运行: _____; 结果判断:_____。 □将蓄电池正极与端子1相连,负极与公共电刷端子4相连 □检查电机是否高速运行: _____; 结果判断:_____。 □将电机停在非停止位,端子3与公共电刷端子4间的电阻应为大于10kΩ □将电机停在非停止位,端子3与公共电刷端子4间的电阻应为小于1Ω
6.刮水器电机和连杆总成的安装	(1)安装风窗玻璃刮水器电机和连杆总成及电机线束连接器 	□安装固定螺栓,选用套筒、接杆、扭力扳手 □以规定扭矩紧固固定螺栓 □插接刮水器电机线束连接器,卡上固定卡夹
	(2)安装左前、右前围板上通风栅板 	□接合卡子和卡爪 □安装左前围板上通风栅板 □用同样的方法安装右前围板上通风栅板

步骤	操作方法及说明	质量标准及记录
6.刮水器电机和连杆总成的安装	（3）安装前机舱盖至前围上板密封及刮水器臂和刮水片总成 	□接合 7 个卡子并安装前机舱盖至前围上板密封 □选用套筒、接杆、扭力扳手 □紧固刮水器臂和刮水片总成固定螺栓 □依次安装左前、右前刮水器臂端盖
7.场地恢复	场地"8S"管理 	□工量具归位 □清理场地

四 评价反馈

（一）活动总结与反思（表2-9）

总结与反思　　　　　　　　　　　　　　　　　表2-9

1.新能源汽车刮水器电机有什么作用,由哪些部件组成?

续上表

2. 活动过程总结

3. 活动结果总结

4. 需要改进的地方

（二）活动评价表（表2-10）

评价表　　　　　　　　　　　　　　　　　　　　表2-10

评分项目	评分标准	分值	得分
学习目标	能明确本任务的知识、技能、素养目标,理解任务在工作中的重要程度	5	
工作任务分析	能清晰描述完成本次工作任务内容	2	
	能清晰描述完成本次工作任务需必备的技能与知识点	2	
有效信息获取	能说出刮水器电机的作用	2	
	能说出刮水器电机的结构	2	
	能叙述刮水器电机的工作原理	2	
	能说出比亚迪 e5 刮水器电机电路原理	2	
实施方案制定	能清晰地制定并填写刮水器开关检查与更换作业计划	2	
	能组织或协同工作小组成员,明确本次任务所需仪器设备、工具、材料的准备与清点,并准备记录	2	
	能组织或协同工作小组成员交流,优化检查方案并记录	5	

续上表

评分项目	评分标准	分值	得分
任务实施	能按规范完成作业前准备工作	5	
	能查找并检查前风窗洗涤保险的规格及位置	8	
	能查找并检查内部洗涤器和刮水器电机继电器	10	
	能正确拆卸和安装刮水器电机	10	
	能正确检查刮水器电机	10	
	能正确拆卸和安装连杆机构	10	
	能按要求做好场地"8S"管理	5	
任务评价	能过本次任务实施,结合自己在实训过程中的表现,进行自我评价及自我反思并记录	3	
职业素养	按规定时间完成项目作业	2	
	遵守实训室管理规定、劳动纪律	2	
	积极参与课堂活动、回答问题	2	
	能够按时出勤	2	
思政要求	能积极参与小组讨论,发挥团队合作精神;具有较强的安全意识、责任意识;遵守劳动纪律,以积极的态度接受工作任务;学习过程遵循"8S"管理规定	5	
得分(满分100)			

改进建议:

教师签字:

日期:

习题 》》》

一、填空题

1. 在雨、雪天气行驶时,为了确保行车安全,保证驾驶人有良好的视线,要用_____刮除风窗玻璃上的雨水、雪或尘土等。

2. 电动刮水器系统包括_____、_____和_____等。

3. 刮水器主要由_____、_____、_____和_____等组成。

4. 喷洗器由储液罐、_____、软管、三通接头和_____等组成。

5. 刮水器开关一般有 3 ~ 4 个挡位,分别为_____、_____、_____和_____

喷洗器开关;向上抬起操作杆为喷水器开关。

6. 指出刮水器开关各挡位的功能:

"OFF"挡:＿＿＿＿＿＿＿＿　　　低速挡:＿＿＿＿＿＿＿＿

高速挡:＿＿＿＿＿＿＿＿　　　间歇挡:＿＿＿＿＿＿＿＿

7. 刮水器电机按磁场结构不同可分为＿＿＿＿和＿＿＿＿两种。

8. 刮水器连杆的作用是连接＿＿＿＿和左、右刮水臂,并把刮水器电机的旋转运动改变为左、右刮水臂的＿＿＿＿运动。

9. 刮水器电机通过刮水器连杆驱动刮水臂摆动。它内部主要由永磁式双速直流电机、蜗轮蜗杆式减速器和＿＿＿＿等组成。

10. 刮水器电机为了形成两种运转速度,采用＿＿＿＿电刷结构,分别为＿＿＿＿运转电刷、＿＿＿＿运转电刷和公共电刷。

二、判断题

1. 晴天刮除风窗玻璃上的灰尘时,应先接通刮水器,再接通洗涤器。　　　（　　）

2. 拆卸刮水器开关时,断开蓄电池负极端子后至少要等60秒钟再进行后续操作。
　　　　　　　　　　　　　　　　　　　　　　　　　　　　　　　　（　　）

3. 刮水器电机将电能转化为机械能。　　　　　　　　　　　　　　　（　　）

4. 顺时针自动停止器盖可延长刮水片停止位置。　　　　　　　　　　（　　）

三、选择题

1. 汽车上的电动刮水器都设有（　　　）。

　　A. 自动复位装置　　B. 电脑控制装置　　C. 自动断水装置　　D. 自动开启装置

2. 若刮水器低速挡不工作,则不需要检查的项目是（　　　）。

　　A. 熔断丝　　　　　　　　　　B. 刮水器电动

　　C. 刮水器开关　　　　　　　　D. 刮水器系统控制线路

3. 以比亚迪 e5 为例,检查刮水器电动机 LO 位操作时,需对电动机连接器（　　　）两个端子供电。

　　A. 端子2,端子3　　B. 端子3,端子4　　C. 端子3,端子5　　D. 端子4,端子5

4. 以比亚迪 e5 为例,当刮水器开关置于高速挡时,端子 E10-2 与 E10-4 之间的正常电阻值为（　　　）。

　　A. 小于1Ω　　　　B. 1Ω　　　　　　C. 大于1Ω　　　　D. ∞

5. 以比亚迪 e5 为例,打开清洗器开关时,端子 E9-2 与 E9-3 之间的正常电阻值为（　　　）。

　　A. 小于1Ω　　　　B. 1Ω　　　　　　C. 大于1Ω　　　　D. ∞

6. 打开喷水器开关,刮水器会自动刮水（　　　）次。

　　A. 1～2次　　　　B. 2～3次　　　　C. 3～4次　　　　D. 4～5次

学习任务三

新能源汽车电动车窗不升降故障检修

学习目标 >>>

1. 知识目标

(1) 掌握电动车窗升降系统的作用、组成和功能。

(2) 掌握电动车窗升降器开关的作用及安装位置。

(3) 掌握电动车窗升降器的组成、类型及工作原理。

(4) 掌握电动车窗升降系统控制电路的分类、组成及工作原理。

2. 技能目标

(1) 能进行电动车窗升降系统的基本检查。

(2) 能进行电动车窗升降器开关的检查与更换。

(3) 能进行驾驶人侧电动车窗升降器的检查与更换。

(4) 能进行电动车窗升降系统控制电路的识读。

(5) 能分析并确定电动车窗升降系统常见故障的原因,制订检修方案。

(6) 能进行电动车窗升降系统控制电路简单故障检修。

3. 素养目标

(1) 培养安全生产、环保生产的意识。

(2) 培养艰苦奋斗、艰苦朴素、勤俭节约的工作态度和精神。

(3) 树立吃苦耐劳,不断学习积累专业技能,成就技能人才的信念。

参考学时 >>>

64 学时

任务描述 >>>

一辆新能源汽车进厂维修,客户反映左前门电动车窗不能升降。经班组长初步检查,诊断为电动车窗系统故障,需要对其进行检修。学生从班组长(教师扮演)接受车辆维修任务,通过阅读维修工单,明确任务要求,查阅维修手册,确定作业流程与技术标准;以独立或小组合作的方式,在规定时间内完成汽车电动车窗系统故障确认、零部件拆装与检修作业,如升降器开关、熔断丝、继电器的检查与更换、车窗升降器的检查与更换、控制线路的检修等,使汽车恢复正常使用性能;对于发现的维修增项须经前台、客户确认后实施,自检合格后,填写维修工单,交付班组长进行质量检验。同时,学生应在教师指导下总结任务实施过程,撰写任务实施指导书,在工作过程中遵循现场工作管理规范。

学习活动 1　新能源汽车电动车窗升降系统基本检查

一、明确任务

小刘是一名汽车 4S 店的维修技师,今天车间接收到一辆新能源汽车故障车,客户反映左前门电动车窗不能正常升降,现对该新能源汽车的电动车窗系统做基本检查。

二、工作准备与计划制订

(一)知识准备

1.电动车窗系统的组成

电动车窗是指以动力使车窗玻璃自动升降的车窗。驾驶人或乘客操纵开关接通车窗升降电动机的电路,电动机产生动力通过一系列的机械传动,使车窗玻璃按需求升降。电动车窗由于操作简便、可靠,在现代汽车中得到了广泛的应用。

电动车窗系统一般由控制开关、电路保险、继电器、控制电路、升降驱动电机、BCM、车窗升降器、车窗玻璃等构成。电动车窗部件在车上的布置如图 3-1 所示。

1)车窗控制开关

车窗控制开关是一个正方形的拨动开关,可以向上提起,也可以向下按动,正常情况下向上提起是关闭窗户,向下按动是打开窗户。电动车窗系统装有两套控制开关:一套为总开关,可由驾驶人控制每个车窗的玻璃升降;另一套为分开关,分别装在每个车窗中部,可由乘客进行操纵。总开关与分开关互不干涉,均可独立地控制车窗玻璃的升降。

随着技术的发展,主驾玻璃升降开关一般主要功能为四门玻璃手动、自动一键升降、四门玻璃锁、外后视镜电动调节。根据造型与配置不同,在开关组上可能还集成一些其他功能,比如后门按钮、外后视镜加热、外后视镜自动折叠、车门中控锁、电动遮阳帘按钮等。主驾驶玻璃升降开关一般通过 LIN 总线传输,将开关触发信号发给 BCM,然后 BCM 再把信号发送给四门车窗电动机或者其他执行器来实现相应功能。由于车窗具有一键自动上升功能,为了防止误触导致物品或者人体被夹的意外情况发生,一般带自动一键升降配置的电动车窗都需要带防夹功能,而防夹功能的实现一般是通过车窗升降系统的纹波电机来实现的。

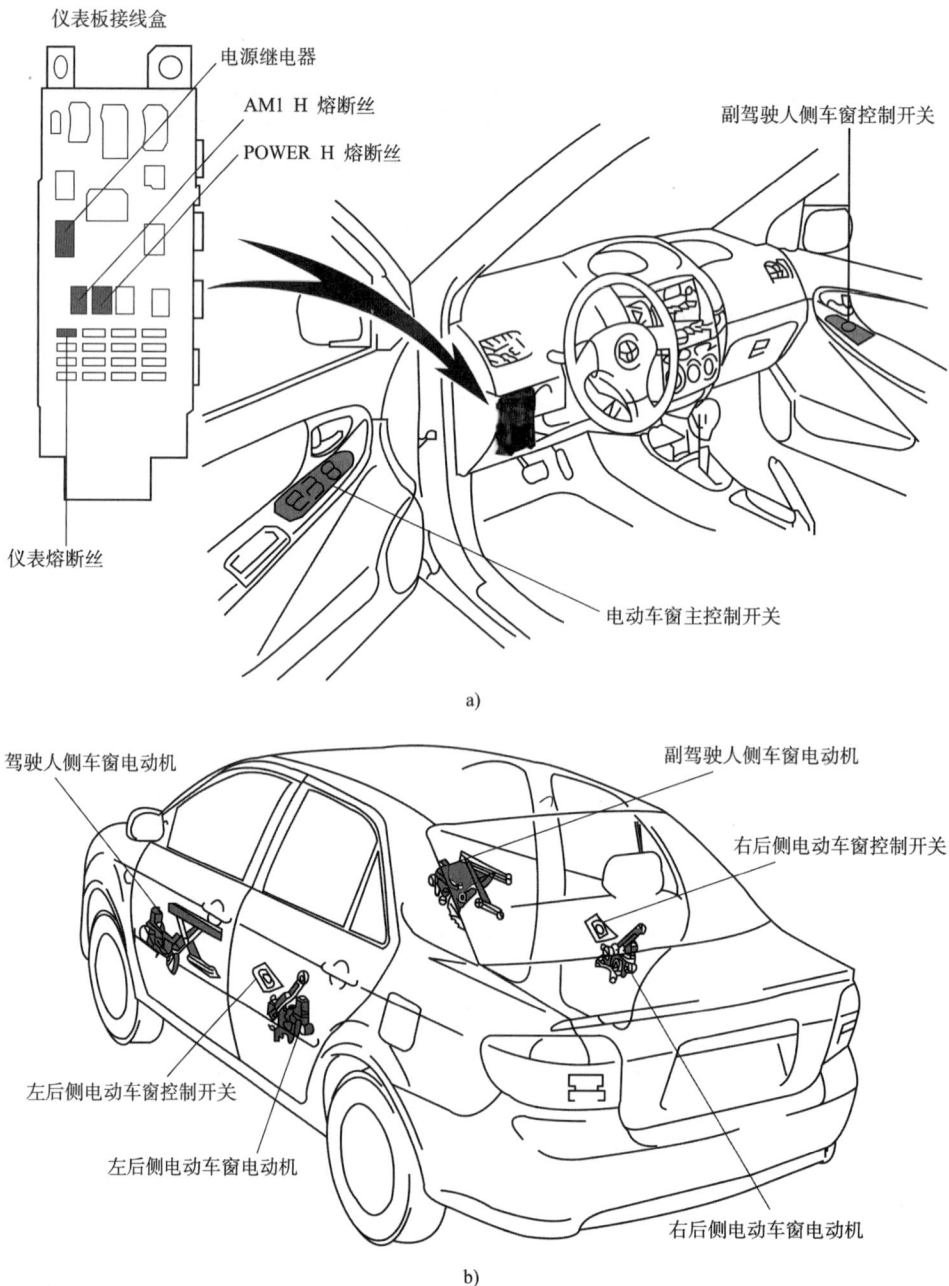

a)

b)

图 3-1　电动车窗部件在车上的布置

车窗升降开关一般可以分为传统物理接键式和开关部分触摸式。玻璃升降开关按键功能如图3-2所示。

（1）车窗锁止开关。当按下此开关时，可以禁用左右后车窗以及副驾驶人侧车窗调节开关，此时只有驾驶人侧车门上的开关按键可以进行车窗的调节。

（2）车窗开关。通过上拉和按压开关，可以进行车窗的升降。无一键升窗功能的车型，一共三个挡位（升、降、一键

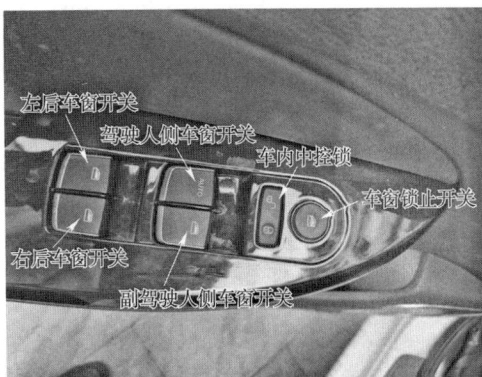

图3-2　车窗升降开关按键功能

降）；带一键升窗功能的车型，驾驶人侧有四个挡位（一键升、升、降、一键降），剩余车窗一共三个挡位（升、降、一键降）。

（3）一键升窗。部分车型驾驶人侧带有一键升窗的功能，按动车门上的控制开关可以实现。驾驶人侧车窗开关按钮标有"AUTO"表示有一键升降功能，有的车型是一键升功能，有的车型是一键降功能。

（4）一键降窗。按下车门上的控制开关至"一键降"挡位可以实现。

（5）车窗热保护功能。为了保护车窗电机的使用寿命，车窗电路中通常配备热保护功能或在车窗电机内部安装过热保护装置。如果在短时间内反复操作车窗玻璃升降，电机就将进入热保护状态，停止执行升降操作。

（6）电动车窗延时功能。前门关闭，车辆电源挡位从"ON"挡退电至"OFF"挡后的10min内，车窗开关仍可以工作，开关背光灯点亮，可控制车窗升降。一旦有任意前门打开，则延时功能失效。

（7）车窗防夹功能。在车窗自动关闭操作的过程中，如果有物体被夹在玻璃与窗框之间，则车窗将自动停止上升，并退回初始状态。带有一键升窗功能的车窗，同时带有车窗防夹功能，其他车窗无此功能。

（8）一键升窗（防夹）功能的自学习。当车辆蓄电池被重新充电、断开时，需要对一键升窗功能进行重新设置，称为"一键升窗的自学习"。

一键升窗的自学习步骤：

第一步：上拉开关使车窗玻璃完全关闭。

第二步：松开上拉开关，再进行一次上拉操作维持1s以上，即可完成自学习。

2）车窗升降驱动电机

电动车窗上的电动机是双向的直流电动机，有永磁式的，也有双绕组串激式的。每个车门各有一个电动机，开关可以控制电动机中的电流方向，从而控制玻璃的升降。车窗电机外形如图3-3所示，车窗电机的结构如图3-4所示。

永磁式直流电动机是通过改变电枢电流的方向来改变电动机的旋转方向，从而使车窗玻璃升或降。

图 3-3　车窗电机的外形

脉冲传感器2

磁铁

脉冲传感器1

电机转轴

图 3-4　车窗电机的结构

双绕组串励直流电动机有两个绕向相反的磁场绕组,一个称为上升绕组,一个称为下降绕组,通电后产生相反方向的磁场,从而改变电动机的旋转方向,使车窗玻璃上升或下降。

比亚迪 e5 的车窗电机采用直流双极永磁结构,双向旋转,内部安置过热保护装置,无需外部电路设置保护;当给电动机通电以后,由于磁场力的作用,电动机产生旋转运动,再通过一个较大的涡轮减速机构减速,在输出齿轮上获得低速大转矩,当电动机处于卡死或电路出现故障时,过热保护装置能及时将电源切断,保护电动机。比亚迪 e5 车窗升降电机如图 3-5 所示。

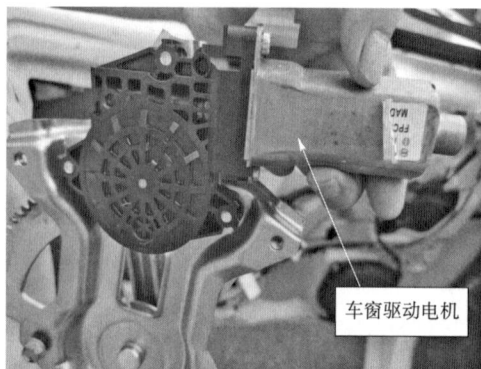

车窗驱动电机

图 3-5　比亚迪 e5 车窗电机

3)车窗玻璃升降器

汽车玻璃升降器一般由以下几部分组成:操纵机构(摇臂或电动控制系统)、传动机构(齿轮、齿板或齿条,齿轮软轴啮合机构)、玻璃升降机构(升降臂、运动托架)、玻璃支承机构(玻璃托架)及止动弹簧、平衡弹簧。玻璃升降器的基本工作路线为_____。其中,_____用以平衡玻璃的重力,以减轻操纵力;在小齿轮与支承座间的_____用以定住玻璃(止动),保证其停留在要求位置。

汽车玻璃升降器一般有三种类型,_____、_____和_____,目前广泛应用的是_____和_____。汽车玻璃升降机构如图 3-6 所示。

4)车窗熔断丝及继电器

(1)车窗熔断丝。

汽车保险装置的作用是在电路发生过载或短路时断开电路,以保证电气设备及线路的安全。

汽车上的保险装置主要有熔断器、易熔线、断路器。常见的是熔断器和易熔线,熔断器俗称熔断丝,是汽车电路中常用的元器件。汽车熔断丝是指用于保护汽车电路安全的一种电器元器件,广泛应用于汽车电气系统中。汽车熔断丝按体积和形状可分成插片式熔断丝、平板式熔断丝、方形插入式熔断丝、管式熔断丝。通常情况下,将很多熔断丝组合在一起安装在熔断丝盒内,并在熔断丝盒盖上注明各熔断丝的名称、额定容量和位置。汽车电路保险装置如图3-7所示。

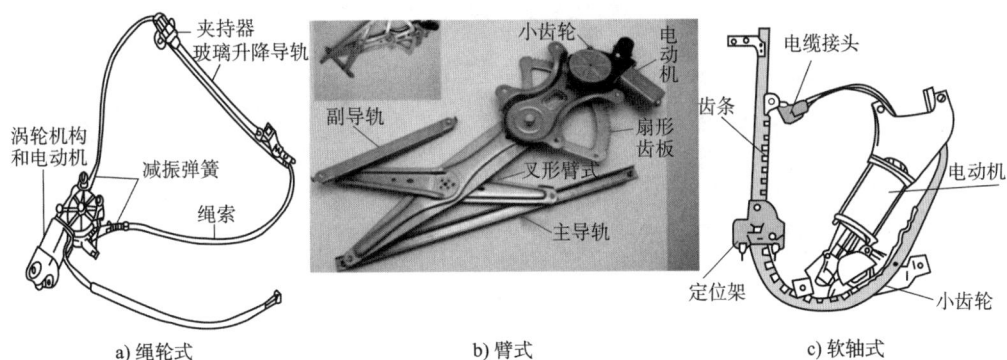

a) 绳轮式　　　　　　　　b) 臂式　　　　　　　　c) 软轴式

图3-6　车窗玻璃升降机构

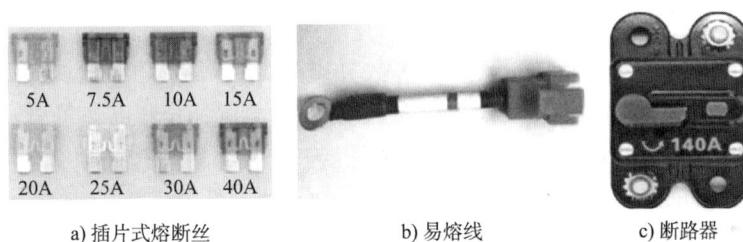

a) 插片式熔断丝　　　　　b) 易熔线　　　　　　c) 断路器

图3-7　汽车电路保险装置

汽车熔断丝的类型如图3-8所示。

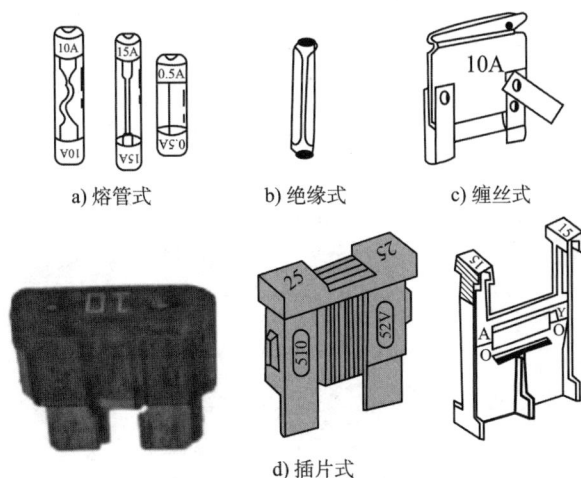

a) 熔管式　　　　b) 绝缘式　　　　c) 缠丝式

d) 插片式

图3-8　汽车电路熔断丝类型

汽车熔断丝的安装位置如图3-9所示。

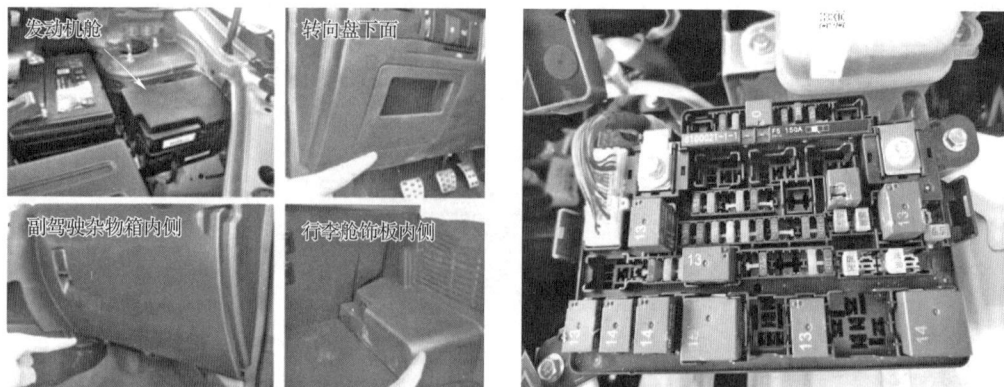

图3-9 汽车熔断丝安装位置

机舱内部：常见的安装位置，机舱熔断丝盒主要分布外部用电设备的熔断丝，如驱动电机控制单元、大灯等。

转向盘下部：常见的安装位置，主要分布车内用电设备熔断丝，如车窗升降器、安全气囊等。

副驾驶人侧杂物箱附近：不算常见，多数分布车身控制器、防盗模块等熔断丝。

行旅舱饰板内侧：不常见位置，多分布后雷达、音响等用电设备熔断丝。

车窗熔断丝多采用插片式熔断丝，一般安装于车内熔断丝盒里。

车窗熔断丝的检测方法：

检测方法一：使用万用表欧姆挡检测断电状态下的熔断丝阻值（读数为无穷大说明熔断丝已损坏，阻值1Ω以内说明熔断丝良好），如图3-10a）所示。

检测方法二：使用万用表蜂鸣挡检测断电状态下熔断丝的通断状态（发出蜂鸣声说明熔断丝是好的，未发出声音说明已熔断），如图3-10b）所示。

检测方法三：首先插入钥匙之后，让车辆处于通电的状态，利用试电笔负极夹在车身的搭铁处，笔尖要点触在熔断丝表面的金属触点上，如果笔灯灯亮，说明熔断丝处于正常状态，如果笔灯灯不亮，说明熔断丝很可能出现了故障问题。如图3-10c）所示。

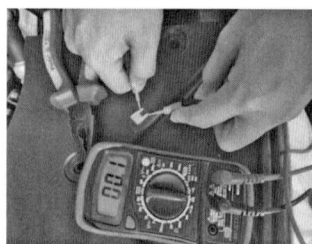
a)

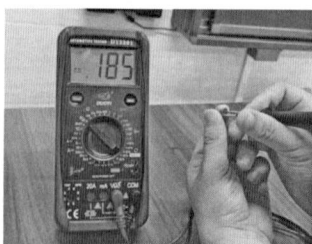
b)

c)

图3-10 熔断丝的检测方法

熔断器使用注意事项：

①一定要选规定规格容量的熔断器,绝不能任意加大或缩小容量规格。

②在汽车上增加用电设备时,不要随意改用容量大的熔断器。外加用电设备最好另加新熔断器。

③熔断器熔断后,必须找到故障原因,彻底排除故障隐患后,方可更换符合规定的新熔断器。

④怀疑因熔断器接触不良而断电时,可用万用表或试灯进行检查确认。若熔断器支架有氧化、脏污时,会因接触不良而产生电压降及发热,从而影响导电性能。此时应用金相砂纸进行打磨,确保接触良好后再安装上。

⑤熔断器熔断后,在没有备用熔断器的情况下,可用细导线代替熔断器。具体方法是:将汽车上使用的截面积 $0.5mm^2$ 乙烯树脂多股绞合线拆开,使用其中的一股代替熔断丝(细导线相当于 15A 的熔断器),一旦回到目的地或有新熔断器时,应及时换新。

⑥下列情况容易导致熔断器损坏,应注意避免:线路或负载短路、熔断器自身断裂(非过热而断开)、充电电压过高、熔断器端部锈蚀影响导电和散热、电路过载(并联负载过多)、熔断器规格不合要求等。

(2)车窗继电器。

继电器是一种电子控制器件,它具有控制系统(又称"输入回路")和被控制系统(又称"输出回路"),通常应用于自动控制电路中。它实际上是用较小的电流去控制较大电流的一种"自动开关",故在电路中起着自动调节、安全保护、转换电路等作用。继电器可分为电磁式继电器和非电磁式继电器两大类。电磁式继电器是汽车继电器中应用最早、最广泛的一种继电器。汽车继电器切换负载功率大,抗冲、抗振性高。

电磁继电器一般由铁芯、电磁线圈、衔铁、复位弹簧、触点、支座及引脚等组成。汽车中的低压电路的电源多用12V,线圈电压大多设计为12V。汽车继电器外形如图 3-11 所示,内部结构如图 3-12 所示。

图 3-11　汽车继电器外形

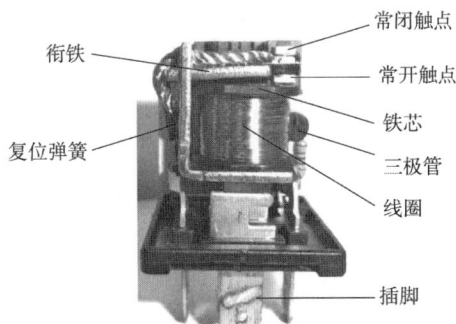

图 3-12　汽车继电器内部结构

汽车继电器工作原理:在线圈两端加上一定的电压,线圈中就会流过一定的电流,从而产生电磁效应,衔铁就会在电磁力吸引的作用下克服复位弹簧的拉力而吸向铁芯,从而带动衔铁的动触点与静触点(常开触点)吸合。当线圈断电后,电磁的吸力也随之消失,衔铁就会在弹簧的反作用力下返回原来的位置,使动触点与原来的静触点(常闭触点)释放。这样吸合、释放,达到了导通、切断电路的目的。

汽车继电器的引脚如图 3-13 所示。

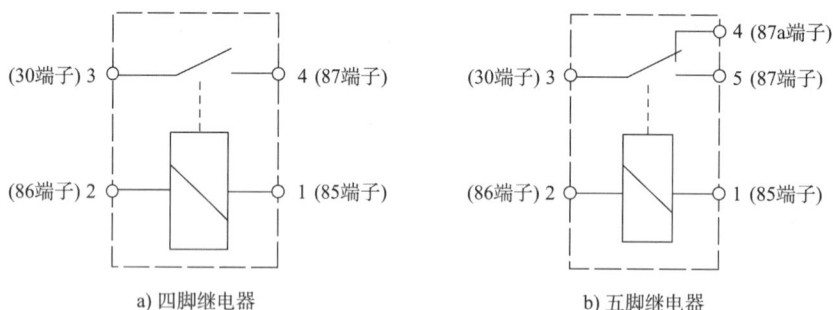

a) 四脚继电器   b) 五脚继电器

图 3-13　继电器的引脚

图 3-13a) 中,常开触点引脚为 30 和 87,线圈引脚为 85 和 86;图 3-13b) 中,常开触点引脚为 30 和 87,常闭触点为 30 和 87a,线圈引脚为 85 和 86。

汽车继电器安装位置:一般安装于汽车配电盒里,在车上的安装位置如图 3-14 所示。

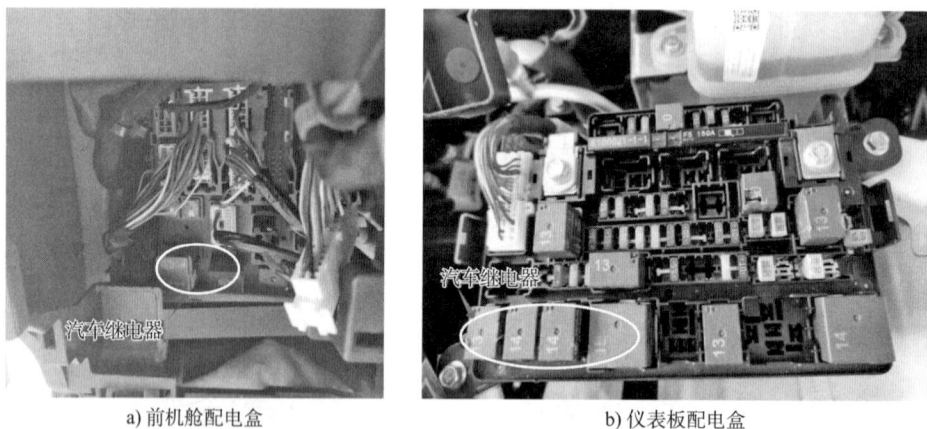

a) 前机舱配电盒   b) 仪表板配电盒

图 3-14　汽车继电器的安装位置

汽车继电器的检测:继电器的常见故障现象有线圈烧断、匝间短路(绝缘老化)、触点烧蚀,以及触点间隙调整不当使继电器触点不能闭合等。检测方法如下:

①静态检测法:

线圈的检测(断电检测):将万用表拨至 200Ω 挡,然后将两表笔分别与线圈接线脚(85 和 86 端子)接触,测量其电阻值。正常时,线圈阻值约 65 ~ 160Ω 左右,如图 3-15a)

所示;若测量电阻值为∞,说明线圈断路,如图3-15b)所示;若测量电阻过小,说明线圈短路,如图3-15c)所示。测量结果为:_____。

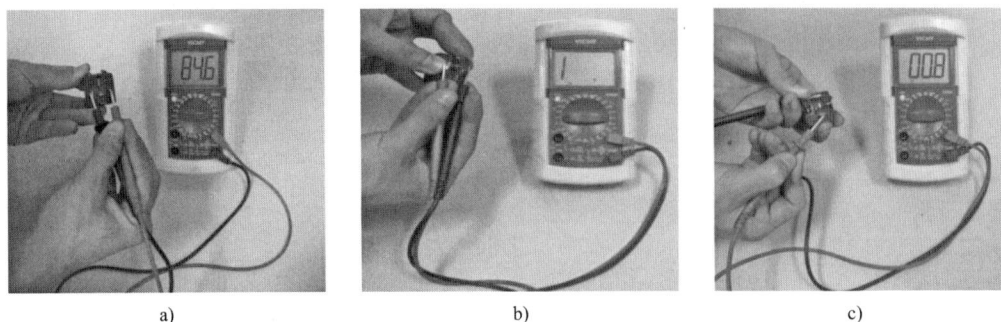

图3-15 继电器线圈检测

触点的检测:将万用表拨至200Ω挡,然后将两表笔分别与常闭触点接线脚(30和87a端子)接触测量其电阻值。正常时,万用表应有值,且阻值≤0.8Ω,如图3-16a)所示;若测量电阻为∞,说触点烧蚀,如图3-16b)所示。测量结果为:_____。

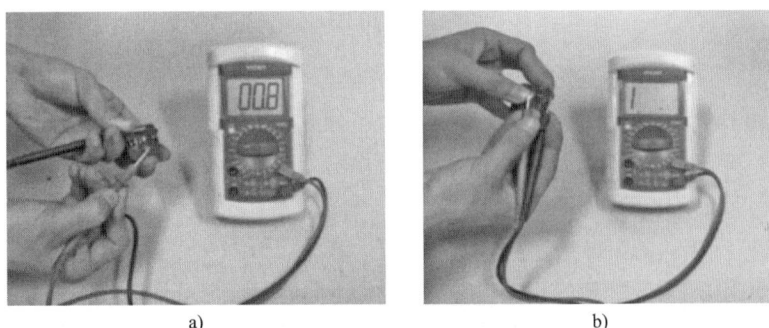

图3-16 继电器常闭触点检测

②动态检测(通电检测):给继电器通12V的电,测量继电器常开触点(30和87a端子)的电阻,正常阻值≤0.8Ω;若阻值较大或者为∞,则说明常开触点已氧化或者烧蚀,测量方法如图3-17所示。测量结果为:_____。

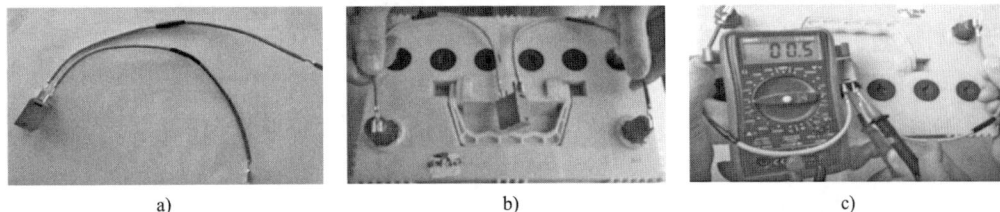

图3-17 通电检测继电器常开触点

5)电动车窗控制电路

(1)车窗控制电路系统框图如图3-18所示。

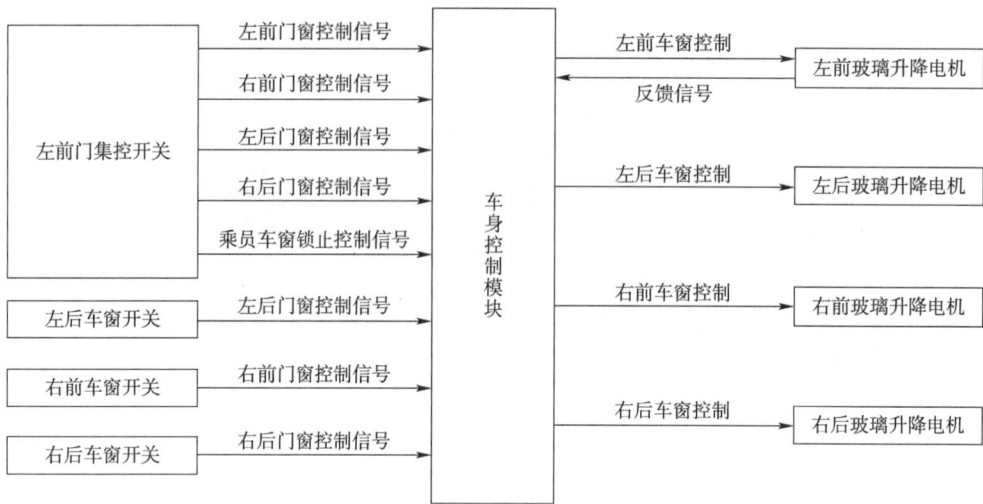

图 3-18　车窗控制电路系统框图

（2）车窗控制电路电路图如图 3-19 所示。

6）用诊断仪检测车窗

汽车诊断仪是一种电子设备，可连接到汽车的车载自诊断系统（OBD，On-board Diagnostics 的缩写）插座。使用汽车诊断仪可读取汽车各种传感器和电子控制模块的诊断码，并可执行某些测试程序，以确定发动机是否正常运行。汽车诊断仪也可用于测试其他汽车系统，如制动、安全气囊和空调系统等。汽车诊断仪如图 3-20 所示。

汽车诊断仪使用步骤：

（1）找到汽车的 OBD 插座。

汽车的 OBD 插座位于车辆驾驶座下方或转向盘下方，可以在汽车诊断仪的说明书上查找插座的位置。汽车 OBD 插座可有 16 个插孔或 32 个插孔，具体与车型有关。

（2）插入汽车诊断仪。

插入汽车诊断仪前，请确保汽车点火开关已关闭。将汽车诊断仪插入汽车 OBD 插座。

（3）选择适当的设置。

点火开关打到"ON"挡，打开诊断仪，选择适当的设置可使汽车诊断仪读取存储在汽车电脑中的故障代码。具体设置取决于汽车诊断仪的型号和制造商。请参阅汽车诊断仪的说明书以了解如何选择设置。

（4）读取诊断码。

一旦汽车诊断仪与汽车电脑通讯，它将自动读取存储在电脑中的故障代码。按照汽车诊断仪说明书上的指示来检查故障代码。

（5）解决故障问题。

汽车诊断仪提供的诊断码可让车主或修理工快速定位汽车电子系统的故障问题。检查诊断码所涉及的汽车部件和传感器，以找到故障。如果无法诊断故障问题，请寻求专业的汽车维修服务。

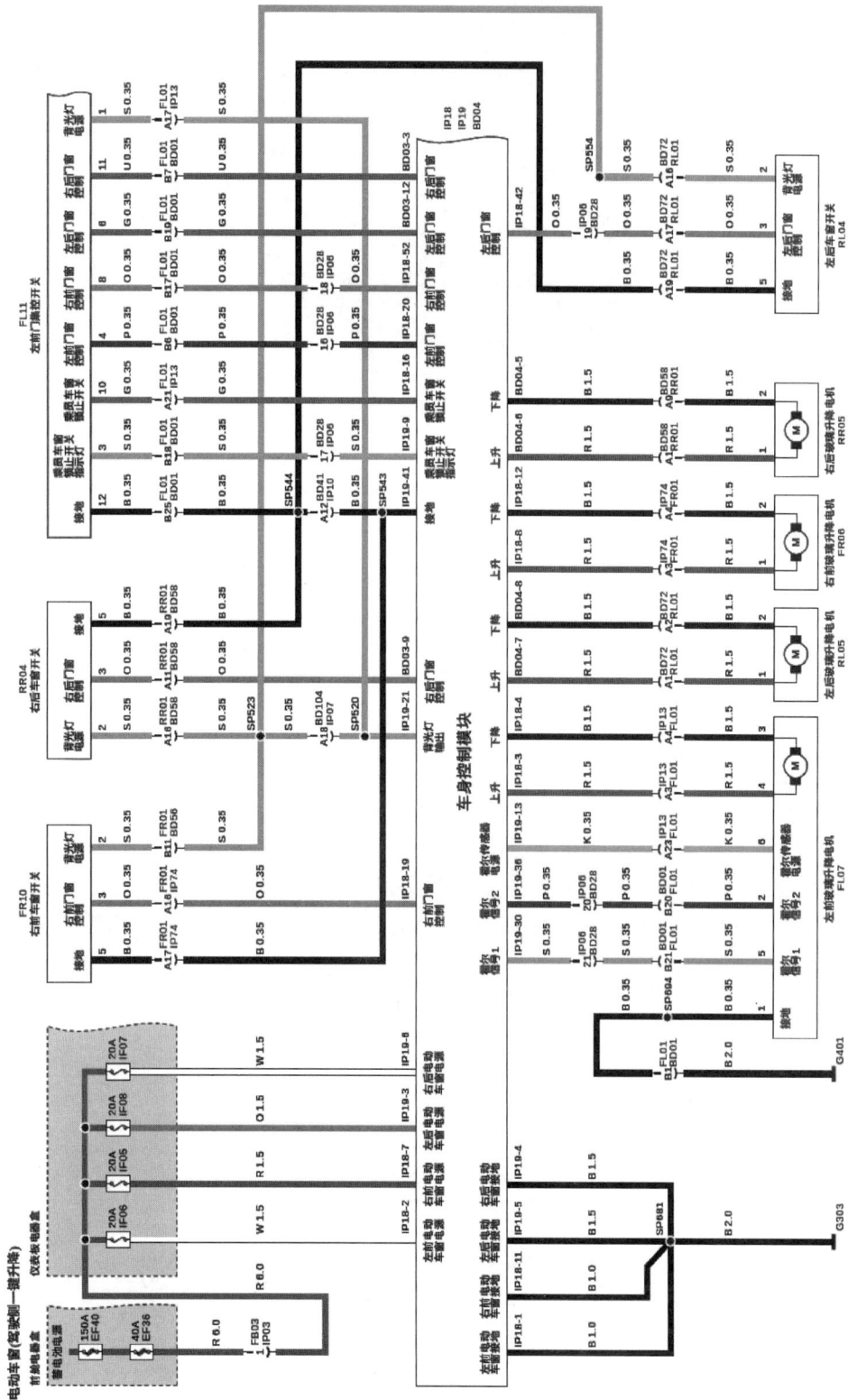

图 3-19 车窗控制电路图

图 3-20　汽车诊断仪

（6）清除故障码。

故障问题被修复后,可使用汽车诊断仪擦除存储在汽车电脑中的故障码。擦除故障码后,请重新检查汽车以确认故障问题已成功修复。

上面的使用步骤只是基本步骤,不同的汽车诊断仪的使用方法会有所差别,具体操作可以根据汽车故障诊断仪的说明书进行使用。

汽车诊断仪一般有读取故障码、清除故障码、读取发动机动态数据流、示波功能、元件动作测试、匹配、设定和编码等功能。

小贴士

许振超,"人民工匠"国家荣誉称号获得者、全国劳动模范。他以"做能工巧匠、无愧于时代"为人生追求,练就了"一钩准""一钩净""无声响操作"等绝活儿,带领团队先后九次刷新集装箱装卸世界纪录,使"振超效率"成为行业内的"金字招牌"。许振超就就业业,专注于工作,干一行爱一行,成就了"金牌工匠"。

（二）制订工作方案

1. 任务分工（表 3-1）

学生任务分配表　　　　　　　　　　表 3-1

班级		组号		指导老师	
组长		任务分工			
组员 1		任务分工			
组员 2		任务分工			
组员 3		任务分工			

续上表

班级		组号		指导老师	
组员4		任务分工			
组员5		任务分工			
组员6		任务分工			

2．工量具、仪器设备与耗材准备

（1）使用的工量具有：_____。

（2）使用的仪器设备有：_____。

（3）使用的耗材有：_____。

3．具体方案描述

_____

_____

_____

_____

三 计划实施

（一）安全注意事项及技能要点

1．安全注意事项

（1）确保学生完全在教师的指导下，在授权的范围内进行操作。

（2）禁止学生在不穿戴安全防护用品的情况下，接触任何车辆的高压电部件。

（3）学生应充分了解其职责范围，绝不擅自对高压电部件进行任何拆装调整。

（4）高压电动车辆在脱离教师监控时必须全车落锁，驶离举升工位并由教师妥善保管钥匙。

（5）在任何时候都应注意自身的人身安全防护。

（6）使用绝缘测试仪前，应佩戴绝缘手套。

（7）在进行绝缘测试时，不得用手触摸笔的金属部分，避免发生触电事故。

（8）检测用的仪器仪表使用完毕后，应及时关闭电源。

（9）能够规范使用车辆防护、绝缘防护、隔离警示等设备。

（10）工作中及完成任务后，应遵守实训场地"8S"管理。

2．技能要点

（1）新能汽车电动车窗玻璃、玻璃槽、密封条的检查方法。

（2）新能汽车电动车窗电气连接器连接情况目测检查方法。

（3）新能汽车电动车窗控制开关的检查方法。

(4)新能汽车电动车窗故障数据流分析方法。

(二)新能源汽车电动车窗升降系统基本检查

1. 新能源汽车电动车窗升降系统基本检查(表3-2)

新能源汽车电动车窗基本检查的操作方法及说明 表3-2

步骤	操作方法及说明	质量标准及记录
1. 作业前准备工作	(1)布置作业前现场环境  	□正确设置隔离栏 □正确放置安全警示牌 □正确检查灭火器
	(2)放置车轮挡块  	□铺设防护四件套 □放置车轮挡块
	(3)检查防护用具 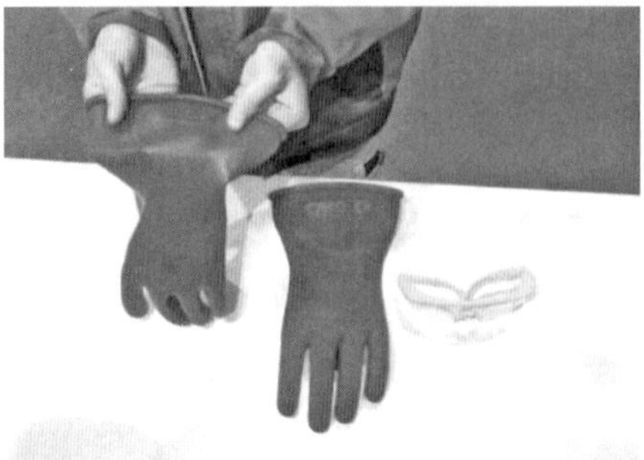 	□正确检查绝缘手套耐压等级 □正确检查绝缘手套气密性 □正确检查护目镜

步骤	操作方法及说明	质量标准及记录
1. 作业前准备工作	（4）检查仪表工具 	□正确检查万用表
	（5）测量绝缘地垫绝缘电阻 	□正确进行绝缘测试仪短路测试 □正确进行绝缘测试仪开路测试 □记录绝缘地垫绝缘电阻，阻值为_____，标准值为_____，结果判断：_____
2. 新能源汽车电动车窗基本检查	（1）检查新能源汽车车窗玻璃有无破损、玻璃是否有刮花等明显问题、玻璃槽是否有异物，清除异物 	□记录新能源汽车车窗玻璃检查情况：_____ □记录车窗玻璃槽检查情况：_____

步骤	操作方法及说明	质量标准及记录
2. 新能源汽车电动车窗基本检查	（2）检查车窗线束连接,检查接线端子的锁紧凸缘是否正常,然后向后拉动导线,以确认连接是否牢固	□记录车窗连接器线束连接情况:_____
	（3）检查新能源汽车车窗控制开关,电源在"ON"挡,对左前、左后、右前、右后的车窗进行升到顶、降到底的操作,观察其是否能够正常顺畅升降、升降过程中有无异响	□记录新能源汽车车窗各控制开关检查情况:_____

步骤	操作方法及说明	质量标准及记录
2. 新能源汽车电动车窗基本检查	（4）检查车窗锁定开关功能，电源在"ON"挡，按下驾驶侧的锁定开关，操作其他车门的车窗开关，检查其能否升降 	□记录新能源汽车车窗锁定开关检查情况：＿＿＿＿＿
	（5）打开车窗，检查左前、左后、右前、右后的车窗密封胶条是否老化、破损，并清洁密封胶条，关闭车窗，看密封性是否良好 	□记录新能源汽车车窗密封条检查情况：＿＿＿＿＿

步骤	操作方法及说明	质量标准及记录
2.新能源汽车电动车窗基本检查	(6)检查新能源汽车电动车窗保险及继电器,在主驾驶仪表板找到车窗保险及继电器,检查保险、继电器外观是否损坏 	□记录车窗保险表面检查情况：_____ □记录车窗继电器表面检查情况：_____

2.新能源汽车电动车窗升降系统数据流及故障码读取与分析(表3-3)

新能源汽车车窗升降系统数据流及故障码读取与分析操作方法　　　　表3-3

步骤	操作方法及说明	质量标准及记录
1.安装汽车检测仪	(1)关掉新能源汽车电源,在主驾驶下面找到故障诊断口,正确连接故障诊断仪 	□记录汽车检测仪与车辆诊断口连接情况：_____

续上表

步骤	操作方法及说明	质量标准及记录
1. 安装汽车检测仪	(2)打开汽车电源使车辆处于"ON"挡,打开汽车诊断仪电源,确认诊断仪和车辆通讯正常。查看屏幕底部的VCI导航按钮,如果按钮右下角显示为绿色的"√"图标,即表示MaxiSys诊断系统已准备就绪,可开始执行车辆诊断 	□记录汽车诊断仪与车辆的通信情况:＿＿＿＿＿＿
2. 新能源汽车车窗升降系统数据流及故障码读取与分析	(1)选择汽车品牌,输入汽车VIN码,选择"诊断"开始读取故障码,清除故障码,重新读取故障码 	□记录电动车窗的故障码为: ＿＿＿＿＿＿＿＿＿＿ ＿＿＿＿＿＿＿＿＿＿

步骤	操作方法及说明	质量标准及记录
2.新能源汽车车窗升降系统数据流及故障码读取与分析	（2）分析新能源汽车车窗升降系统数据流 	□分析车窗升降系统数据流,结果判断：_____
	（3）关闭新能源汽车电源,关闭汽车故障检测仪,拆下诊断口的故障诊断盒,放回故障诊断仪盒 	□整理汽车故障诊断仪
3.场地恢复	场地"8S"管理 	□工量具归位 □清理场地

四 评价反馈

（一）活动总结与反思（表3-4）

总结与反思　　　　　　　　　　　　　　　表3-4

1. 为何要进行新能源汽车电动车窗升降系统基本检查
2. 活动过程总结
3. 活动结果总结
4. 需要改进的地方

（二）活动评价（表3-5）

评价表　　　　　　　　　　　　　　　表3-5

评分项目	评分标准	分值	得分
学习目标	能明确本任务的知识、技能、素养目标，理解任务在工作中的重要程度	5	
工作任务分析	能清晰描述完成本次工作任务内容	2	
	能清晰描述完成本次工作任务需必备的技能与知识点	2	

评分项目	评分标准	分值	得分
有效信息获取	新能源汽车车窗系统组成	2	
	车窗控制开关认识	3	
	车窗升降电动机的作用分类	3	
	车窗玻璃升降器的结构分类	3	
	车窗保险继电器的检测方法	4	
	车身控制模块(BCM)作用分类	4	
	车窗控制电路及工作原理	4	
	汽车诊断仪作用及使用方法	3	
实施方案制定	能清晰地制定并填写本次新能源汽车电动车窗升降系统基本检查	3	
	能组织或协同工作小组成员,明确本次任务所需仪器设备、工具、材料的准备与清点,并准备记录	2	
	能组织或协同工作小组成员交流,优化检查方案并记录	5	
任务实施	新能源汽车电动车窗升降系统简单检查作业前准备工作	2	
	新能源汽车电动车窗升降系统目视检查的操作	10	
	新能源汽车电动车窗控制电路保险及继电器检查的操作	10	
	汽车诊断仪的正确使用	5	
	故障码的读取及数据流的分析	10	
	场地恢复	2	
任务评价	能过本次任务实施,结合自己在实训过程中的表现,进行自我评价及自我反思并记录	3	
职业素养	按规定时间完成项目作业	2	
	遵守实训室管理规定、劳动纪律	2	
	积极参与课堂活动、回答问题	2	
	能够按时出勤	2	
思政要求	能积极参与小组讨论,发挥团队合作精神;具有较强的安全意识、责任意识;遵守劳动纪律,以积极的态度接受工作任务;学习过程遵循"8S"管理规定	5	
得分(满分100)			

改进建议:

教师签字:
日期:

学习活动2 新能源汽车电动车窗升降器开关工作不良故障检修

一 明确任务

小刘是比亚迪汽车4S店的一名维修技师。今天车间接收到一辆比亚迪e5新能源汽车,客户反映左前门电动车窗开关操作没有反应,不能正常升降车窗,对电动车窗升降器开关电路做初步检查后,发现是升降器开关工作不良,现对电动车窗升降器开关进行检修。

二 工作准备与计划制订

(一)知识准备

1.新能源汽车电动车窗升降器开关控制电路识读

1)车窗升降器开关工作原理

车窗升降器开关可以利用电路控制电动车窗的电机,从而控制车窗的升降。当用户按下玻璃升降开关按钮时,电路产生信号,车窗电机得电,电机开始启动并产生转动力,从而带动玻璃升降。当用户松开开关按钮时,电路断电,电机停止转动,玻璃停止升降。车窗升降开关工作原理基于电路和电机的相互作用。电动车窗玻璃升降电机的不同,其控制电路也不同,以下根据不同类型升降电机分析电动车窗升降器开关控制电路图。

五线式玻璃升降开关电流示意图如图3-21所示,红色线条代表_____,红色箭头代表_____。

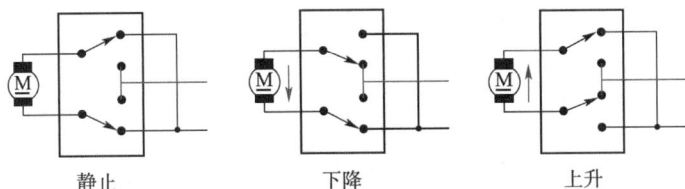

静止   下降   上升

图3-21 五线式玻璃升降开关电流示意图

2)车窗作用原理

电动车窗的控制原理:当驾驶人按下车门上的电动车窗升降器开关时,开关信号首先被发送给车门控制单元。车门控制单元接收到信号后,会通过LIN数据线将此信号传输给 BCM 和相应的车门控制单元。BCM 接收到信号后,会控制相应车门的电动车窗进行升降。

BCM 模块控制拓扑图如图 3-22 所示。

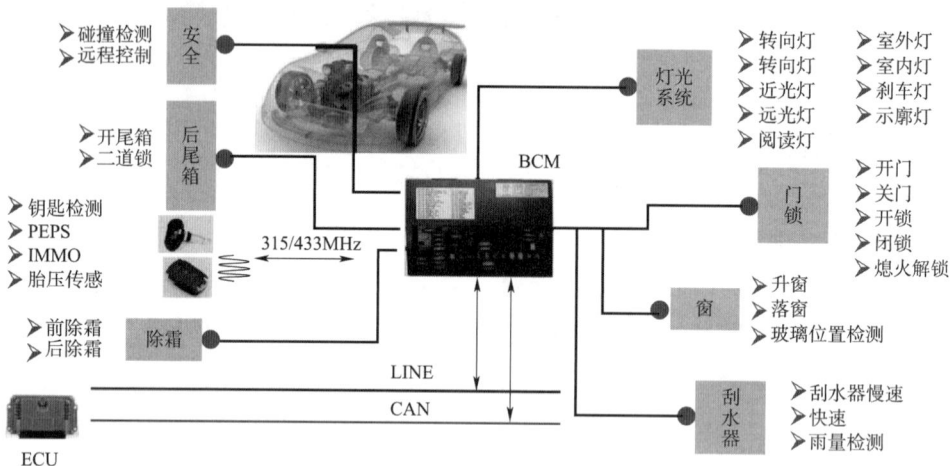

图 3-22　BCM 模块控制拓扑图

(1)BCM 工作原理。

①输入信号接收:BCM 通过_____的线路接收来自不同_____和_____的信号。例如,当驾驶人或乘客按下车窗开关时,这个开关的信号会被发送到 BCM。

②逻辑处理:BCM 接收到信号后,会根据预先编程的逻辑进行处理。例如,如果接收到的是车窗上升的信号,BCM 会判断应该激活哪个车窗电机进行上升操作。

③输出控制:处理完逻辑后,BCM 会输出相应的_____给车窗电机或其他相关执行器。对于车窗来说,这通常意味着发送一个电信号给车窗升降器电机,使其开始工作,从而实现车窗的上升或下降。

④反馈与安全:在电机工作的同时,BCM 还会接收来自电机或其他传感器的_____,以确保车窗按照预期动作,并且在遇到阻碍时能够及时停止,保障乘客的安全。

BCM 外观如图 3-23 所示。

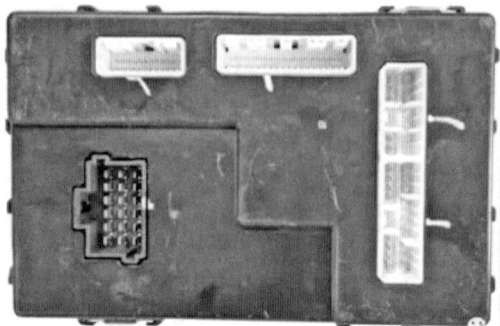

图 3-23　BCM 外观

BCM 由 CAN 总线通信模块、射频通信模块、信号采集模块、电源模块、MCU 以及电动机驱动模块组成。

BCM 的执行器包括胎压监测模块、钥匙模块、灯光雨量传感器、车窗、门锁、电子控制单元。

纯电动汽车 BCM 整体设计如图 3-24 所示。

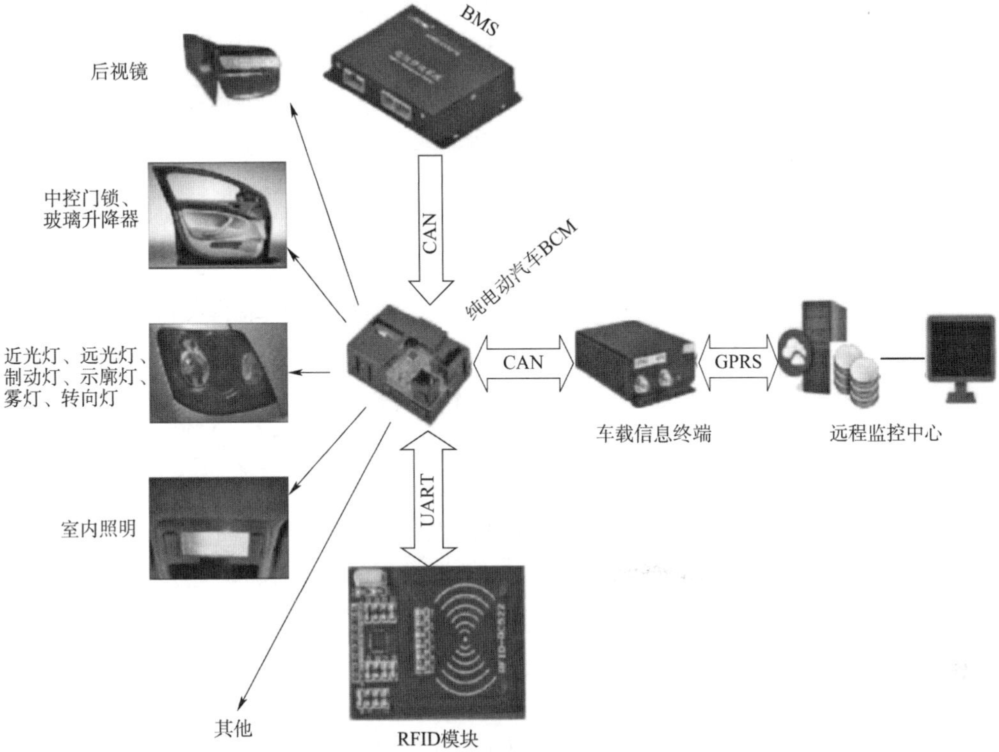

图 3-24 纯电动汽车 BCM 整体设计

(2)BCM 的分类。

按照 BCM 的整体架构,BCM 主要分为以下四种:分散式、集中式、分布式、混合式(集中式为基础)式。其中分散式一般搭载在经济型车型上,分布式一般搭载在中高档车型上,集中式和混合式一般搭载在经济型和中高档车型上。

①分散式 BCM。

分散式 BCM:每个车身电气子模块皆为单独控制,且相互无关联。由于分散式 BCM 具有低成本、易开发、灵活配置的特性,当下商用车 BCM 一般采用分散式,其中常见的商用车上的控制器件有间歇刮水控制器、汽车闭锁器、闪光器、冷却液液位控制器、预热控制器。

②集中式 BCM。

集中式 BCM 顾名思义,多个车身电气子模块采用一个控制器进行集中控制,此控制器接入车上所有开关和传感器,各个车身电气子模块之间保持逻辑关系,并通过总线连接,实现 BCM 与其他系统的逻辑关系(仪表系统、动力系统、娱乐系统、空调系统)。集中式 BCM 的关键控制器零件为 BCM。

BCM 又细分为总线式 BCM 和非总线式 BCM,总线式 BCM 可以同时具备网关的功能。

③分布式 BCM。

分布式 BCM 在形式上与分散式 BCM 近似,都是由单独的控制器控制车身电器的各个子系统,不同的是分散式 BCM 各用电器之间无关联,而分布式 BCM 延续集中式 BCM 在功能控制上的优势,各个控制模块不仅对本身所控制的用电系统进行逻辑控制,且还通过总线进行通信,来实现动力系统、娱乐系统、仪表系统、各区域及各子系统车身用电器的功能交互。

④混合式 BCM。

它的基本特征为:涵盖集中式 BCM 的特征;其部分子模块的控制方式与分布式或者分散式 BCM 相同。

混合式 BCM 在通信方面的要求相对有所减弱,但通信仍然非常关键,它是各个控制模块执行交互功能的通道,同样需要制定好相关总线协议、诊断协议以及测试规范。

混合式 BCM 的优点:具备所有分布式 BCM 的功能;从市场情况分析,其成本低于分布式系统;提供系统配置的灵活性。

(3)BCM 的功能。

在汽车各个系统中,由 BCM 控制的各电器设备,其功能越全面,汽车的舒适性和安全性也越高。由于不同车型的功能需求和电器配置不同,为满足差异化需求,设计了功能较为全面的 BCM,通过诊断仪进行配置选型即可选择性地开启或关闭部分功能,从而提高通用性。

BCM 的主要功能模块包括刮水器及洗涤、灯光及节能、中控门锁、电动车窗、后视镜、防盗报警、CAN/LIN 通信、胎压监测、IMMO、远程控制、休眠唤醒和电源管理。BCM 的功能如图 3-25 所示。

BCM 线束断开后,汽车仪表盘显示故障灯如图 3-26 所示。

3)永磁式直流电动机电动车窗的控制电路及工作原理

永磁式直流电动机电动车窗通过改变电动机电枢的电流方向来改变电动机的旋转方向,使车窗玻璃上升或下降。图 3-27 所示为永磁式直流电动机电动车窗的控制电路。当点火开关转至点火挡时,电动车窗主继电器工作,触点闭合,为电动车窗提供了电源。如将主开关(主控开关)上的车窗锁开关闭合,则所有车窗都可随时进入工作状态;若主开关上的车窗锁开关断开,则只有驾驶人侧车窗可进行工作。

(1)前座乘客侧车窗升降。

①驾驶人操纵。当驾驶人按下主开关上相应的前座乘客侧车窗上升开关时,其电流路径为:蓄电池正极→易熔线→断路器→电动车窗主继电器→主开关→前座乘客侧车窗开关左触点→电动车窗电动机→断路器→前座乘客侧车窗开关的右触点→车窗锁开关→蓄电池的负极,构成闭合回路。该电路中的电动车窗电动机通电而工作,使

车窗上升。当需要车窗下降时,驾驶人按下主开关上的下降开关,因电动车窗电动机是永磁双向电动机,电流反向,电动车窗电动机通电而反转使车窗下降。

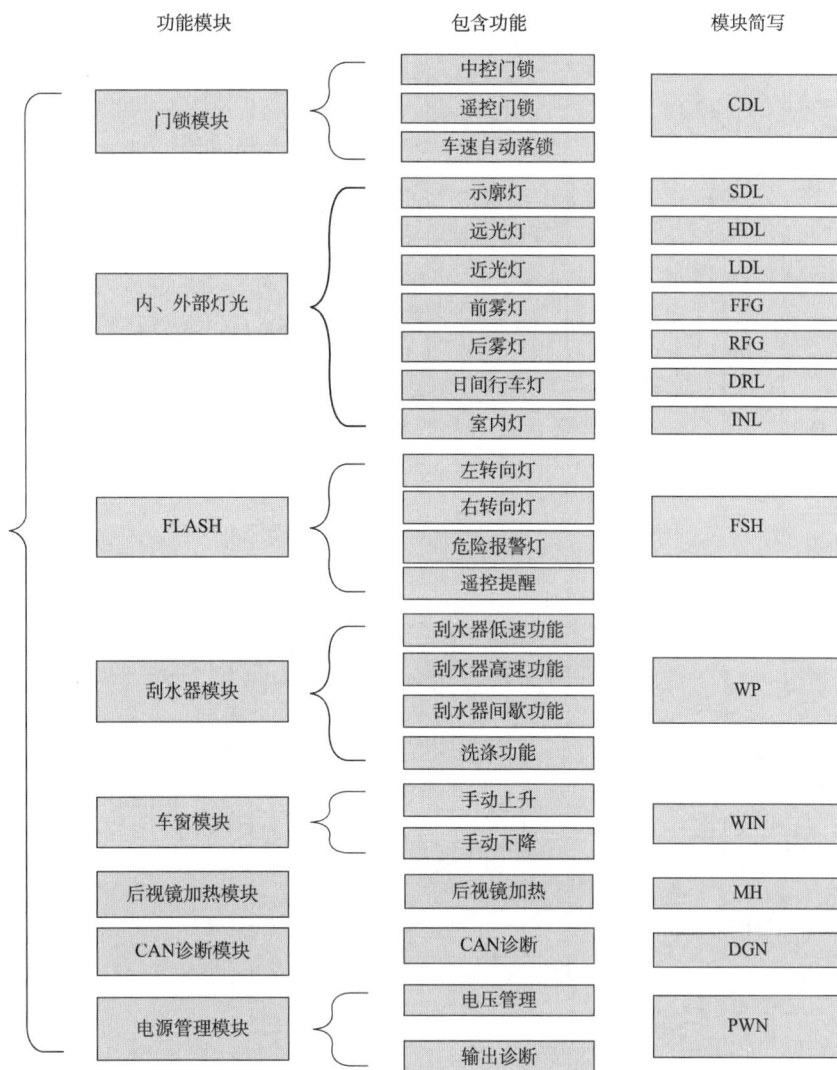

功能模块	包含功能	模块简写
门锁模块	中控门锁 / 遥控门锁 / 车速自动落锁	CDL
内、外部灯光	示廓灯	SDL
	远光灯	HDL
	近光灯	LDL
	前雾灯	FFG
	后雾灯	RFG
	日间行车灯	DRL
	室内灯	INL
FLASH	左转向灯 / 右转向灯 / 危险报警灯 / 遥控提醒	FSH
刮水器模块	刮水器低速功能 / 刮水器高速功能 / 刮水器间歇功能 / 洗涤功能	WP
车窗模块	手动上升 / 手动下降	WIN
后视镜加热模块	后视镜加热	MH
CAN诊断模块	CAN诊断	DGN
电源管理模块	电压管理 / 输出诊断	PWN

图 3-25 BCM 的功能

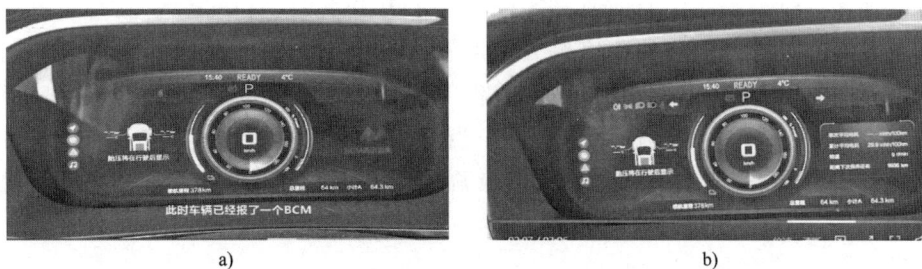

a)   b)

图 3-26 BCM 故障灯

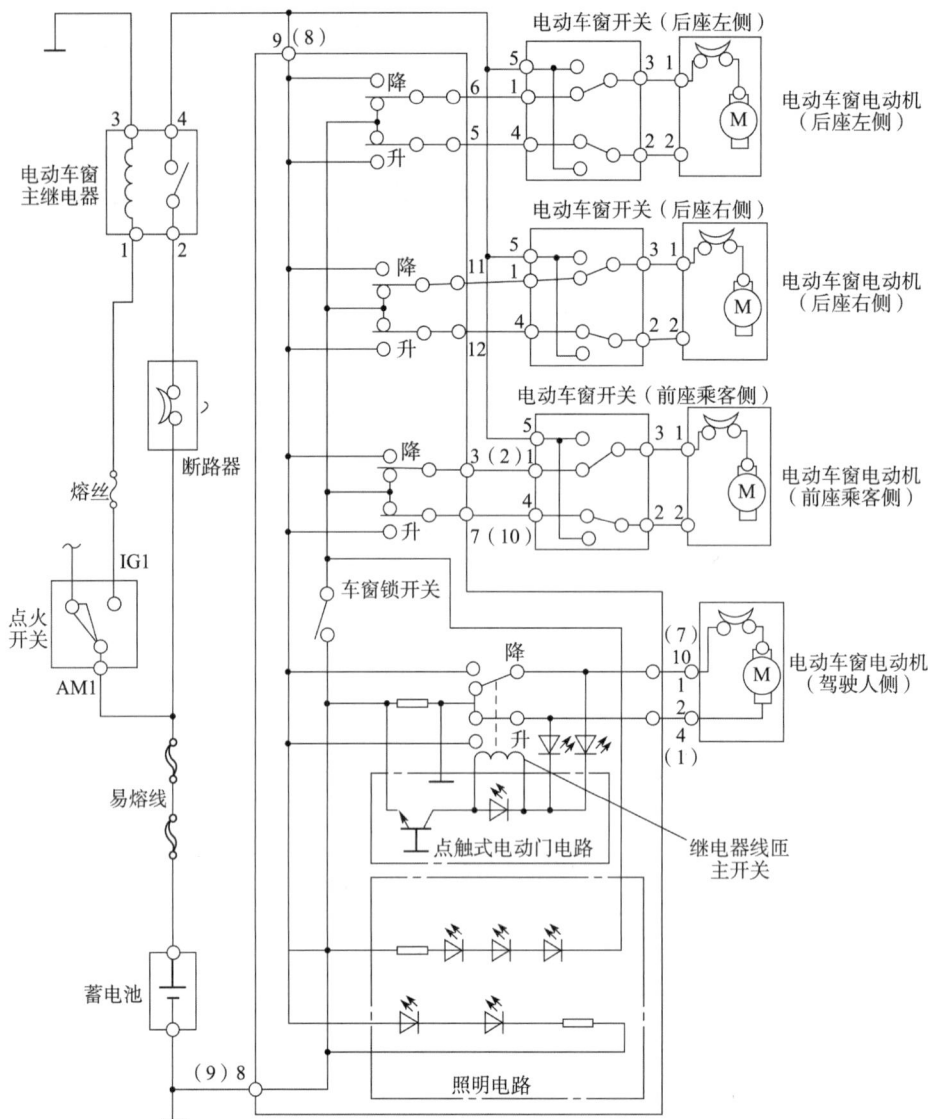

图 3-27 永磁式直流电动机电动车窗的控制电路

②乘客操纵。乘客接通前座乘客侧门窗上升开关时,其电流路径为:蓄电池正极→易熔线—断路器→前座乘客侧开关左触点→电动车窗电动机→断路器→前座乘客侧开关的右触点→车窗锁开关→搭铁→蓄电池的负极,构成了闭合电路。该电路中的电动机通电而工作,使车窗上升。当需要车窗下降时,乘客按下前座乘客侧开关上的下降开关,电动车窗电动机的电流反向,电动车窗电动机通电而反转使车窗下降。

(2)驾驶人侧的车窗升降。

若主开关上的车窗锁开关断开,则只有驾驶人侧车窗具备工作条件。另外,驾驶人侧的车窗开关由点触式电动门电路控制。车窗在下降过程中,如果要使其停止在某一位置,只要再点触一下开关即可。当驾驶人侧的车窗需要下降时,可按下主开关上的下降按钮,其工作电路电流路径为:蓄电池的正极→断路器→电动车窗电动机→驾驶人侧开关的另一触点→车窗锁开关→蓄电池的负极,构成闭合电路。与此同时,点触式开关的电路也同时接通,下降指示灯点亮,继电器线圈也通电而产生吸力,保持点触式开关处于下降工作状态直至车窗下降到极限位置。在下降过程中,如果要使车窗停在某一位置,驾驶人可再按一下点触式开关,则继电器线圈断路,车窗下降停止。

4)双绕组串励式直流电动机电动车窗的控制电路及工作原理

双绕组串励式直流电动机电动车窗的控制电路如图 3-28 所示。双绕组串励式直流电动机有两个绕向相反的磁场绕组,一个称为上升绕组,一个称为下降绕组。两个绕组在通电时,会产生方向相反的磁场,电动机的旋转方向也就不同,从而实现车窗玻璃的上升或下降。

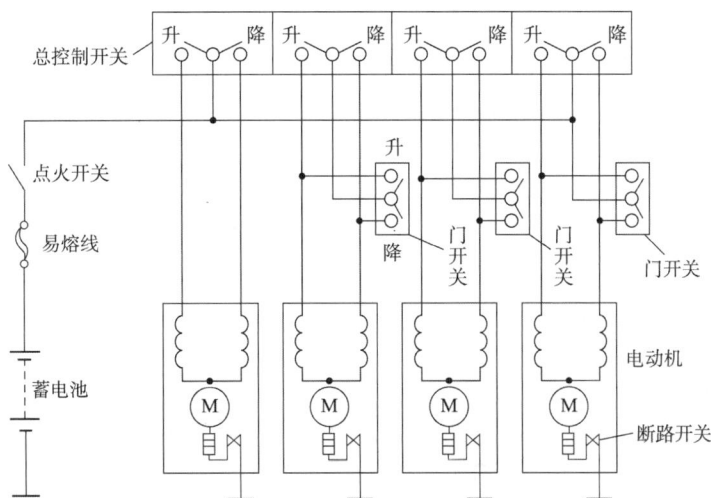

图 3-28 双绕组串励式直流电动机电动车窗的控制电路

5)比亚迪 e5 电动车窗的控制电路及工作原理

比亚迪 e5 车窗升降电机为直流双极永磁结构,采用双向旋转直流电动机。车窗控制电路图如图 3-29 所示。

(1)前座乘客侧车窗升降。

①驾驶人操纵。当驾驶人抬起主控开关上相应的右前车窗上升开关时,其电流路径如下:

(a)右前玻璃升降器开关控制电路电流路径:常电→电动车窗继电器 K2-4 的 86 号脚→电动车窗继电器 K2-4 的 85 号脚→车门多路控制器 DMCU 的 T05/8→车门多路控制器 DMCU 的 T05/16→右前玻璃升降开关 U05/1→右前玻璃升降开关右边电磁线圈→右前玻璃升降器开关 U05/6→EG06 6#搭铁,构成闭合回路,线圈得电触点闭合。

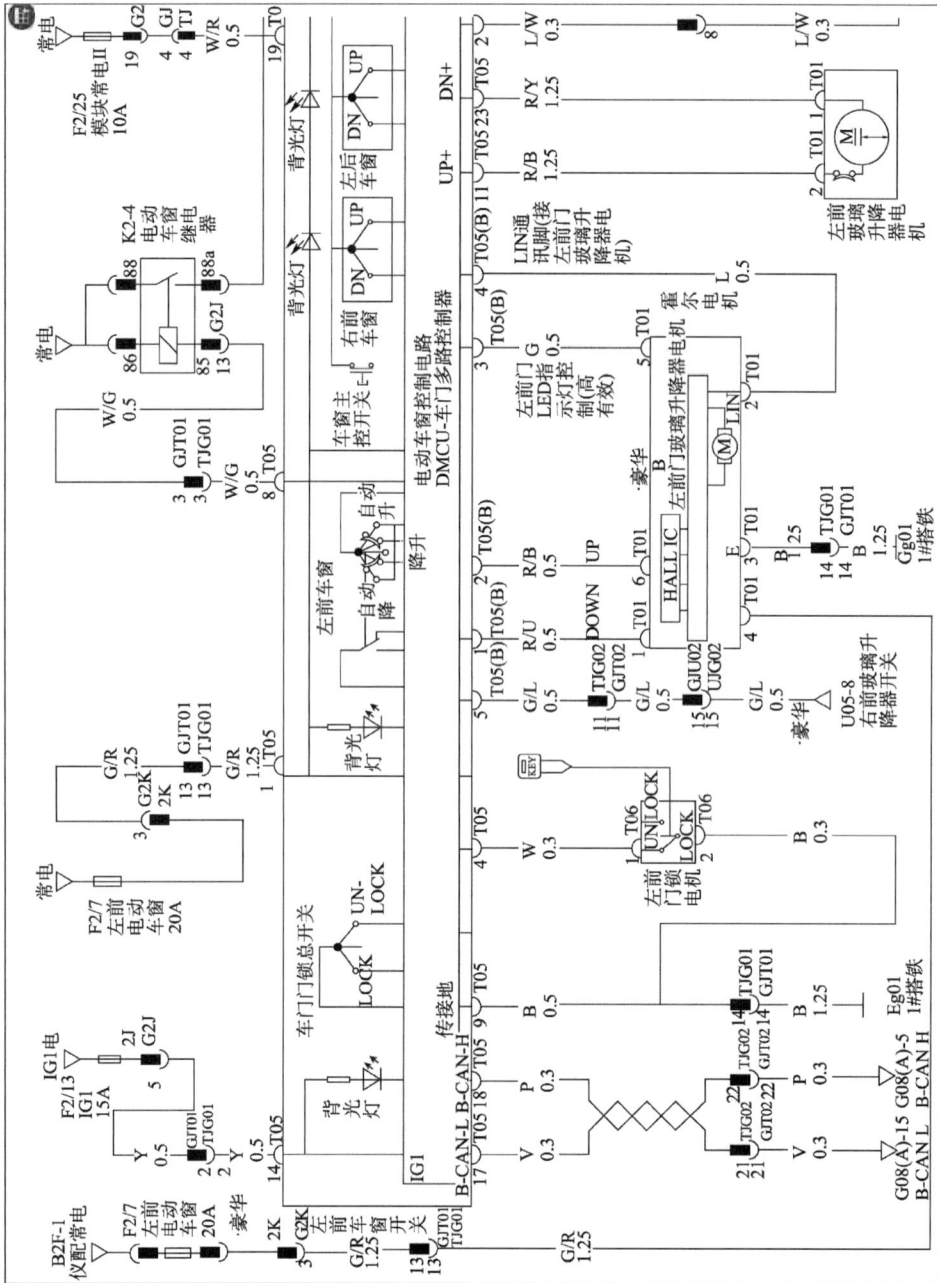

a) 左前车窗控制电路

图 3-29

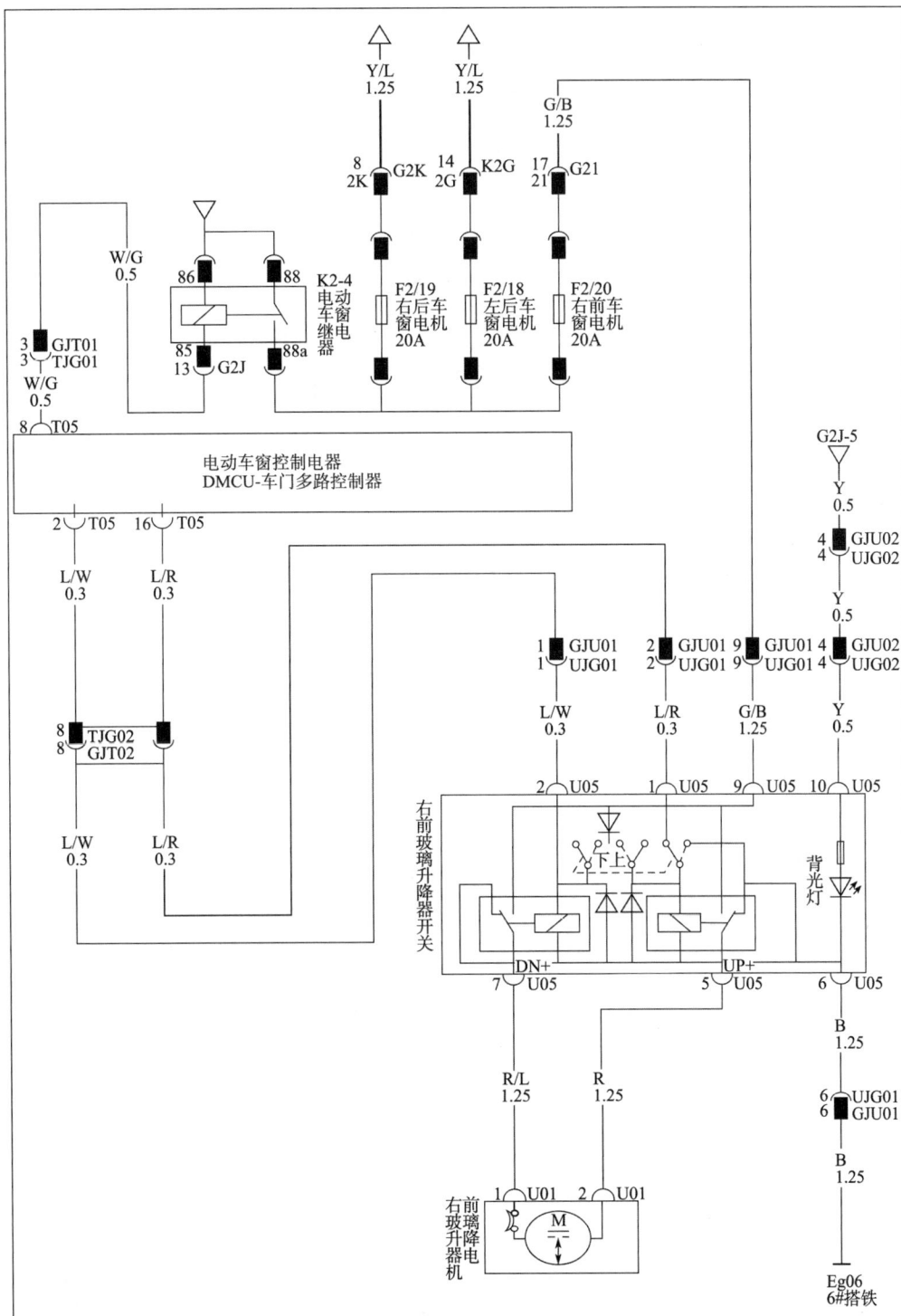

b) 右前车窗控制电路

图 3-29

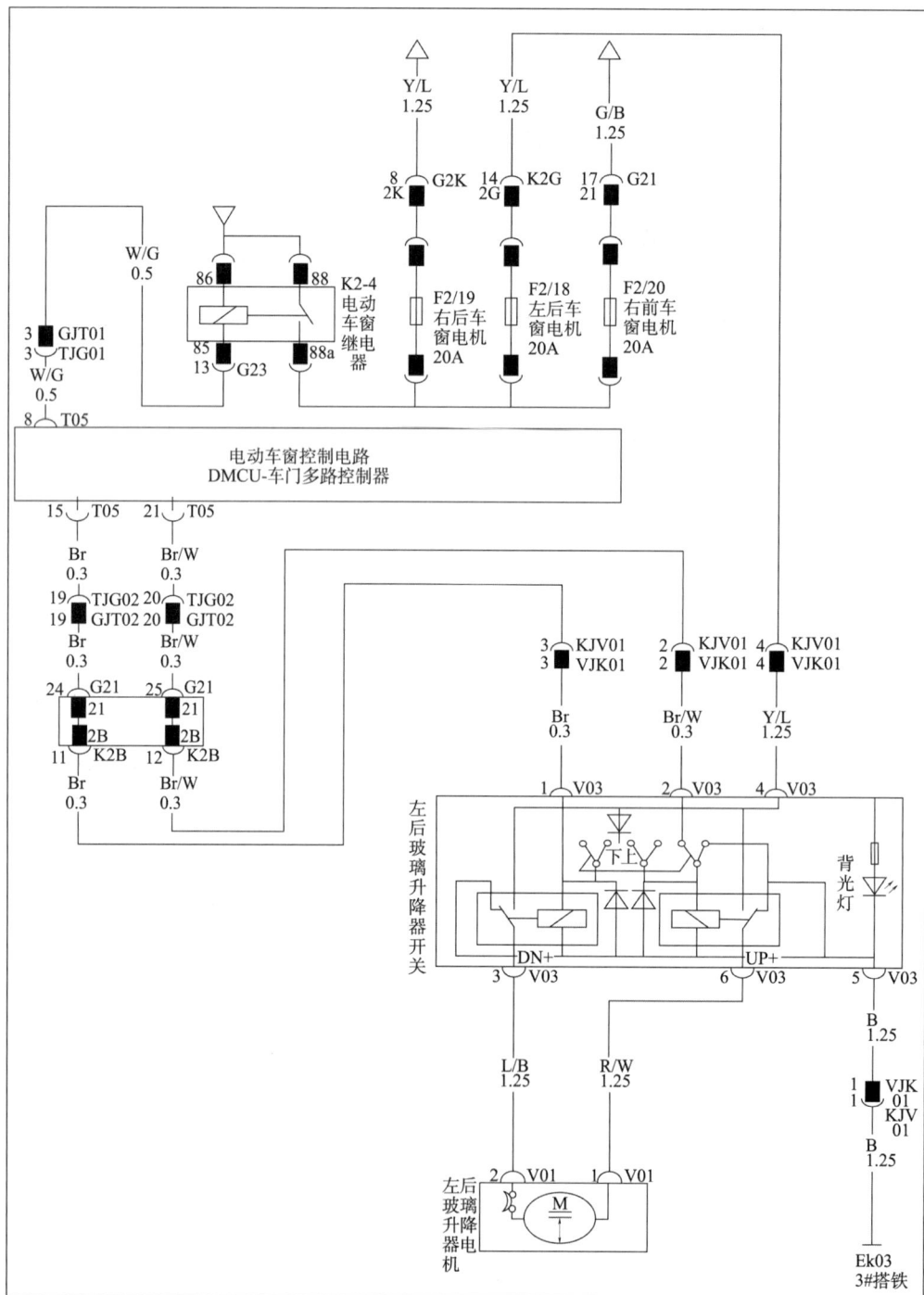

c) 左后车窗控制电路

图 3-29

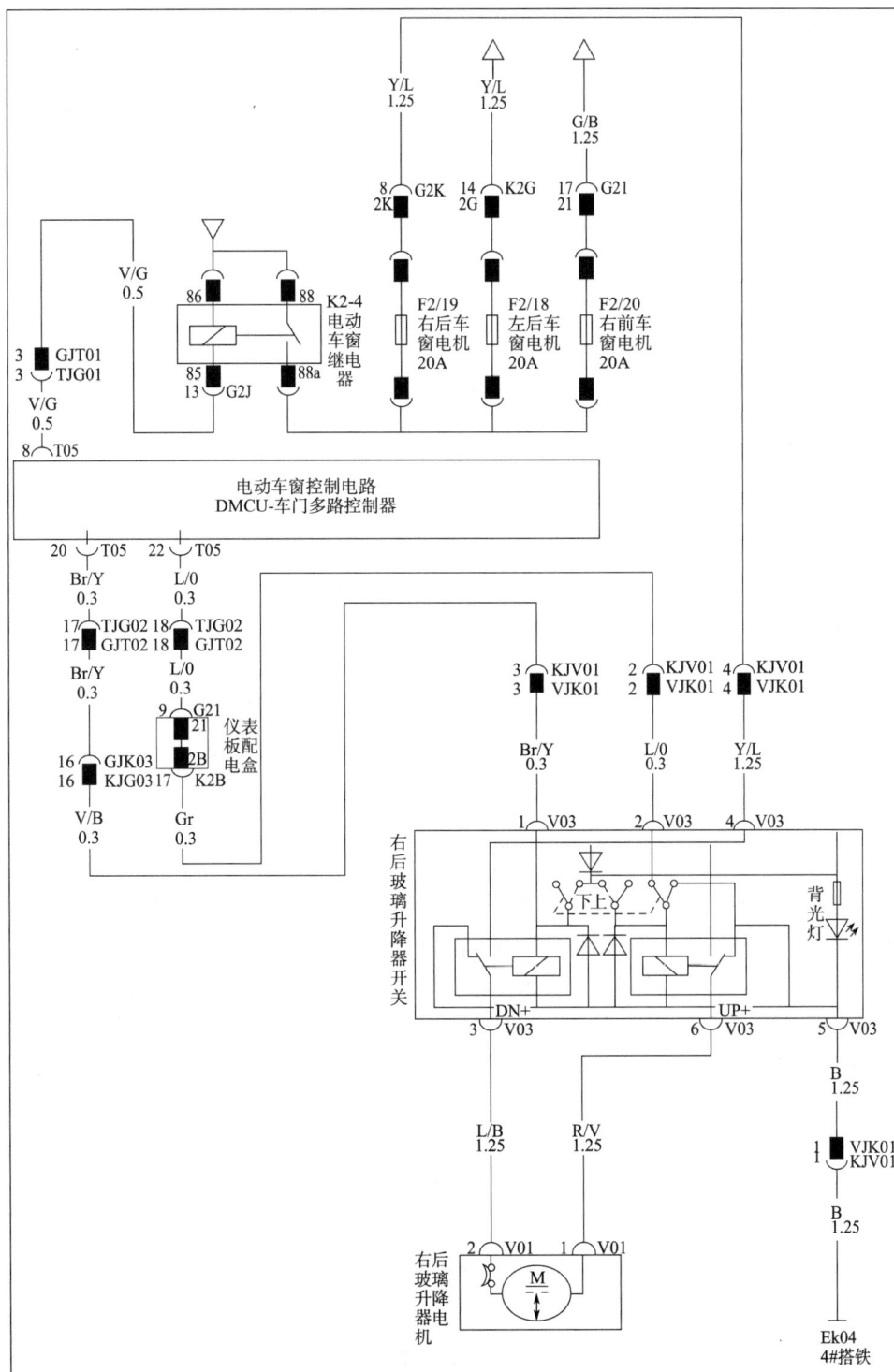

d) 右后车窗控制电路

图 3-29　比亚迪车窗控制电路图

(b)主电路电流路径:常电→仪表板配电盒的车窗控制继电器 K2-4 的 88 及 88a→右前车窗电机保险 F2/20→右前玻璃升降器开关 U05/9→右前玻璃升降器开关右边触点→UP + (U05/5)→右前玻璃升降电机 U01/2→右前玻璃升降电机 U01/1→右前玻璃升降器开关 U05/7→右前玻璃升降器开关左边触点→右前玻璃升降器开关 U05/6→EG06 6#搭铁,构成闭合回路。该电路中的电动车窗电动机通电而工作,使车窗上升。当需要车窗下降时,驾驶人按下主控开关上的下降开关时,因电动车窗电动机是永磁双向电动机,其电动机的电流反向,电动车窗电动机通电而反转使车窗下降。

②乘客操纵。乘客抬起前座乘客右侧门上升开关时,其电流路径:

(a)右前玻璃升降器开关控制电路电流路径:常电→电动车窗继电器 K2-4 的 86 号脚→电动车窗继电器 K2-4 的 85 号脚→车门多路控制器 DMCU 的 T05/8→车门多路控制器 DMCU 的 T05/16→右前玻璃升降开关 U05/1→右前玻璃升降开关右边电磁线圈→右前玻璃升降器开关 U05/6→EG06 6#搭铁,构成闭合回路,线圈得电触点闭合。

(b)主电路电流路径:常电→仪表板配电盒的车窗控制继电器 K2-4 的 88 及 88a→右前车窗电机保险 F2/20→右前玻璃升降器开关 U05/9→右前玻璃升降器开关右边触点→UP + (U05/5)→右前玻璃升降电机 U01/2→右前玻璃升降电机 U01/1→右前玻璃升降器开关 U05/7→右前玻璃升降器开关左边触点→右前玻璃升降器开关 U05/6→EG06 6#搭铁,构成闭合回路。该电路中的电动车窗电动机通电而工作,使车窗上升。当需要车窗下降时,驾驶人按下主控开关上的下降开关时,因电动车窗电动机是永磁双向电动机,其电动机的电流反向,电动车窗电动机通电而反转使车窗下降。

(2)驾驶人侧的车窗升降。如果驾驶人按下车窗锁开关,继电器 K2-4 线圈失电,其触点断开,乘客侧所有车窗开关断电,乘客不能操作车窗升降。驾驶人按下左前车窗控制开关降窗,电流路径:常电→仪表板配电盒的左前电动车窗保险 F2/7→车门多路控制器 T05/1→车门多路控制器 T05/23 脚→左前玻璃升降器电机 T01/1 脚→左前玻璃升降器电机 T01/2 脚→车门多路控制器 T05/9 脚→EG01#搭铁,构成闭合回路。该电路中的电动车窗电动机通电而工作,使车窗下降。

2. 电动车窗升降器控制电路检测

以比亚迪 e5 左前车窗升降器控制电路为例,左前玻璃升降器开关组配电如图 3-30 所示,玻璃升降器电机电源电路如图 3-31 所示。

1)车门多路控制器(MCS)

新能源汽车车门多路控制器的功能:车窗控制;门锁控制;后视镜控制;隐藏门把手控制;门灯和转向灯控制。

比亚迪 e5 汽车车门多路控制器如图 3-32 所示。

2)左前车窗开关 T05 连接器(如图 3-33 所示)

左前车窗开关 T05 连接器安装位置如下图 3-34 所示。

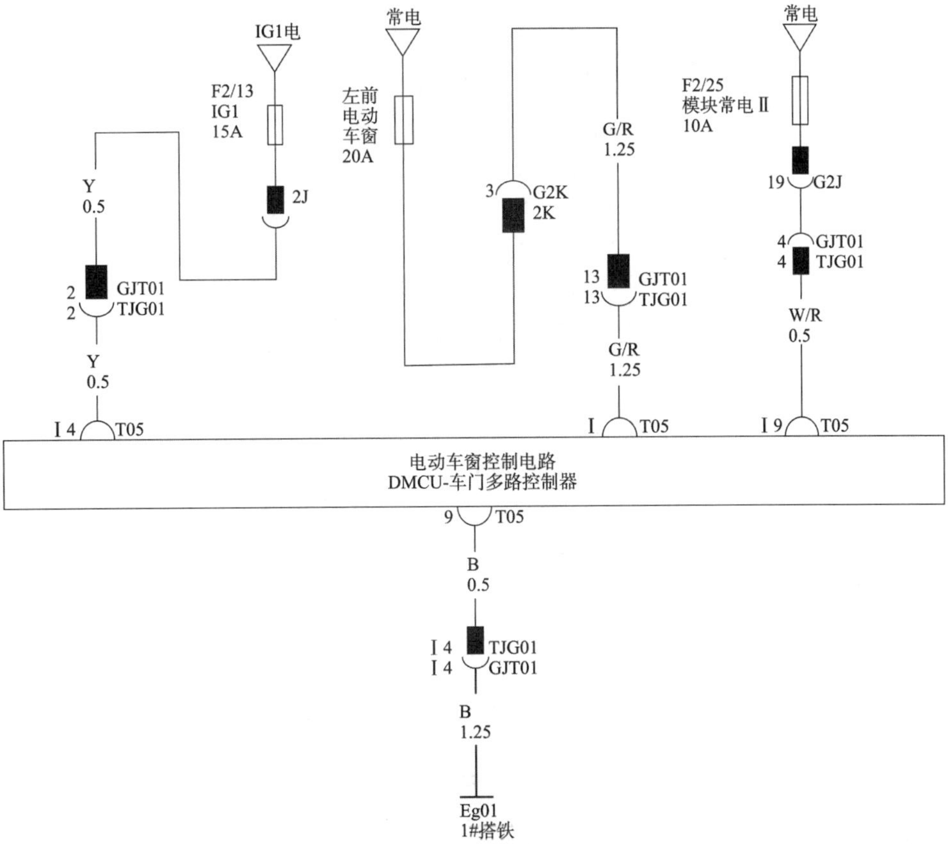

图 3-30　左前玻璃升降器开关组配电

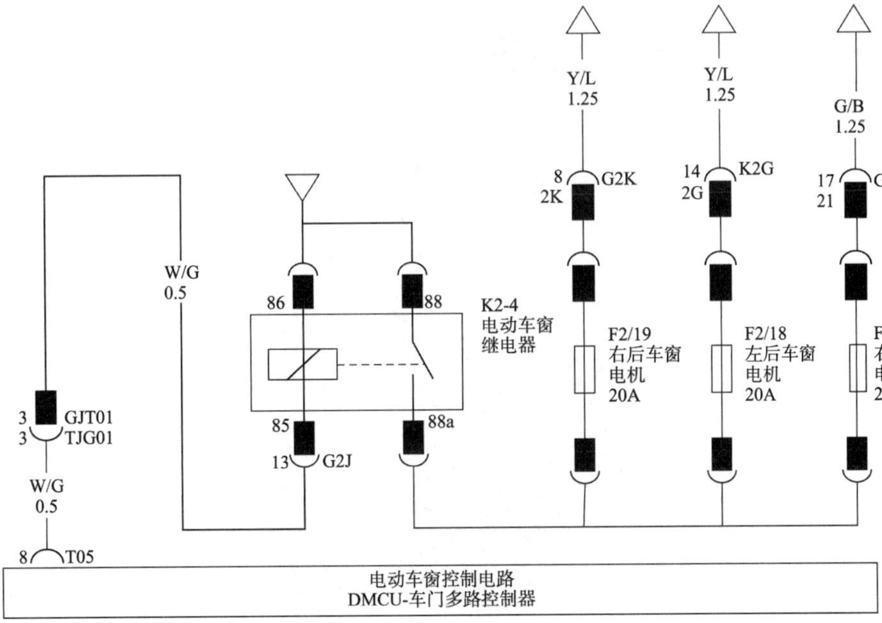

图 3-31　玻璃升降器电机电源电路

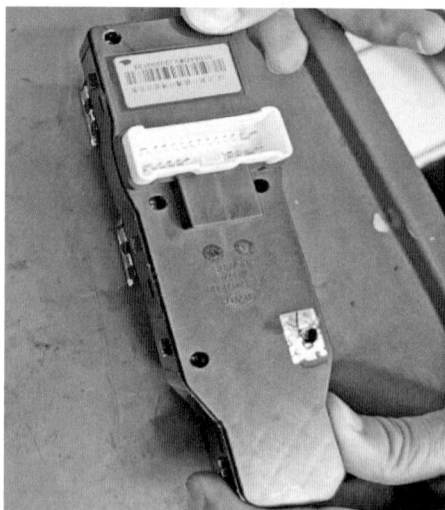

图 3-32　比亚迪 e5 车门多路控制器

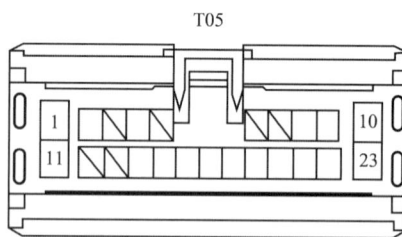

图 3-33　左前车窗开关 T05 连接器

图 3-34　T05 安装位置

3）左前车窗开关 T05 连接器针脚定义及检测正常值（如图 3-35 所示）

正常：

端子号	线色	端子描述	条件	正常值
T05-14-车身地	Y	ON 挡电	电源上到 ON 挡电	11～14V
T05-19-车身地	W/R	常电	始终	11～14V
T05-8-车身地	W/G	电动车窗继电器	始终	11～14V
T05-9-车身地	B	地	始终	小于 1V
T05-10-车身地	W/B	搭铁	始终	小于 1V

提示：如果测试结果与所给正常值不符，则可能相应的线束有故障。

正常：

端子号	线色	端子描述	条件	正常值
T05-11-车身地	R/B	左前门玻璃升电源	电源 ON 挡电，左前门开关向上拉起	11～14V
T05-23-车身地	R/Y	左前门玻璃降电源	电源 ON 挡电，左前门开关向下按	11～14V
T05-2-车身地	L/W	右前门玻璃降电源	—	—
T05-16-车身地	L/R	右前门玻璃升电源	—	—
T05-15-车身地	Br	左后门玻璃降电源	—	—
T05-21-车身地	Br/W	左后门玻璃升电源	—	—
T05-20-车身地	Br/Y	右后门玻璃降电源	—	—
T05-22-车身地	L/O	右后门玻璃升电源	—	—
T05-17-车身地	V	CAN_L	始终	1.5～2.5V
T05-18-车身地	P	CAN_H	始终	2.5～3.5V
T05-4-车身地	W	左前门锁未锁信号	左前门锁未锁	小于 1V

提示：如果测试结果与所给正常值不符，则可能开关故障。

图 3-35　T05 针脚定义及检测正常值

小贴士

王张伟，全国劳动模范。他工于匠心，争创一流业绩，敢于创新，勇立技术前沿，忠于事业，甘于无私奉献，他是"海螺精神"的传承人，也是新时代劳模精神的实践者。

（二）制订工作方案

1.任务分工（表3-6）

学生任务分配表　　　　　　　　　　　　　　　表3-6

班级		组号		指导老师	
组长		任务分工			
组员1		任务分工			
组员2		任务分工			
组员3		任务分工			
组员4		任务分工			
组员5		任务分工			
组员6		任务分工			

2.工量具、仪器设备与耗材准备

（1）使用的工量具有：_____。

（2）使用的仪器设备有：_____。

（3）使用的耗材有：_____。

3.具体方案描述

_____

_____

_____

_____

三　计划实施

（一）安全注意事项及技能要点

1.安全注意事项

（1）确保学生完全在教师的指导下，在授权的范围内进行操作。

（2）禁止学生在不穿戴安全防护用品的情况下，接触任何车辆的高压电部件。

（3）学生应充分了解其职责范围，绝不擅自对高压电部件进行任何拆装调整。

（4）高压电动车辆在脱离教师监控时必须全车落锁，驶离举升工位并由教师妥善保管钥匙。

（5）在任何时候都应注意自身的人身安全防护。

（6）使用绝缘测试仪前，应佩戴绝缘手套。

（7）在进行绝缘测试时，不得用手触摸笔的金属部分，避免发生触电事故。

（8）检测用的仪器仪表使用完毕后，应及时关闭电源。

（9）能够规范使用车辆防护、绝缘防护、隔离警示等设备。

（10）工作中及完成任务后，应遵守实训场地"8S"管理。

2.技能要点

（1）左前车窗开关 T05 连接器的检测方法。

（2）左前玻璃升降器开关组的拆装方法。

（3）车门多路控制器的拆装与检查方法。

（4）左前玻璃升降器开关组配电电路的检测方法。

（二）左前电动车窗升降器开关的检查与更换（以比亚迪 e5 为例）

1.左前玻璃升降器开关组电源检测（表 3-7）

左前玻璃升降器开关组电源检测操作方法及说明   表 3-7

步骤	操作方法及说明	质量标准及记录
1.作业前准备工作	（1）布置作业前现场环境 	□正确设置隔离栏 □正确放置安全警示牌 □正确检查灭火器
	（2）放置车轮挡块 	□正确设置隔离栏 □正确放置安全警示牌 □正确检查灭火器
	（3）检查防护用具 	□正确检查绝缘手套耐压等级 □正确检查绝缘手套气密性 □正确检查护目镜

步骤	操作方法及说明	质量标准及记录
1. 作业前准备工作	(4)检查仪表工具 	□正确检查万用表
	(5)车辆高压下电 	□拔下低压蓄电池负极 □穿戴安全防护用品拔下维修开关
2. 左前门玻璃升降器开关组电源保险的检测	(1)拆下仪表板配电盒Ⅰ的盖子,分别找到保险 F2/13、F2/7、F2/25 	□记录保险的位置:_____ _____

步骤	操作方法及说明	质量标准及记录
2.左前门玻璃升降器开关组电源保险的检测	(2)测量车窗开关组电源保险的电阻 	□测量 F2/13,电阻为: _____ □测量 F2/7,电阻为: _____ □测量 F2/25,电阻为: _____ 结果判断:_____
3.左前门开关组线束的检测	(1)拆卸车门把手饰板 	□检查门把手螺钉,结果判断:_____

步骤	操作方法及说明	质量标准及记录
3.左前门开关组线束的检测	(2)拆卸车门内护板 	□检查车门内护板,结果判断:＿＿＿＿＿＿
	(3)拔下中控锁绳索 	□检查中控锁绳索,结果判断:＿＿＿＿＿＿
	(4)拔下车门多路控制器连接器T05 	□检查T05连接器外观,结果判断:＿＿＿＿＿＿

步骤	操作方法及说明	质量标准及记录
3.左前门开关组线束的检测	（5）检测各线束连接情况 	□保险 F2/13 到 T05 的 14 号脚的线束,电阻值：_____ □保险 F2/7 到 T05 的 1 号脚的线束,电阻值：_____ □保险 F2/25 到 T05 的 19 号脚的线束,电阻值：_____ 结果判断：_____

（三）车门多路控制器的检查与更换（表3-8）

车门多路控制器的检查与更换的操作方法及说明　　　　表3-8

步骤	操作方法及说明	质量标准及记录
1.拆卸车门多路控制器并检查	（1）从车门内护板上拆下车门多路控制器总成 	□检查车门多路控制总成外观,结果判断：_____

步骤	操作方法及说明	质量标准及记录
1. 拆卸车门多路控制器并检查	(2)拆下车门多路控制器固定螺钉,用8枚大头针平衡,拆下车门多路控制器 	□检查车门多路控制器电路板是否有水及灰尘等异物,结果判断:＿＿＿＿＿＿＿
	(3)下车门多路控制器后端盖及车窗控制开关检查 	□检查车门多路控制器上的车窗控制开关,结果判断:＿＿＿＿＿＿＿

步骤	操作方法及说明	质量标准及记录
1.拆卸车门多路控制器并检查		
2.更换车门多路控制器	(1)更换车门多路控制器 	□车门多路控制器牢固 □车窗控制开关正常工作
	(2)安装车门内护板 	□车门内护板牢固

续上表

步骤	操作方法及说明	质量标准及记录
3.场地恢复	场地"8S"管理 	☐工量具归位 ☐清理场地

四 ⚡ 评价反馈

(一)活动总结与反思(表3-9)

总结与反思　　　　　　　　　　　　　　　　　　　　表3-9

1.为何要进行新能源汽车左前电动车窗升降器开关的检查与更换
2.活动过程总结
3.活动结果总结

续上表

4.需要改进的地方

(二)活动评价(表3-10)

评价表   表3-10

评分项目	评分标准	分值	得分
学习目标	能明确本任务的知识、技能、素养目标,理解任务在工作中的重要程度	5	
工作任务分析	能清晰描述完成本次工作任务内容	2	
	能清晰描述完成本次工作任务需必备的技能与知识点	2	
有效信息获取	新能源汽车电动车窗升降器开关控制电路识读	5	
	车窗多路控制器的功能	3	
	车窗多路控制器的连接器认知	3	
	左前玻璃升降器开关组配电电路识图	5	
	左前电动车窗升降器开关的检查与更换的方法	3	
实施方案制定	能清晰地制定并填写本次新能源汽车左前电动车窗升降器开关的检查与更换作业计划	3	
	能组织或协同工作小组成员,明确本次任务所需仪器设备、工具、材料的准备与清点,并准备记录	2	
	能组织或协同工作小组成员交流,优化检查方案并记录	5	
任务实施	左前玻璃升降器开关组电源检测操作方法及说明作业前准备工作	2	
	能正确找到左前门开关组电源保险	2	
	能正确检测左前门开关组电源保险	5	
	能正确拆卸车门内饰板	5	
	能正确检查车门多路控制器连接器	3	
	能正确检测车窗开关控制线束	10	
	能正确拆卸车门多路控制器	10	
	能检查车门多路控制器	5	
	能正确检查车窗控制开关	3	
	能正确更换车窗控制开关并恢复工位	3	

评分项目	评分标准	分值	得分
任务评价	能过本次任务实施,结合自己在实训过程中的表现,进行自我评价及自我反思并记录	3	
职业素养	按规定时间完成项目作业	2	
	遵守实训室管理规定、劳动纪律	2	
	积极参与课堂活动、回答问题	2	
	能够按时出勤	2	
思政要求	能积极参与小组讨论,发挥团队合作精神;具有较强的安全意识、责任意识;遵守劳动纪律,以积极的态度接受工作任务;学习过程遵循"8S"管理规定	3	
得分(满分100)			
改进建议:			

教师签字:

日期:

学习活动3　新能源汽车电动车窗升降器检查与更换

一　明确任务

一辆新能源汽车进厂维修,客户反映左前门电动车窗不能升降。经班组长初步检查,诊断为电动车窗升降器故障,需要对其进行检修,使其恢复正常使用性能。请学员查阅维修手册等资料,准备车窗升降器检查与更换所需的工具、配件等,明确升降器检查与更换的工作步骤,并予以实施工作。

二　工作准备与计划制订

(一)知识准备

1.汽车车窗玻璃升降系统的组成结构

汽车车窗玻璃升降系统由_____、_____、_____构成,如图3-36所示。

图 3-36　车窗系统结构

1）玻璃升降器

按一定的驱动方式使汽车玻璃沿玻璃导轨上升或下降，并能够把玻璃停在任意位置的装置，也称＿＿＿＿＿＿＿或＿＿＿＿＿＿＿。

2）玻璃导轨

保证玻璃升降的空间，同时为玻璃运行提供辅助导向作用。

3）汽车玻璃

主要起减少＿＿＿＿＿＿＿、＿＿＿＿＿＿＿、＿＿＿＿＿＿＿、＿＿＿＿＿＿＿及＿＿＿＿＿＿＿等作用，同时也是汽车整体造型的组成部分。

2.汽车车窗升降器基本认知

车窗玻璃升降的种类很多，分类标准也有很多。现在比较被认可的主要有两个分类标准：按＿＿＿＿＿＿＿和＿＿＿＿＿＿＿。具体分类见图 3-37。

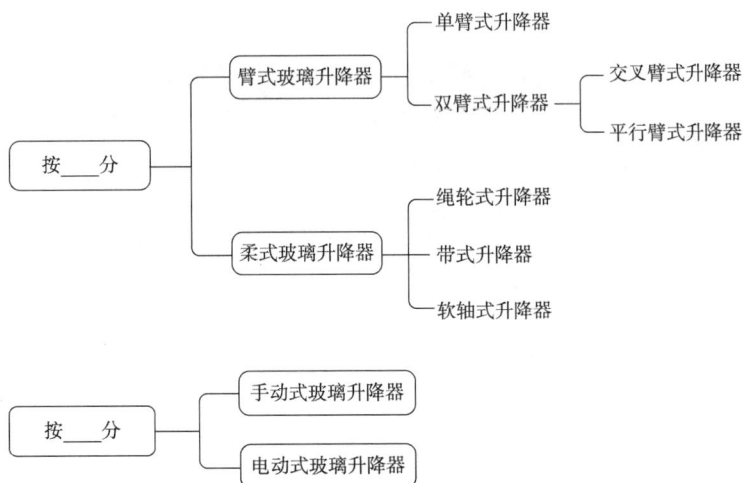

图 3-37　汽车车窗升降器分类

按＿＿＿＿＿＿＿分，汽车车窗玻璃升降器可分为手动式玻璃升降器和电动式玻璃升降器两大类。按＿＿＿＿＿＿＿分，汽车车窗玻璃升降器可分为臂式和柔式两大类。

1）臂式玻璃升降器

臂式玻璃升降器的传动机构为齿轮齿板啮合传动,除齿轮外其主要构件均为板式结构,加工方便,成本低,在目前国内车辆上使用较为普遍。但由于其采用悬臂式支承结构及齿轮齿板机构,故工作阻力较大。臂式玻璃升降器又分为单臂式和双臂式两种。

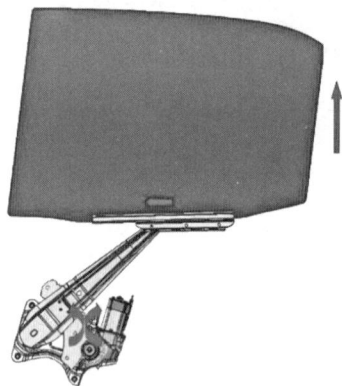

图 3-38　单臂式玻璃升降器

（1）单臂式玻璃升降器。

单臂式玻璃升降器的结构特点是只有一个升降臂,如图 3-38 所示,结构最简单,但由于升降臂支承点与玻璃质心之间的相对位置经常变化,玻璃升降时会产生倾斜、卡滞。该结构只适用于玻璃两侧为平行直边的情况,因此应用不是很普遍。我国的北汽福田 BJ1040、南京跃进 NJ130、一汽解放 CA1090 等车型,日本丰田及日本五十铃系列轻型货车等车型的前车门采用单臂式玻璃升降器。

（2）双臂式玻璃升降器。

该玻璃升降器的结构特点是具有两个升降臂,如图 3-39 所示。与单臂式玻璃升降器相比,双臂式玻璃升降器本身可保证玻璃平行升降,提升力也比较大。该结构适用于负载较大玻璃或玻璃弧度较小的车门。依两臂的布置方式又分为交叉臂式升降器和平行臂式升降器。

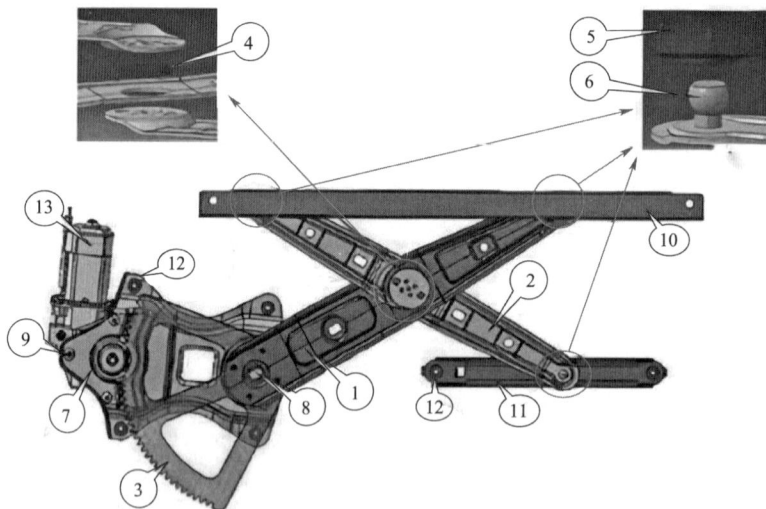

图 3-39　交叉臂式玻璃升降器

1-主臂;2-副臂;3-齿扇;4-垫片;5-滑块;6-滑块转轴;7-基板;8-转轴;9-螺钉;10-主导轨;11-副导轨;12-压紧螺钉;13-电机

①交叉臂式玻璃升降器。

交叉臂式玻璃升降器顾名思义,其两个臂是交叉的,呈 X 形。其一般由电机、主臂、副臂、主导轨、副导轨以及基板和扇形齿轮等组成,如图 3-40 所示。交叉臂式玻璃升降器通过基板固定在车门内板上,副导轨也固定在车门内板上,而玻璃则固定在主导轨上。

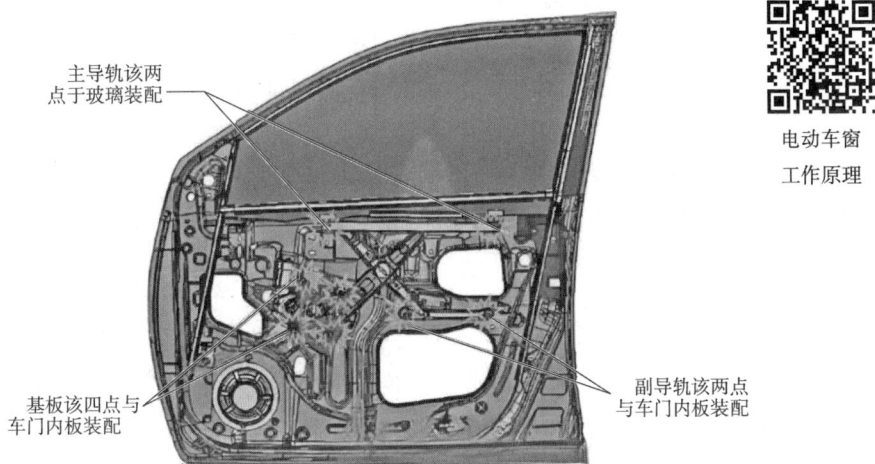

电动车窗
工作原理

主导轨该两
点于玻璃装配

基板该四点与
车门内板装配

副导轨该两点
与车门内板装配

图 3-40　交叉臂式升降器在车门上的安装位置

其工作原理是:电机通过减速结构带动扇形齿轮旋转,扇形齿轮再带动主臂旋转,而副臂则绕着主臂和副臂上的连接轴旋转,其下端沿着固定的副导轨直线运动,上端则和主臂反向沿着主导轨直线运动,从而使主导轨上下移动,如图 3-41 所示。

交叉臂式玻璃升降器的支承宽度较大,运动比较平稳,且升降速度快、成本低。缺点是主臂和副臂之间易产生摩擦,不仅容易产生噪声,也会影响其耐久性,同时,交叉臂式玻璃升降器的重量也较大,因此一般使用在玻璃弧度较小而尺寸较大的车型上。

②平行臂式玻璃升降器

平行臂式玻璃升降器的两个臂是平行的,其一般由主动臂、从动臂、座板、滑动支架和电机等组成,如图 3-42 所示。

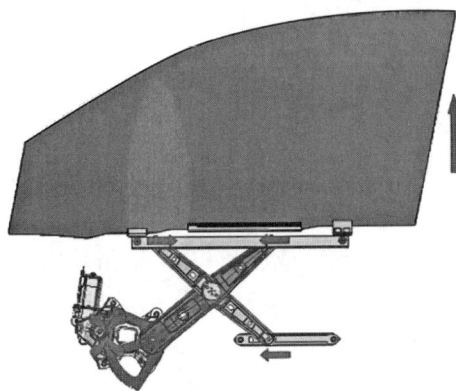

图 3-41　交叉臂式升降器工作原理

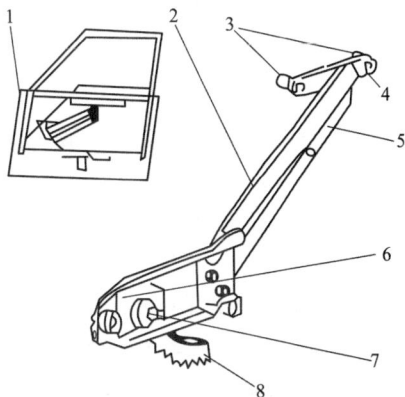

图 3-42　平行臂式玻璃升降器结构
1-玻璃导向槽;2-主动臂;3-滚柱;4-滑动支架;5-从动臂;6-座板;7-小齿轮轴;8-齿扇

2）柔式玻璃升降器

柔式玻璃升降器采用齿轮软轴啮合传动机构，具有"柔式"的特点，故其设置、安装都比较灵活方便，结构设计也比较简捷，且自身结构紧凑，所占空间小，易于安装布置，且总体质量轻。此外，由于提升轴提升力作用线的相对位置是固定的，可保证与玻璃质心的运动轨迹始终重合（或平行），故能很好地保证玻璃平稳移动。其不足在于成本较高，且钢丝绳易磨损。

柔式玻璃升降器根据传动结构的材质分为绳轮式升降器、带式升降器、软轴式升降器，其中最为常见的是绳轮式玻璃升降器。

（1）绳轮式玻璃升降器。

绳轮式玻璃升降器是指由直流电机驱动，通过卷丝筒、绳索等转动，使车窗玻璃沿滑动导轨上升或下降到需要位置的一种装置。根据导轨的数量不同，又分为单轨和双轨两种，如图3-43所示。其中，单轨式绳轮升降器只有一根滑动导轨，体积紧凑、安装方便、成本低，缺点是精度相对较低，一般用于车窗玻璃长度不大的车型。而双轨式绳轮升降器有两根相互平行的导轨，导向性更好，但成本相对较高，体积也较大，设置和安装没有单轨式方便，一般用在车窗玻璃较宽的车型上。

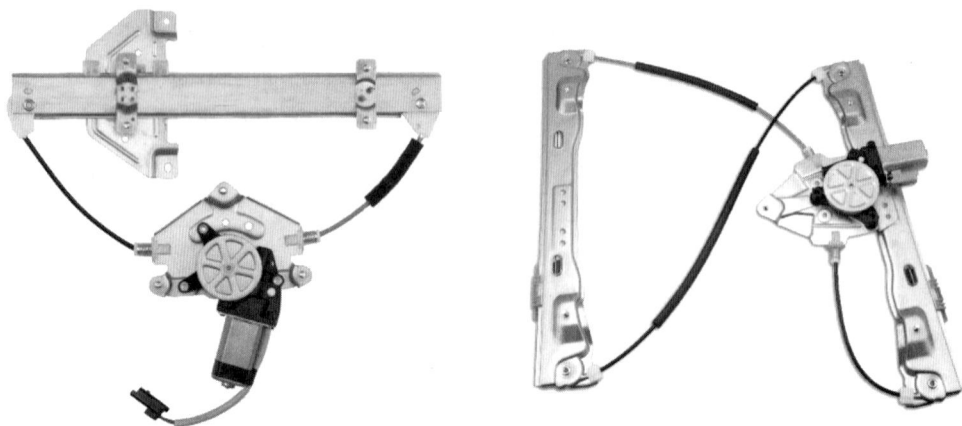

图3-43　绳轮式玻璃升降器分为单臂式（左）和双臂式（右）两种

绳轮式玻璃升降器的结构一般如图3-44所示。

升降器的导轨通过上下部分的安装支架分别固定在车门内钣金上，卷丝机构连同电机也固定在车门内钣金上，车窗玻璃通过自攻螺钉固定在滑块上。电机接受控制系统传递的信号正转或反转，使卷丝机构中丝筒旋转，收缩或放长拉丝，使滑块沿导轨总成上下运动，从而带动车窗玻璃沿前后玻璃导向槽作上下运动。在车窗玻璃和前后导向槽之间为泥槽。由于其托架导轨和玻璃运行轨迹匹配完好。

总体而言，绳轮式电动玻璃升降器的运行平稳、噪声小，但是由于其采用的是钢丝绳配以塑料件及部分冲压件的结构，其总体疲劳寿命周期较短。但其总体舒适的升降性能在轿车市场上占有绝对的主导地位。

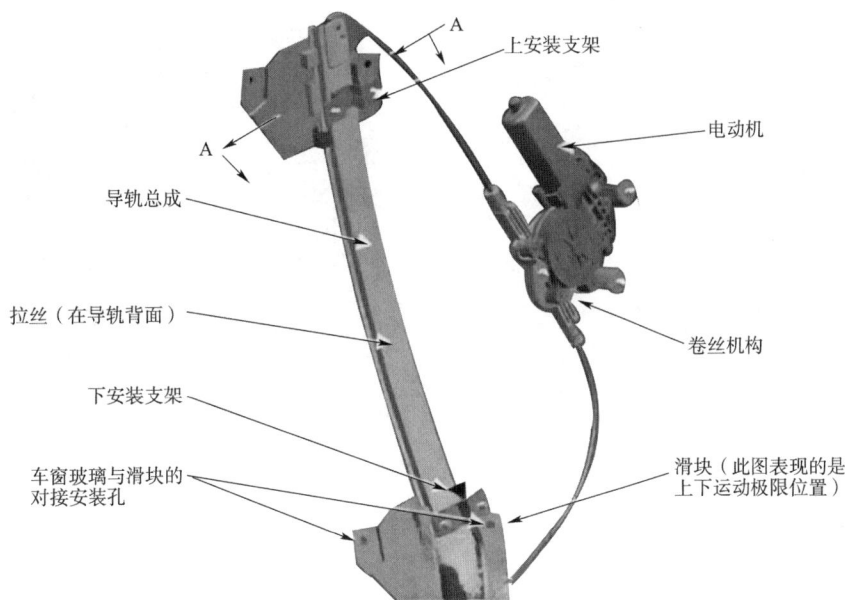

图 3-44 绳轮式玻璃升降器的结构

（2）带式玻璃升降器。

该升降器通过小齿轮与穿孔带啮合实现玻璃升降器的运动。该升降器运动软轴采用塑料穿孔带，其他零件亦多采用塑料制品，从而大大减轻了升降器总成的自身质量，如图 3-45 所示。其传动机构中均涂以润滑油，使用过程中无须维护保养，运动平稳。摇把手柄的位置可自由布置，设计、安装和调整都很方便，其耐久性试验可达 25000 次。

（3）软轴式玻璃升降器。

该玻璃升降器软轴主体是由钢丝绕成的弹簧，弹簧内圆穿有多股钢丝绳，在钢丝绳上缠绕高出表面 2 mm 的羊毛，并涂以润滑油，以降低齿轮与弹簧啮合时的摩擦力，如图 3-46 和图 3-47 所示。在弹簧外圈上套有导向管，以保证弹簧式软轴运动顺畅。该升降器的特点是工作可靠性好，运动平稳、工作噪声小，使用寿命长，但制作技术比其他柔式升降器要求高，需要专门的工艺设备。

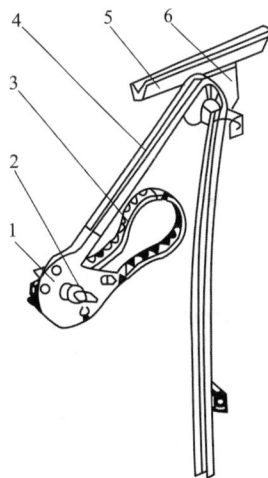

图 3-45 带式玻璃升降器的结构
1-座板；2-小齿轮轴；3-塑料穿孔带；4-塑料穿孔带导槽；5-玻璃托架；6-滑动支架

软轴式玻璃升降器，从总体结构上而言，类似于绳轮式玻璃升降器，前者只是使用一根金属软轴替代钢丝绳来拖动玻璃托板。它要求使用特殊的电机带动一根金属软轴以实现升降玻璃的功能。由于目前国内在软轴电机和软轴制造上暂时落后，而绳轮式升降器盛行，因此，软轴式玻璃升降器在国内汽车市场上所占的比例也非常小。

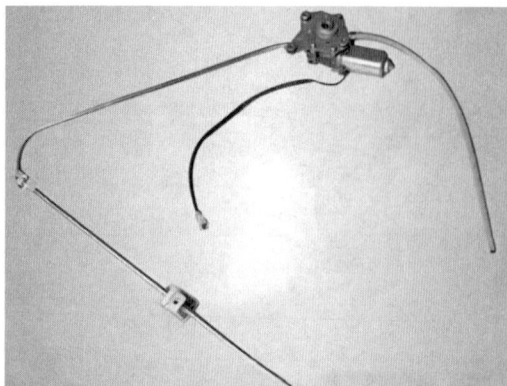

图 3-46 软轴式玻璃升降器

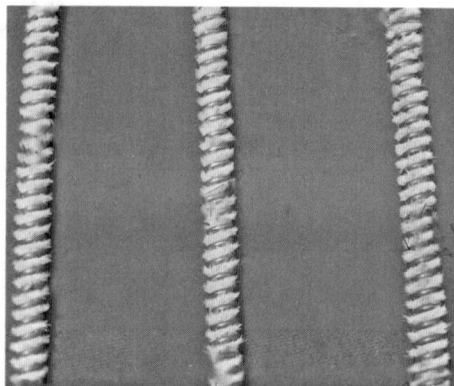

图 3-47 软轴式玻璃升降器的软轴

小贴士

崔占新,在大庆市沃尔沃汽车制造有限公司冲压车间从事模具技术工作,2020年全国劳动模范获得者。他从事模具技术工作20余年,先后创新技术共计281项,为公司节约资金超千万元。由他首创的模具调试两步法,已经在沃尔沃各工厂推广应用。以他名字命名的劳模创新工作室,发明了多功能组合扳手等多种新型工具。

崔占新希望通过自己和团队的努力,为中国制造做出更大的贡献。

(二)制订工作方案

1. 任务分工(表 3-11)

学生任务分配表　　　　　　　　　　表 3-11

班级		组号		指导老师	
组长		任务分工			
组员 1		任务分工			
组员 2		任务分工			
组员 3		任务分工			
组员 4		任务分工			
组员 5		任务分工			
组员 6		任务分工			

2. 工量具、仪器设备与耗材准备

（1）使用的工量具有：_____。

（2）使用的仪器设备有：_____。

（3）使用的耗材有：_____。

3. 具体方案描述

_____

_____

_____

_____

三 ⚡ 计划实施

（一）安全注意事项及技能要点

1. 安全注意事项

（1）确保学生完全在教师的指导下，在授权的范围内进行操作。

（2）禁止学生在不穿戴安全防护用品的情况下，接触任何车辆的高压电部件。

（3）在任何时候都应注意自身的人身安全防护。

（4）在更换汽车玻璃升降器时需要注意安全，首先需要断开车辆电源，以避免电路短路和触电。

（5）需要注意升降器的位置，以免卡住手指或损坏车窗。

（6）需要注意安装位置和紧固度，以确保升降器能够正常工作，不影响车窗的升降。

（7）选择合适的汽车玻璃升降器，需要注意升降器的型号和规格，以确保其与车窗相适配。

（8）能够规范使用车辆防护、绝缘防护、隔离警示等设备。

（9）工作中及完成任务后，应遵守实训场地"8S"管理。

（10）确保在车辆下电状态下，对车窗玻璃升降器进行检查和更换。

2. 技能要点

（1）新能汽车电动车窗升降系统的检查方法。

（2）新能汽车车门内护板拆装的方法。

（3）新能汽车车窗玻璃拆装的方法。

（4）新能汽车电动车窗升降器更换的方法。

(二)新能汽车电动车窗升降器的检查与更换

1.新能汽车电动车窗升降系统的检查

新能汽车电动车窗升降器检查的操作方法及说明见表3-12。

新能汽车电动车窗升降器检查的操作方法及说明   表3-12

步骤	操作方法及说明	质量标准及记录
1.作业前准备工作	(1)布置作业前现场环境 	□正确设置隔离栏 □正确放置安全警示牌 □正确检查灭火器 □铺设防护四件套
	(2)检查防护用具 	□正确检查绝缘手套耐压等级 □正确检查绝缘手套气密性 □正确检查护目镜
	(3)检查仪表工具 	□正确检查万用表 □正确进行绝缘测试仪短路测试 □正确进行绝缘测试仪开路测试

续上表

步骤	操作方法及说明	质量标准及记录
1.作业前准备工作	(4)测量绝缘地垫绝缘电阻 	□记录绝缘地垫绝缘电阻,阻值为_____,标准值为_____,结果判断:_____
2.新能汽车电动车窗升降系统的检查	(1)检查蓄电池状况良好 (2)检查车辆四个门板和玻璃的外观情况 	□记录车辆4个门板和玻璃的外观检查情况:_____
	(3)操作左前、右前、左后、右后玻璃升降器开关,分别检查左前、右前、左后、右后4个车窗玻璃升降的情况 	□记录左前玻璃升降情况:_____ □记录右前玻璃升降情况:_____ □记录左后玻璃升降情况:_____ □记录右后玻璃升降情况:_____

2.新能汽车车门内护板的拆装

新能汽车车门内护板拆装的操作方法及说明见表3-13。

新能汽车车门内护板拆装的操作方法及说明　　　　　表 3-13

步骤	操作方法及说明	质量标准及记录
车门内护板拆装	（1）准备工具，手套 1 副，10 号套筒，棘轮扳手，一字起，十字起 （2）断开蓄电池负极 （3）拆卸左前门车门内拉手固定螺钉 	□记录蓄电池情况： _____ □记录车门内拉手情况： _____
	（4）拆卸左前门车门内扶手固定螺钉 	□记录车门内扶手情况： _____

续上表

步骤	操作方法及说明	质量标准及记录
车门内护板拆装	（5）拆卸左前门车门内护板,注意拆卸车门内护板时不要用力过猛 	□记录车门内护板情况： _____
	（6）断开左前门车门内拉手拉线 	□记录车门内拉手拉线情况： _____
	（7）断开玻璃升降器开关连接器 	□记录玻璃升降器开关连接情况：_____

续上表

步骤	操作方法及说明	质量标准及记录
车门内护板拆装	(8)拆卸左前门车门保护膜 	□记录车门保护膜情况: _____
	(9)拆卸左前门车门内护板支架 	□记录车门内护板支架情况: _____

3.新能汽车车窗玻璃的拆装

新能汽车车窗玻璃板拆装的操作方法及说明见表3-14。

表3-14

新能汽车车窗玻璃拆装的操作方法及说明

步骤	操作方法及说明	质量标准及记录
车窗玻璃的拆装	(1)拆卸左前门玻璃内外压条 	□记录玻璃内外压条情况: _____

步骤	操作方法及说明	质量标准及记录
车窗玻璃的拆装	（2）将左前门玻璃升降器开关接上，调节玻璃高度，从图示两个孔内可以看到玻璃安装点，用 10 号套筒拆卸两个固定螺栓 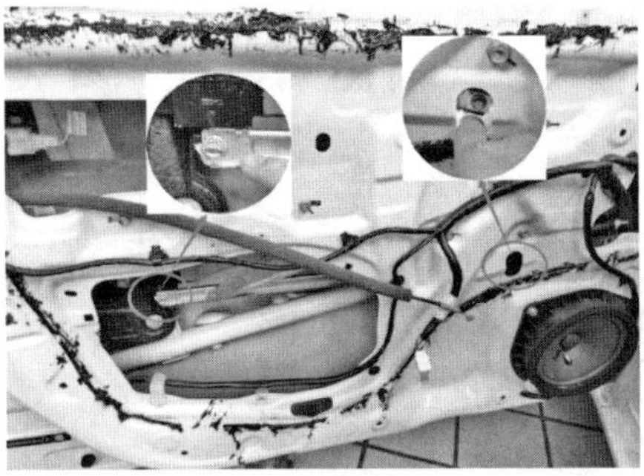 	□记录玻璃固定螺栓情况： ————————
	（3）拆卸左前玻璃导轨  	□记录玻璃导轨情况： ————————
	（4）拆卸左前玻璃，在车门外侧斜着拿出玻璃 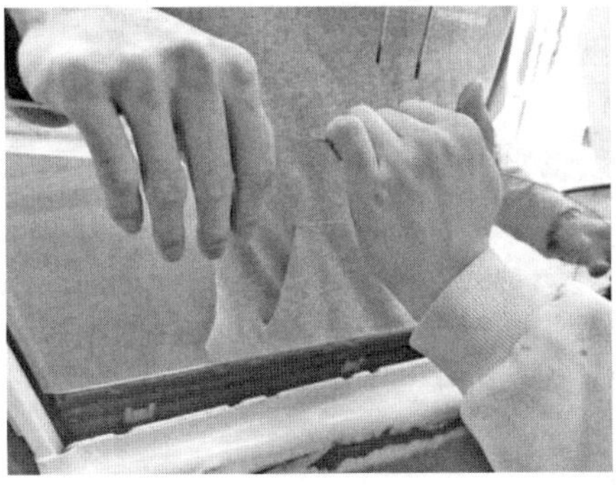 	□记录玻璃情况： ————————

4.新能汽车电动车窗升降器更换的更换

新能汽车车电动车窗升降器更换的操作方法及说明见表3-15。

新能汽车电动车窗升降器更换的操作方法及说明　　　　表3-15

步骤	操作方法及说明	质量标准及记录
1.电动车窗升降器拆卸	(1)用10号套筒拆卸6个固定螺栓 	□记录玻璃玻璃升降器固定螺栓情况：＿＿＿＿＿
	(2)取出玻璃升降器总成 	□记录升降器电机情况： ＿＿＿＿＿＿＿＿
2.安装	(1)安装玻璃升降器总成 ①将玻璃升降器总成放入门板内,对准安装孔 ②安装6个固定螺栓 	□正确安装玻璃升降器总成 □正确安装玻璃 □正确安装内护板

续上表

步骤	操作方法及说明	质量标准及记录
2. 安装	（2）安装玻璃 ①将玻璃放入门板内,对准玻璃安装孔 ②安装玻璃导轨 ③安装玻璃两个固定螺栓 ④接好玻璃升降器连接器 ⑤安装车门内护板 ⑥安装左前门玻璃升降器开关 ⑦搭好蓄电池负极	
3. 场地恢复	场地"8S"管理  	□工量具归位 □清理场地

四 评价反馈

（一）活动总结与反思（表3-16）

总结与反思　　　　　　　　　　　　　　表3-16

1. 为何要进行新能源汽车电动车窗升降器检查与更换   2. 活动过程总结

3.活动结果总结

4.需要改进的地方

（二）活动评价（表3-17）

评价表　　　　　　　　　　　　　　　　　　表3-17

评分项目	评分标准	分值	得分
学习目标	能明确本任务的知识、技能、素养目标,理解任务在工作中的重要程度	5	
工作任务分析	能清晰描述完成本次工作任务内容	2	
	能清晰描述完成本次工作任务需必备的技能与知识点	3	
有效信息获取	汽车车窗玻璃升降系统的组成结构	5	
	新能源汽车电动车窗升降器基本认知	5	
	新能源汽车电动车窗升降器的分类	5	
	新能源汽车电动车窗升降器的结构及性能	5	
	新能源汽车电动车窗升降器的作用意义	5	
	新能源汽车电动车窗升降器检查与更换的方法	5	
实施方案制定	能清晰地制定并填写本次新能源汽车电动车窗升降器检查与更换作业计划	5	
	能组织或协同工作小组成员,明确本次任务所需仪器设备、工具、材料的准备与清点,并准备记录	5	
	能组织或协同工作小组成员交流,优化检查方案并记录	10	
任务实施	新能源汽车电动车窗升降系统检查的操作方法及说明的作业前准备工作	3	
	新能汽车车门内护板拆装	5	
	新能汽车车窗玻璃拆装	5	
	新能汽车电动车窗升降器更换	10	
	新能源汽车电动车窗升降器的操作方法及说明的场地恢复	2	

评分项目	评分标准	分值	得分
任务评价	能过本次任务实施,结合自己在实训过程中的表现,进行自我评价及自我反思并记录	2	
职业素养	按规定时间完成项目作业	2	
	遵守实训室管理规定、劳动纪律	2	
	积极参与课堂活动、回答问题	2	
	能够按时出勤	2	
思政要求	能积极参与小组讨论,发挥团队合作精神;具有较强的安全意识、责任意识;遵守劳动纪律,以积极的态度接受工作任务;学习过程遵循"8S"管理规定	5	
得分(满分100)			
改进建议:			

教师签字:

日期:

学习活动4　新能源汽车电动车窗不升降故障检修

一　明确任务

小刘是比亚迪汽车4S店的一名维修技师,今天车间接收到一辆比亚迪 e5 的事故车,客户反映左前车窗不能升降,经故障确认是左前车窗开关无法控制左前车窗升降,其他车窗正常升降,现对电动车窗进行检修。

二　工作准备与计划制订

(一)知识准备

1. 新能源汽车电动车窗升降控制电路识读

(1)比亚迪 e5 左前车窗控制电路如图 3-48 所示。

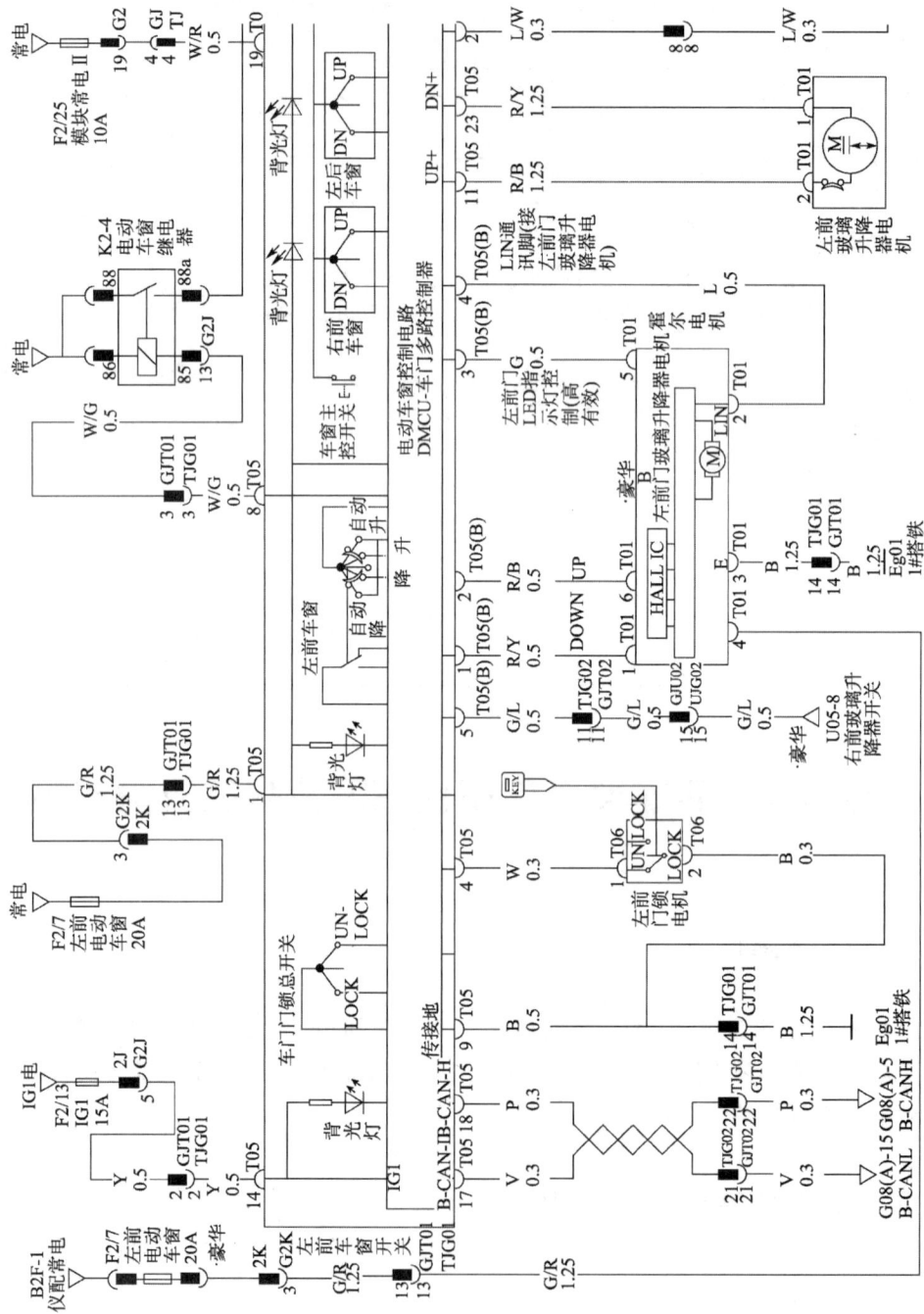

图 3-48 比亚迪 e5 左前车窗控制电路

左前玻璃升降器开关电路原理:按下左前车窗开关的降按钮,常电从保险 F2/7 到车门多路控制器连接器 T05 的 1 号针脚,从左前玻璃升降器开关的线圈到车门多路控制器连接器 T05 的 9 号针脚,最终到搭铁点 Eg01 1#搭铁,形成回路,左前玻璃升降器开关闭合。

(2)左前车窗玻璃升降电机电路控制原理,电路如图 3-49 所示。

电机电路控制原理:玻璃升降器下降过程,常电从电动车窗继电器线圈的 86 号引脚到 85 号引脚经过接插件 G2J、GJT01 到车门多路控制器连接器 T05 的 8 号针脚,到达车门多路控制器连接器 T05 的 23 号针脚,到左前玻璃升降器电机连接器 T01 的 1 号脚,经过左前玻璃升降器电机后从 T01 的 2 号针脚流出,最终到达搭铁点 Eg01。

2. 左前车窗故障诊断方法

图 3-50 所示为电动车左前窗故障诊断方法。

3. 电动车窗故障诊断流程及故障症状

故障诊断流程图如图 3-51 所示,故障症状如表 3-18 所示。

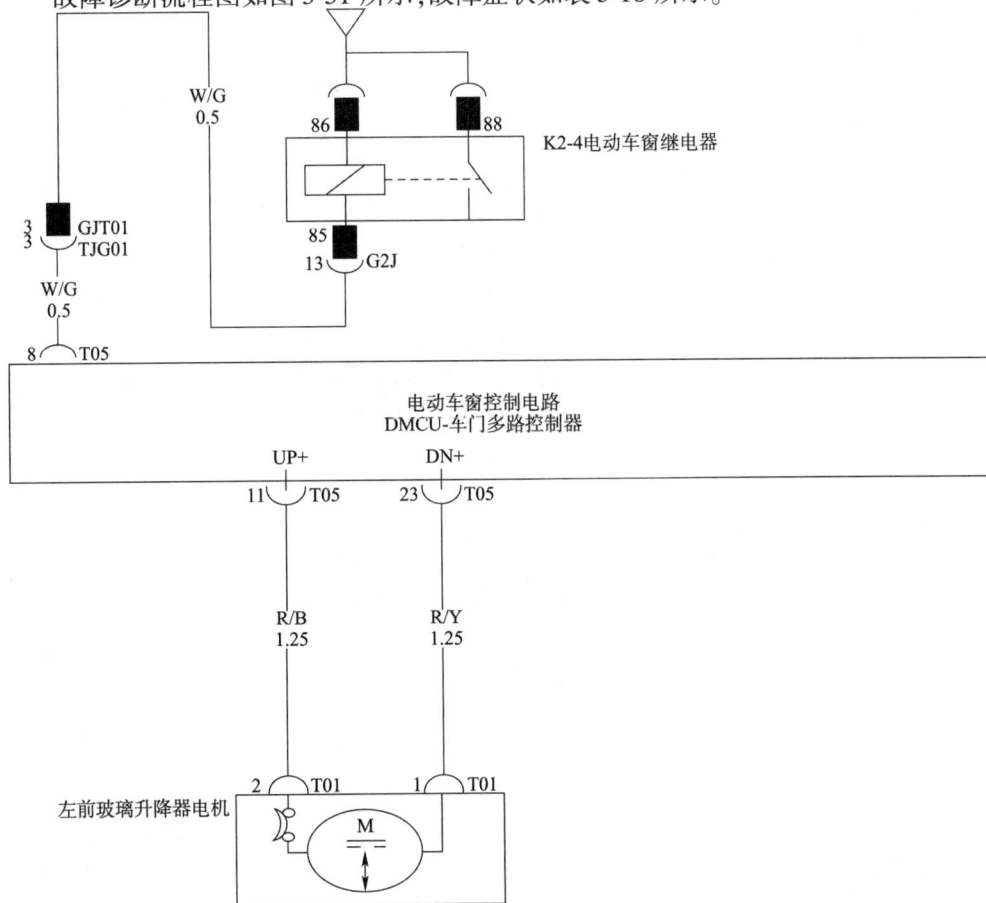

图 3-49　比亚迪 e5 左前车窗玻璃升降电机电路

1	检查保险

用万用表点在保险F2/13的两端，测保险阻值

端子	结果
F2/13两端	小于1Ω

异常 ▷ 更换保险

正常

2	检查左前玻璃升降电机电源电压

(a) 断开左前门电动门窗控制开关T05连接器。
(b) 检查线束端电压。

▷

3	检查左前玻璃升降电机

T06

(a) 拔下左前门窗电机T06 连接器。
(b) 用蓄电池给电机两端加电压，检查电机动作。

端子	结果
蓄电池正极-T06-2	玻璃上升
蓄电池负极-T06-1	玻璃下降

▷

4	检查左前玻璃升降器控制开关

从左前控制开关后端引线，测板端输出电压

端子	测试条件	正常值
T05-11-T05-23	ON挡电开关向上抬起	11~14V
T05-23-T05-11	ON挡电开关向下按	11~14V

▷

5	检查线束

(a) 拔下左前车窗开关T05 连接器。
(b) 拔下左前车窗电机T06连接器。
(c) 测量线束端连接器各端子间电阻。

端子	线色	条件	正常情况
T05-11-T06-2	R/B	始终	小于1Ω
T05-23-T06-1	R/Y	始终	小于1Ω

▷

6	结束

图3-50　左前车窗故障诊断方法

| 1 | 用户所述故障分析：向用户询问车辆状况和故障产生时的环境。 |

下一步

| 2 | 检查蓄电池电压 |

标准电压：11~14V
如果电压低于11V，在转至下一步前对蓄电池充电或更换蓄电池。

下一步

| 3 | 参考故障症状表(表3-18) |

结果	进行
故障不在故障症状表中	A
故障在故障症状表中	B

B 转到第5步

A

| 4 | 全面分析与诊断 |

(a) 全面功能检查
(b) ECU端子检查(见ECU终端检查)
(c) 用诊断仪检查

下一步

| 5 | 调整、维修或更换 |

调整、修理或更换线路或零部件

下一步

| 6 | 确认测试 |

调整、修理、更换线路或零部件之后，确定故障不再存在，
如果故障不再发生，模拟第一次发生故障时的条件和环境再
做一次测试。

下一步

| 7 | 结束 |

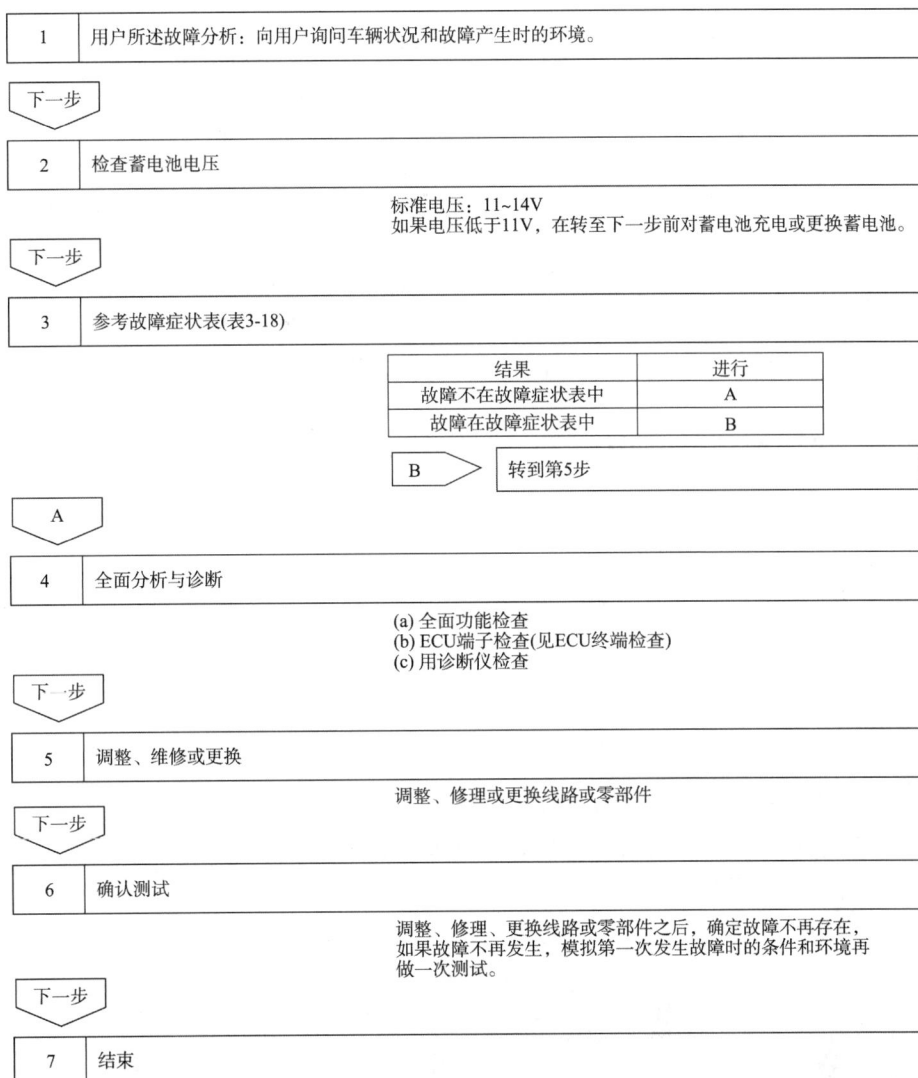

图 3-51　电动车窗故障诊断流程图

电动车窗故障症状表　　　　　　　　　　　　　　表 3-18

故障描述	可能发生故障的部位
整个窗控系统不工作	左前玻璃升降器开关组配电 玻璃升降器电机电源电路
只有左前玻璃升降器可以动作，其他玻璃升降器均无法动作	左前玻璃升降器开关组 线束
左前车窗开关无法控制左前车窗升降	1.熔断丝 2.左前车窗电机 3.左前车窗开关 4.线束

故障描述	可能发生故障的部位
右前车窗开关无法控制右前车窗升降	1. 熔断丝 2. 右前车窗电机 3. 右前车窗开关 4. 线束
左后车窗开关无法控制左后车窗升降	1. 熔断丝 2. 左后车窗电机 3. 左后车窗开关 4. 线束
右后车窗开关无法控制右后车窗升降	1. 熔断丝 2. 右后车窗电机 3. 右后车窗开关 4. 线束
左前车窗开关组无法控制右前车窗升降,但右前车窗开关可以控制右前车窗升降	1. 左前车窗开关 2. 线束
左前车窗开关组无法控制左后车窗升降,但左后门车窗开关可以控制左后车窗升降	1. 左前车窗开关 2. 线束
左前车窗开关组无法控制右后车窗升降,但右后门车窗开关可以控制右后车窗升降	1. 左前车窗开关 2. 线束

4. 左前玻璃升降器开关组配电故障诊断

左前玻璃升降器开关组配电路如图 3-52 所示,诊断方法如图 3-53 所示。

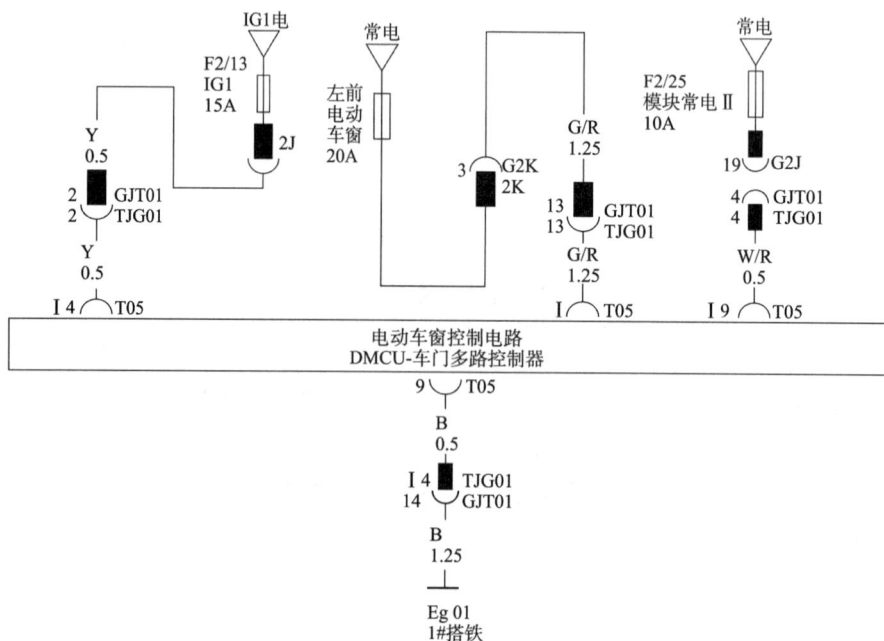

图 3-52　左前玻璃升降器开关组配电电路

1	检查电源

断开接插件T05，测线束端电压。

端子	线色	条件	正常情况
T05-14-车身地	Y	ON挡电	11~14V
T05-19-车身地	W/R	常电	11~14V
T05-9-车身地	B	始终	小于1V
T05-1-车身地	G/R	始终	小于1V

异常 ▷ 更换配电盒或线束

正常

2	左前玻璃升降器电源正常

图 3-53　开关组配电诊断方法

5.玻璃升降器电机电源电路故障诊断

玻璃升降器电机电源的电路如图 3-54 所示,诊断方法如图 3-55 所示。

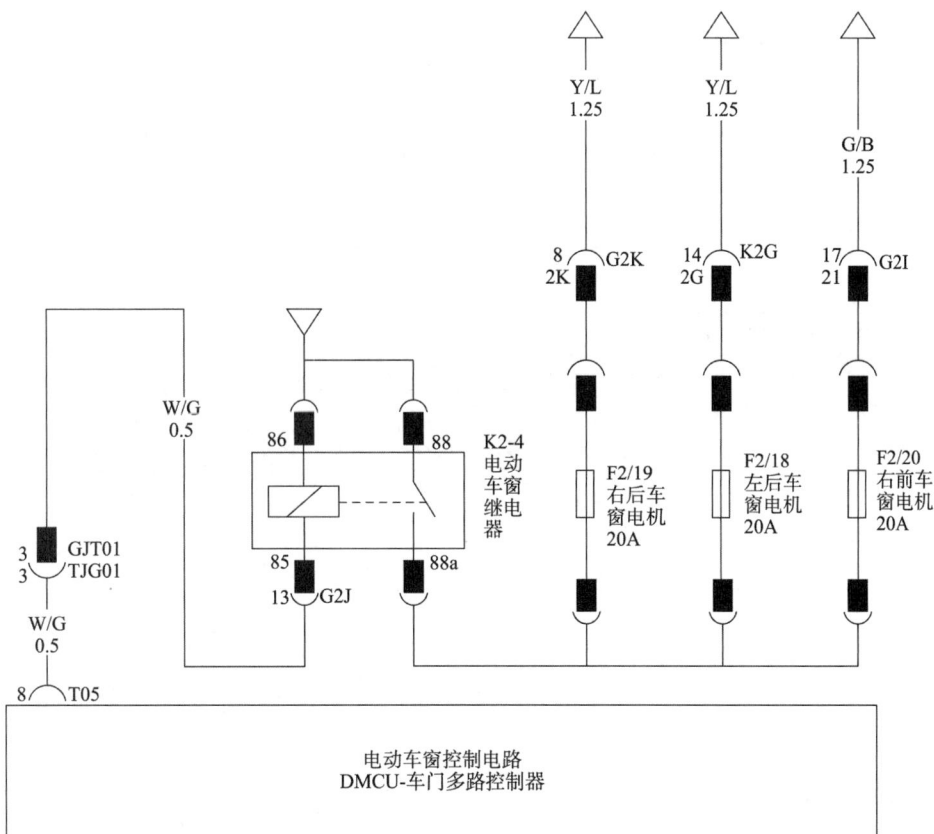

图 3-54　玻璃升降器电机电源电路

1	检查保险

检查保险，用万用表点在保险两端，测保险阻值

端子	结果
F1/23-1两端	小于1Ω
F2/16两端	小于1Ω
F2/17两端	小于1Ω
F2/18两端	小于1Ω
F2/19两端	小于1Ω

异常 > 更换保险

正常

2	检查左前玻璃升降器电机电源

T05-8-车身地	W/G	常电	小于1V

3	检查继电器

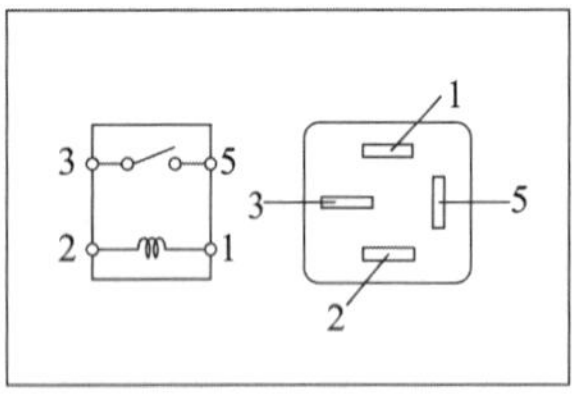

(a) 从仪表板配电盒拔下电动车窗继电器。
(b) 给控制端加电压，检查继电器是否吸合。

端子	结果
1~蓄电池正极	3与5导通
2~蓄电池负极	

4	检查继电器控制信号

从后端引线测板端输出

端子	线色	条件	正常情况
T05-8-车身地	W/G	ON挡电车窗锁开关打开	小于1V

5	检查线束

断开接插件T05，测线束阻值

端子	线色	条件	正常情况
T05-8-G2J-13	W/G	始终	小于1Ω

6	电路正常

图3-55 玻璃升降器电机电源电路诊断方法

小贴士

巨晓林,陕西岐山人,全国劳动模范,铁路施工创新的"小巨人"。巨晓林从一名普通的农民工成长为国家技能大师、全国劳动模范并参政议政,所有的成长进步都源于他不忘初心、牢记使命的责任感。这份责任担当激励他在为人民服务的平凡岗位上一步一个脚印,用实际行动诠释"劳动最光荣、劳动最崇高"的真谛。

(二)制订工作方案

1. 任务分工(表3-19)

学生任务分配表

表3-19

班级		组号		指导老师	
组长		任务分工			
组员1		任务分工			
组员2		任务分工			
组员3		任务分工			
组员4		任务分工			
组员5		任务分工			
组员6		任务分工			

2. 工量具、仪器设备与耗材准备

(1)使用的工量具有:＿＿＿＿＿＿＿＿＿＿＿＿＿＿＿＿＿＿＿。

(2)使用的仪器设备有:＿＿＿＿＿＿＿＿＿＿＿＿＿＿＿＿＿＿。

(3)使用的耗材有:＿＿＿＿＿＿＿＿＿＿＿＿＿＿＿＿＿＿＿＿。

3. 具体方案描述

＿＿＿＿＿＿＿＿＿＿＿＿＿＿＿＿＿＿＿＿＿＿＿＿＿＿＿＿＿＿＿＿
＿＿＿＿＿＿＿＿＿＿＿＿＿＿＿＿＿＿＿＿＿＿＿＿＿＿＿＿＿＿＿＿
＿＿＿＿＿＿＿＿＿＿＿＿＿＿＿＿＿＿＿＿＿＿＿＿＿＿＿＿＿＿＿＿
＿＿＿＿＿＿＿＿＿＿＿＿＿＿＿＿＿＿＿＿＿＿＿＿＿＿＿＿＿＿＿＿

三 计划实施

(一)安全注意事项及技能要点

1.安全注意事项

(1)确保学生完全在教师的指导下,在授权的范围内进行操作。

(2)禁止学生在不穿戴安全防护用品的情况下,接触任何车辆的高压电部件。

(3)学生应充分了解其职责范围,绝不擅自对高压电部件进行任何拆装调整。

(4)高压电动车辆在脱离教师监控时必须全车落锁,驶离举升工位并由教师妥善保管钥匙。

(5)在任何时候都应注意自身的人身安全防护。

(6)使用绝缘测试仪前,应佩戴绝缘手套。

(7)进行绝缘测试时,不得用手触摸笔的金属部分,避免发生触电事故。

(8)检测用的仪器仪表使用完毕后,应及时关闭电源。

(9)能够规范使用车辆防护、绝缘防护、隔离警示等设备。

(10)工作中及完成任务后,应遵守实训场地"8S"管理。

2.技能要点

(1)车窗控制电路检查线束方法。

(2)左前玻璃升降电机电源电压的检测方法。

(3)左前车窗升降电机的拆卸方法。

(4)左前车窗升降电机的检测方法。

(二)左前电动车窗不升降故障检修(以比亚迪 e5 为例)

1.左前车窗电源的检测(表3-20)

左前车窗电源电路检测操作方法及说明   表 3-20

步骤	操作方法及说明	质量标准及记录
1.作业前准备工作	(1)布置作业前现场环境 	□正确设置隔离栏 □正确放置安全警示牌 □正确检查灭火器

步骤	操作方法及说明	质量标准及记录
1. 作业前准备工作	（2）放置车轮挡块 	□放置车轮挡块 □铺设防护四件套
	（3）检查防护用具 	□正确检查绝缘手套耐压等级 □正确检查绝缘手套气密性 □正确检查护目镜
	（4）检查仪表工具 	□正确检查万用表

步骤	操作方法及说明	质量标准及记录
1. 作业前准备工作	(5)测量绝缘地垫绝缘电阻 	□正确进行绝缘测试仪短路测试 □正确进行绝缘测试仪开路测试 □记录绝缘地垫绝缘电阻，阻值为 _____，标准值为 _____，结果判断：_____
	(6)车辆高压下电 	□拔下低压蓄电池负极 □穿戴安全防护用品拔下维修开关
2. 左前车窗电源电路的检测	(1)拆下仪表板配电盒 I 的盖子，分别找到保险 F2/13、F2/7、继电器 K2-4 	□检查保险的外观： _____ □检查继电器的外观： _____

续上表

步骤	操作方法及说明	质量标准及记录
2. 左前车窗电源电路的检测	 （2）检测继电器 K2-4 	□ 检查继电器线圈电阻 _____ Ω □ 检查继电器触点电阻 _____ Ω

步骤	操作方法及说明	质量标准及记录
2. 左前车窗电源电路的检测	(3)测量左前车窗电源保险的电阻 	□测量 F2/13,结果判断: _____ □测量 F2/7,结果判断:____ _____
3. 左前玻璃升降电机电源电压的检测	(1)拆卸车门把手饰板 	□检查门把手螺钉,结果判断:_____
	(2)拆卸车门内护板 	□检查车门内护板,结果判断:_____

步骤	操作方法及说明	质量标准及记录
3. 左前玻璃升降电机电源电压的检测	（3）拔下中控锁绳索 	□检查中控锁绳索，结果判断：＿＿＿＿＿＿＿＿＿
	（4）拔下车门多路控制器连接器 T05 	□检查 T05 连接器外观及是否松动，结果判断：＿＿＿＿＿
	（5）断开左前门电动门窗控制开关 T05 连接器。检查线束端电压 	□T05-8-车身地 电压值：＿＿＿＿（正常 11 ~ 14V） 结果判断：＿＿＿＿＿＿

步骤	操作方法及说明	质量标准及记录
4.检查左前玻璃升降器控制开关	(1)检查左前玻璃升降器控制开关 从左前控制开关后端引线,测板端输出电压: ①ON 挡电开关向上抬起 ②ON 挡电开关向下按 	□检查电压 T05-11-T05-23 电压值:_____(正常 11 ~ 14V) □检查电压 T05-23-T05-11 电压值:_____(正常 11 ~ 14V)
5.检查线束	(1)拔下左前车窗开关 T05 连接器 (2)拔下左前车窗电机 T01 连接器 (3)测量线束端连接器各端子间电阻 	□检查电阻 T05-11-T01-2 电阻值:_____ Ω □检查电阻 T05-23-T01-1 电阻值:_____ Ω (正常值小于 1Ω)

2. 左前车窗升降电机的检查与更换(表3-21)

左前车窗升降电机的检查与更换操作方法及说明　　　　　　表3-21

步骤	操作方法及说明	质量标准及记录
1. 拆卸左前车窗升降电机	(1)撕下车门密封胶 (2)取下车窗玻璃 	□检查密封胶,检查结果: _____ □检查车窗玻璃及玻璃导轨检查结果:_____ □检查车窗升降电机外观检查结果:_____

续上表

步骤	操作方法及说明	质量标准及记录
1.拆卸左前车窗升降电机	（3）拆下车窗电机 	
2.检查玻璃升降电机与更换	（1）检测玻璃升降电机的电阻 	□车窗电机电阻 电阻值：_____ Ω
	（2）检查左前玻璃升降电机 ①拔下左前门窗电机 T01 连接器 ②用蓄电池给电机两端加电压,检查电机动作 ③对调正负极检查车窗电机动作 	□蓄电池正极-T01-2 玻璃上升 □蓄电池负极-T01-1 玻璃下降

续上表

步骤	操作方法及说明	质量标准及记录
2.检查玻璃 升降电机 与更换	 （3）更换车窗升降电机,复查车窗升降情况 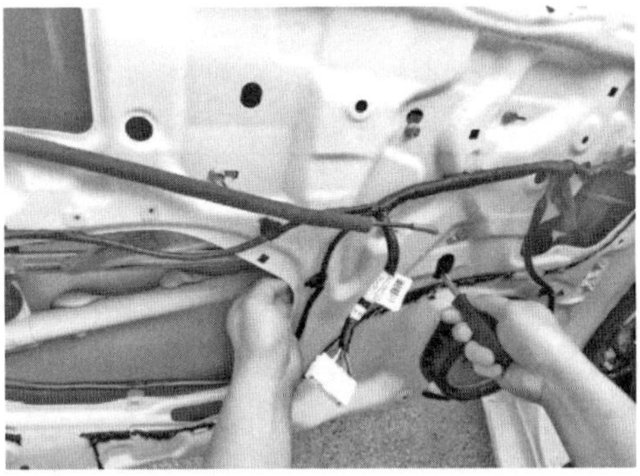 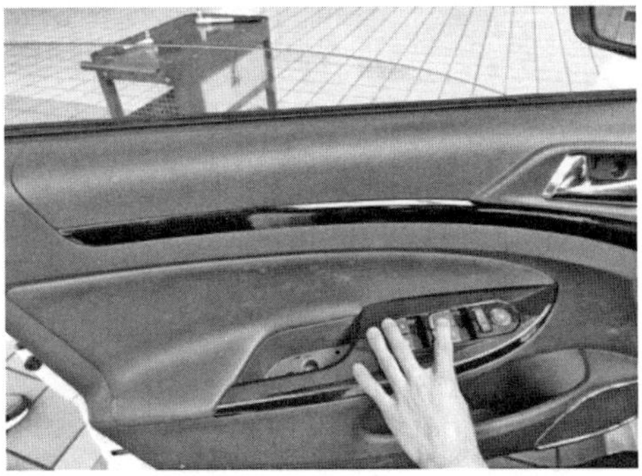 	□恢复安装车窗,检查车窗 工作情况

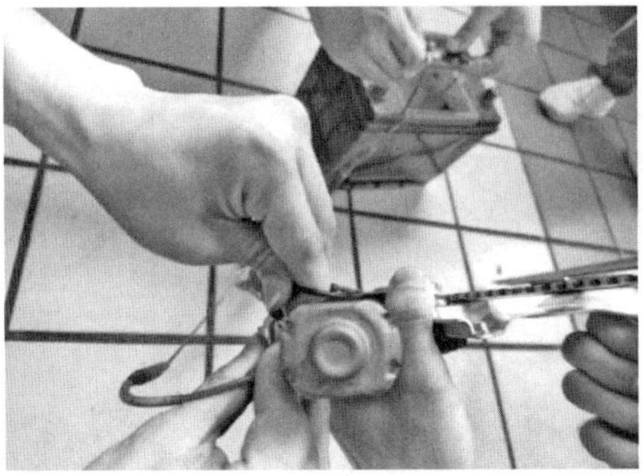

续上表

步骤	操作方法及说明	质量标准及记录
3.场地恢复	场地"8S"管理  	☐工量具归位 ☐清理场地

四 评价反馈

(一)活动总结与反思(表3-22)

总结与反思　　　　　　　　　　　　表3-22

1.左前电动车窗不升降故障原因   2.活动过程总结   3.活动结果总结

续上表

4.需要改进的地方

(二)活动评价(表3-23)

评价表　　　　　　　　　　表3-23

评分项目	评分标准	分值	得分
学习目标	能明确本任务的知识、技能、素养目标,理解任务在工作中的重要程度	5	
工作任务分析	能清晰描述完成本次工作任务内容	2	
	能清晰描述完成本次工作任务需必备的技能与知识点	2	
有效信息获取	左前玻璃升降器开关电路原理	4	
	左前车窗玻璃升降电机电路控制原理	3	
	左前车窗故障诊断方法	3	
	电动车窗故障诊断流程及故障症状,故障诊断流程图	4	
	玻璃升降器电机电源电路诊断	2	
	左前玻璃升降器开关组配电诊断	3	
实施方案制定	能清晰地制定并填写本次新能源汽车左前电动车窗新能源汽车电动车窗不升降故障检修作业计划	3	
	能组织或协同工作小组成员,明确本次任务所需仪器设备、工具、材料的准备与清点,并准备记录	2	
	能组织或协同工作小组成员交流,优化检查方案并记录	5	
任务实施	左前玻璃升降器开关组电源检测操作方法及说明作业前准备工作	2	
	能正确找到左前车窗电源保险	3	
	能正确进行左前车窗电源的检测	5	
	能正确拆卸车门内饰板	5	
	能正确检查左前玻璃升降器控制开关	3	
	能正确进行左前玻璃升降电机电源电压的检测	10	
	能正确拆卸左前车窗升降电机	5	
	能检查左前玻璃升降电机电阻	5	

续上表

评分项目	评分标准	分值	得分
任务实施	能正确检查左前玻璃升降电机动作	5	
	能正确更换车窗升降电机,恢复工位	5	
任务评价	能过本次任务实施,结合自己在实训过程中的表现,进行自我评价及自我反思并记录	3	
职业素养	按规定时间完成项目作业	2	
	遵守实训室管理规定、劳动纪律	2	
	积极参与课堂活动、回答问题	2	
	能够按时出勤	2	
思政要求	能积极参与小组讨论,发挥团队合作精神;具有较强的安全意识、责任意识;遵守劳动纪律,以积极的态度接受工作任务;学习过程遵循"8S"管理规定	3	
得分(满分100)			

改进建议:

教师签字:

日期:

习题

一、单项选择题

1.车身控制器的简称为( )。
  A. IGBT   B. BCM   C. BMS   D. ECU

2.电动车窗系统装有( )套控制开关。
  A. 4   B. 3   C. 6   D. 2

3.新能源汽车车窗系统共有( )个车窗电动机。
  A. 1   B. 2   C. 4   D. 3

4.电动车窗上的电动机是( )向的直流电动机。
  A. 双向   B. 单向   C. 单向和双向

5.电动车窗升降系统电路设置的断路保护器是采用( )。
  A. 熔断丝   B. 双金属片   C. 继电器

6. 汽车电路一般采用(　　　)。

　　A. 正极和负极混合搭铁　　　　　　　B. 正极搭铁

　　C. 负极搭铁　　　　　　　　　　　　D. 任何搭铁方式

7. 断电检测电动车窗熔断器的好坏时是测量它的(　　　)。

　　A. 电压　　　　　B. 电流　　　　　　C. 电阻　　　　　　D. 电感

8. 双绕组串励式直流电动机有(　　　)个绕向相反的磁场绕组。

　　A. 1　　　　　　B. 2　　　　　　　C. 3　　　　　　D. 4

9. 电动车窗玻璃升降电机的种类有(　　　)种。

　　A. 4　　　　　　B. 5　　　　　　　C. 2　　　　　　D. 7

10. 永磁式直流电动机电动车窗通过改变电动机电枢的(　　　)方向来改变电动机的旋转方向

　　A. 电流　　　　　B. 电压　　　　　　C. 电阻　　　　　　D. 电感

11. 比亚迪 e5 车窗升降电机采用(　　　)双极永磁结构,双向旋转直流电动机。

　　A. 交流　　　　　　　　　　　　　　B. 直流

　　C. 交流和直流　　　　　　　　　　　D. 异步

12. 汽车用插片式熔断丝上的"5"表示(　　　)。

　　A. 5V　　　　　B. 5A　　　　　　C. 5kg　　　　　　D. 5L

13. 轿车用的电动玻璃升降器多是由(　　　)、减速器、导绳、导向板、玻璃安装托架等组成。

　　A. 电动机　　　　　　　　　　　　　B. 发动机

　　C. 电子控制悬架系统　　　　　　　　D. 驱动力控制系统

14. 关于玻璃升降器,(　　　)的说法是错误

　　A. 玻璃升降器可以使用一个或两个升降臂

　　B. 手动的和电动的玻璃升降器的升降原理不一样

　　C. 玻璃升降器可以是手动的,也可以是电动的。

15. 对于汽车单个玻璃升降器有故障时,下列说法错误的是(　　　)。

　　A. 检查继电器　　B. 检查熔断器　　C. 检查开关　　　D. 检查电机

16. 玻璃升降电动系统的动力源是(　　　)。

　　A. 永磁式电动机　　　　　　　　　　B. 感应电动机

　　C. 异步电动机　　　　　　　　　　　D. 以上说法都不正确

17. 电动车窗系统中总的组合控制开关位于(　　　)。

　　A. 前排驾驶人侧　　　　　　　　　　B. 前排副驾驶人侧

　　C. 后排左侧　　　　　　　　　　　　D. 后排右侧

18. 某车窗不能升降原因有(　　　)。

　　A. 车窗总开关损坏　　　　　　　　　B. 点火开关损坏

　　C. 蓄电池亏电　　　　　　　　　　　D. 该车窗开关或电动机损坏

19. 对于汽车车窗描述不正确的是( )。

    A. 车窗升降不正常可能是车窗电机故障

    B. 车窗只能升不能降可能是开关问题

    C. 车窗只能升不能降可能是电机坏了

20. 比亚迪 e5 车窗电路有( )个控制车窗的继电器。

    A. 1   B. 2   C. 3   D. 4

21. 比亚迪 e5 窗控继电器编号是( )。

    A. K2-1   B. K2-3   C. K2-4   D. K1-2

22. 要升降车窗玻璃点火开关应在( )档。

    A. ACC   B. ON   C. OFF   D. STAR

23. 比亚迪 e5 左前车窗升降电机的搭铁点在( )。

    A. Eg01   B. Eg02   C. Eg03   D. Eg04

24. 车窗用继电器线圈电阻为( )。

    A. 72Ω   B. 1Ω   C. 2kΩ   D. 0Ω

二. 多项选择题

1. 电动车窗系统一般由( )构成。

    A. 控制开关、电路保险、继电器、控制电路

    B. 直流接触器

    C. 升降驱动电机、车窗升降器、车窗玻璃

    D. BCM

2. 汽车玻璃升降器一般有( )类型。

    A. 绳轮式   B. 臂式   C. 软轴式   D. 桥式

3. BCM 的主要功能模块包括( )。

    A. 雨刮及洗涤   B. 电动车窗   C. 中控门锁   D. 灯光及节能

4. 新能源汽车车窗升降系统基本检查有( )。

    A. 车窗玻璃检查   B. 车窗电气连接检查

    C. 车窗控制开关检查   D. 车窗升降器检查

5. 汽车诊断仪可用于诊断汽车的( )故障。

    A. 制动系统   B. 安全气囊   C. 空调系统   D. 电池管理系统

6. 车门多路控制器的功能有( )。

    A. 车窗控制   B. 门锁控制

    C. 后视镜控制   D. 门灯和转向灯控制

7. 比亚迪 e5 左前玻璃升降器开关组配电涉及的熔断丝有( )。

    A. F2/13   B. F2/9   C. F2/7   D. F2/25

8. 电动车窗系统的组成有( )。

    A. 车窗   B. 车窗升降器   C. 电动机   D. 控制开关

9.故障现象整个窗控系统不工作的可能故障原因。( )

  A.左前玻璃升降器开关组配电 B.玻璃升降器电机电源电路

  C.整车电源   D.线束

10.故障现象只有左前玻璃升降器可以动作,其他玻璃升降器均无法动作的可能故障原因。( )

  A.左前玻璃升降器开关组 B.线束

  C.仪表配电盒   D.保险

11.故障现象右前车窗开关无法控制右前车窗开降的可能故障原因( )。

  A.保险   B.右前车窗电机

  C.右前车窗开关   D.线束

12.左前车窗开关无法控制左前车窗升降可能故障发生部位( )。

  A.保险   B.左前车窗电机

  C.左前车窗开关   D.线束

13.左前车窗开关组无法控制右后车窗升降,但右后门车窗开关可以控制右后车窗升降可能故障发生部位( )。

  A.左前车窗开关   B.线束

  C.右后门车窗开关   D.保险

14.玻璃升降器电机电源电路诊断项目有( )。

  A.检查保险

  B.检查左前玻璃升降器电机电源

  C.检查继电器

  D.检查车窗玻璃

学习任务四

新能源汽车中控门锁失效故障检修

学习目标 >>>

1. 知识目标

(1)汽车中控门锁系统的作用、组成和各部件的安装位置。

(2)汽车中控门锁系统的分类和工作原理。

(3)汽车中控门锁控制器的作用、类型和工作原理。

(4)汽车中控门锁电动机的作用分类、组成和工作原理。

2. 技能目标

(1)能进行汽车中控门锁系统的基本检查。

(2)能进行汽车中控门锁控制器的检查与更换。

(3)能进行汽车中控门锁电动机的检查与更换。

(4)能进行汽车中控门锁系统控制电路的识读。

(5)能分析并确定汽车中控门锁系统控制电路常见故障的原因,制定检修方案。

(6)能进行汽车中控门锁系统控制电路简单故障检修。

3. 素养目标

(1)培养安全生产、环保生产的意识。

(2)培养艰苦奋斗、艰苦朴素、勤俭节约的工作态度和精神。

(3)树立吃苦耐劳,不断学习积累专业技能,成就技能人才的信念。

参考学时 >>>

44 学时

任务描述 >>>

一辆新能源汽车进厂维修,客户反映汽车中控门锁失效无法工作。经班组长初步检查,诊断为中控门锁系统故障,需要对其进行检修。学生从班组长(教师扮演)接受车辆维修任务,通过阅读维修工单,明确任务要求,查阅维修手册,确定作业流程与技术标准;以独立或小组合作的方式,在规定时间内完成汽车中控门锁系统故障确认、零部件拆装与检修作业,如中控门锁控制器的检查与更换、闭锁电动机的检查与更换、门锁控制线路的检修、中央门锁控制模块的检修等,使汽车恢复正常使用性能;对于发现的维修增项须经前台、客户确认后实施,自检合格后,填写维修工单,交付班组长进行质量检验。同时,学生应在教师指导下总结任务实施过程,撰写任务实施指导书,在工作过程中遵循现场工作管理规范。

学习活动1 新能源汽车中控门锁系统基本检查

一 明确任务

小张是新能源汽车4S店的一名维修技师。今天上午车间接收到一辆故障新能源汽车,客户反映车辆中控门锁失效无法工作。班组长初步诊断为车辆中控门锁系统故障,需要对其进行检修,使其恢复正常使用性能。

二 工作准备与计划制订

中控门锁基本
工作原理

(一)知识准备

1.中控门锁的功能

(1)单独控制功能。在车内某个车门需打开时,可分别拉开对应的锁扣,也可由驾驶人操纵门锁控制开关开启车门。

(2)后车门儿童安全锁止功能。只有当中控门锁控制系统在开锁状态时,儿童安全锁闩才能退出,以防止车内儿童擅自打开车门(有的车锁是当儿童安全锁闩拨到锁止位置时,在车内用内锁扣不能开门,而在车外用外锁扣可以开门)。

(3)中央控制锁止功能。当驾驶人车门锁扣按下时,能同时锁止其他几个车门及行李舱门;用钥匙锁门,也可同时锁好其他车门和行李舱门。当驾驶人车门锁扣拉起时,能同时打开其他几个车门及行李舱门;用钥匙开门,也可实现所有车门同时打开。

(4)钥匙占用预防功能。钥匙插入点火开关中未拔出,即使驾驶人侧的内部锁止开关在锁止位置时,关上车门后,所有车门也会自动打开,防止钥匙遗忘在车内而车门被锁住。

(5)防盗功能。配合防盗系统,实现汽车防盗。

(6)速度控制功能。当车速达到一定时,能自动将所有的车门锁锁定。

(7)当钥匙已经从点火开关中拔出且驾驶人侧车门也锁住时,用其他门锁控制开关不能打开车门。

2.新能源汽车开锁进入方式

新能源汽车开锁进入方式如图 4-1 所示。

1）机械钥匙进入

使用机械钥匙打开驾驶人侧车门。

2）遥控钥匙进入（RKE）

使用遥控钥匙进行远程的开锁、闭锁和行李箱开锁操作。

3）无钥匙进入（PKE）

在携带电子智能钥匙时，驾驶人无需对汽车钥匙做任何操作，便可打开车门。

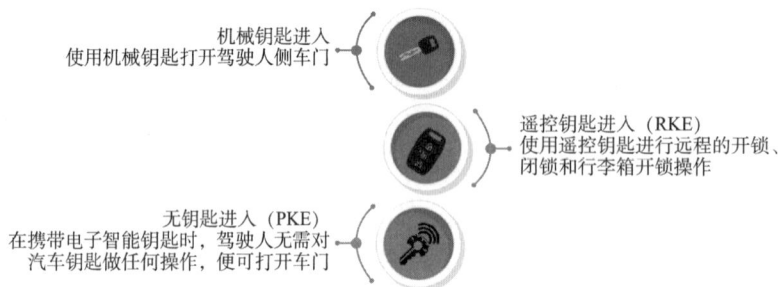

机械钥匙进入
使用机械钥匙打开驾驶人侧车门

遥控钥匙进入（RKE）
使用遥控钥匙进行远程的开锁、闭锁和行李箱开锁操作

无钥匙进入（PKE）
在携带电子智能钥匙时，驾驶人无需对汽车钥匙做任何操作，便可打开车门

图 4-1　新能源汽车开锁进入方式

3.新能源汽车中控门锁系统操作方式

中控门锁系统是由_____控制电动门锁解锁和闭锁的系统，其操作方式分为三种。

（1）按下左前玻璃升降器开关组上的门锁总开关或右前门中控锁开关，发送解锁/闭锁请求信号给 BCM，BCM 接收并处理开关信号，驱动相应的门锁电机解锁/闭锁。

（2）按下微动开关发送解锁/闭锁请求信号给 BCM，BCM 接收并处理开关信号，驱动相应的门锁电机解锁/闭锁。

（3）遥控钥匙解闭锁，I-keyECU 发送解闭锁信号给 BCM，BCM 接收信号并驱动相应的门锁电机解锁/闭锁。

4.中控门锁系统的组成与工作原理

1）汽车电子中控门锁系统的组成

中控门锁控制系统一般都由_____、_____、_____、门锁控制器（门锁继电器）及执行机构等组成。如图 4-2 所示为比亚迪 e5 的中控门锁控制系统及其组件的安装位置。

（1）门锁控制开关。

门锁控制开关一般由_____和_____组成，如图 4-3 所示。门锁总开关一般安装在驾驶人侧前门内侧的扶手上，驾驶人通过操纵_____可将全车所有车门解锁或闭锁。_____安装在其他各个车门上，可单独控制一个车门的解锁或闭锁。

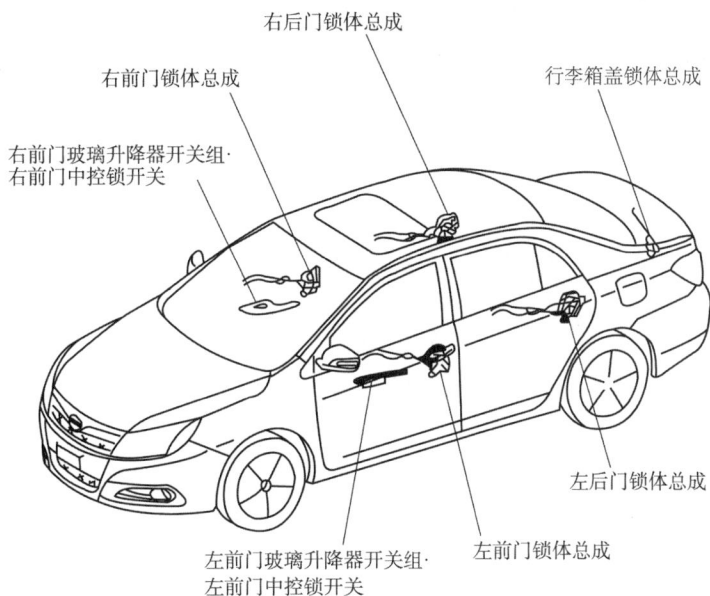

图 4-2　比亚迪 e5 的中控门锁控制系统及其组件的安装位置

（2）钥匙控制开关。

钥匙控制开关如图 4-4 所示，安装在左前门和右前门的外侧门锁上。当从外面用钥匙开门和锁门时，钥匙控制开关便发出开门或锁门的信号给门锁 ECU。当钥匙在钥匙门内时，钥匙开锁报警开关接通电路报警；当钥匙离开钥匙门时，取消报警。

图 4-3　门锁控制开关

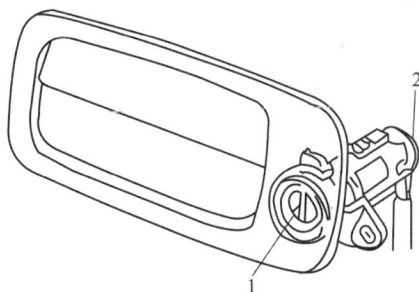

图 4-4　钥匙控制开关

1-钥匙门；2-钥匙控制开关

（3）门锁总成。

中央门锁控制系统所采用的门锁总成都是电动门锁。图 4-5 所示为电动机式门锁总成，门锁总成由门锁传动机构、门锁位置开关、外壳等组成。

门锁传动机构主要由门锁电动机、蜗杆、蜗轮、锁杆等组成。门锁电动机是门锁的执行器，当门锁电动机转动时，蜗杆带动蜗轮转动，蜗轮推动锁杆，车门被锁上或打开，然后蜗轮在复位弹簧的作用下返回原位置，防止操纵门锁时电动机工作。

门锁位置开关位于门锁总成内,用来检测车门的锁紧状态。当锁杆推向锁门位置时,位置开关断开,推向开门位置时接通。当车门关闭时,此开关断开;当车门打开时,此开关接通。

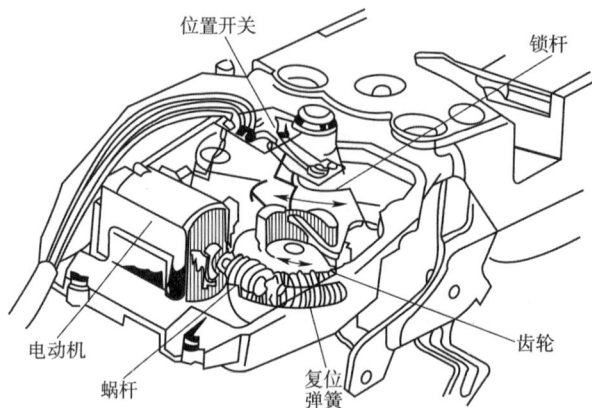

图4-5　电动机式门锁总成

(4)门锁控制器(继电器)。

门锁控制器(继电器)的作用是控制＿＿＿＿＿＿＿＿,从而达到控制执行机构动作的目的。

(5)门锁执行机构。

门锁执行机构的作用是执行＿＿＿＿的指令,将门锁锁止或开启。

2)汽车中控门锁的工作原理

如图4-6所示是电动门锁控制电路。驾驶人可以通过按下或提起左前门上的门锁提钮或操纵左前门的门锁钥匙对4个车门进行集中控制,同时锁住或打开所有车门,乘客只能操纵单独的门锁开关(车门上的门锁提钮)来开启或锁止身边车门的门锁。

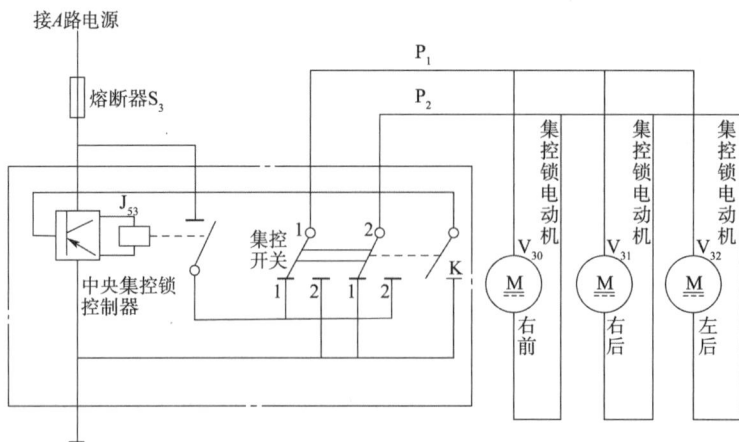

图4-6　电动门锁控制电路

(1)门锁锁定过程。

压下左前门门锁提钮,使集控开关第 2 位接通过程中,集控开关的附带触点 K 被短暂闭合,因而,中央集控锁控制器的继电器 J_{53} 的触点闭合,接通门锁电动机电路,电动机反转,带动各门锁闭锁。电路为:A 路电源→熔断器 S_2→J_{53} 的闭合触点→集控开关第 2 接第 2 位→P_2→电动机 V_{30}、V_{31}、V_{32}→P_1→集控开关第 1 接第 2 位→搭铁→电源负极。此时,集控继电器 J_{53} 控制其触点闭合后断开,切断 A 路电源与电动机的通路,电动机停转,使门锁保持锁定状态。

(2)门锁开启过程。

将左前门门锁提钮提起,使集控开关第 2 位触点断开,第 1 位触点闭合。在提钮被提起的过程中,触点 K 又被短暂闭合,从而使集控继电器 J_{53} 的触点再次闭合,具体电路为:A 路电源→熔断器 S_2→J_{53} 的闭合触点→集控开关第 1 接第 1 位→P_1→电动机 V_{30}、V_{31}、V_{32}→P_2→集控开关第 2 接第 1 位→搭铁→电源负极。加在电动机上的电源极性改变,电动机 V_{30}、V_{31}、V_{32} 正转,带动门锁开启。集控继电器 J_{53} 控制其触点闭合 1～2s 后断开,切断 A 路电源与电动机的通路,电动机停转,使门锁保持锁定状态。

3)新能源汽车遥控门锁的组成与工作原理

目前应用较为广泛的是遥控中央控制门锁系统,其优点是开启和锁闭车门的体验较为便捷与舒适。遥控门锁是不使用钥匙,利用遥控器在一定距离内完成车门的开启及锁闭。遥控门锁系统不但能控制驾驶人侧车门,还可控制乘客、车门和行李舱门。

(1)新能源汽车遥控门锁的组成。

新能源汽车遥控中央控制门锁系统主要由_____、_____、_____(Keyless-ECU)、_____以及_____等部件组成。

①发射器。

_____也称遥控器,其作用是利用发射开关发射规定代码的_____,控制驾驶人侧车门、乘客侧车门和行李舱门的开启和锁闭,如图 4-7 所示。

②_____。

_____接收_____(识别码和功能代码),并将其作为代码数据输出到智能钥匙系统控制器。

③_____。

_____包括前门门控灯开关、后门门控灯开关、行李箱门控灯开关。当车门打开时,门控灯开关接通,当车门关闭时断开,将车门状态代码(打开或关闭)输出至智能钥匙系统控制器。

④_____。

_____将各车门的门锁位置发送至智能钥匙系统控制器。

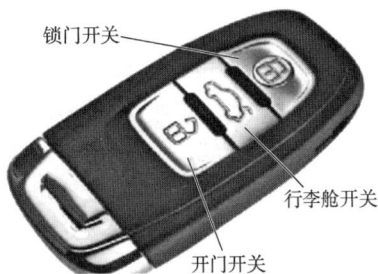

图 4-7　发射器

⑤ ＿＿＿＿＿＿＿＿＿（Keyless-ECU）。

响应来自车门控制接收器的代码数据和来自各个开关的信号,发送遥控门锁控制信号。

（2）新能源汽车遥控门锁的工作原理。

当触动车门微动开关时,Keyless-ECU 通过车内探测天线、车外探测天线感应智能钥匙是否在区域范围内,并对智能钥匙进行认证,再通过 CAN 总线发送信号给相关控制器,完成对整个智能钥匙系统的控制。Keyless-ECU 通过高频接收模块和多个天线与智能钥匙进行双向通讯,利用高频信号验证智能钥匙的合法身份,利用低频信号确认智能钥匙的位置,并通过 CAN 总线把认证信息传送到 BCM,由 BCM 控制车门锁及执行低压上电。图 4-8 为比亚迪 e5 智能钥匙系统的相关电路图,图 4-9 为智能钥匙检测部件位置图。

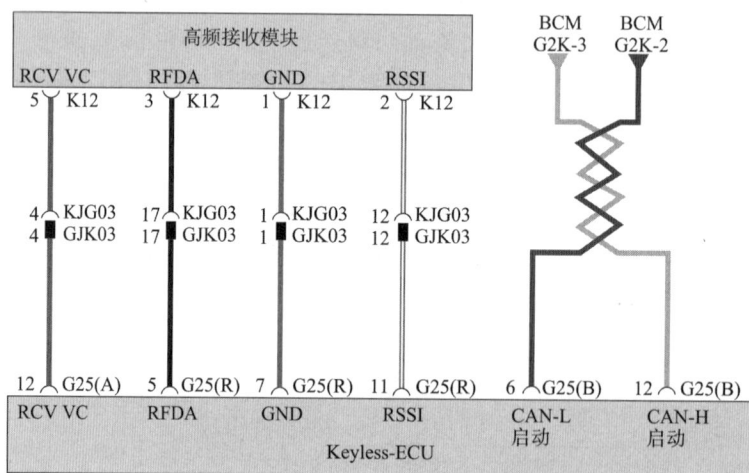

图 4-8　比亚迪 e5 智能钥匙系统的相关电路图

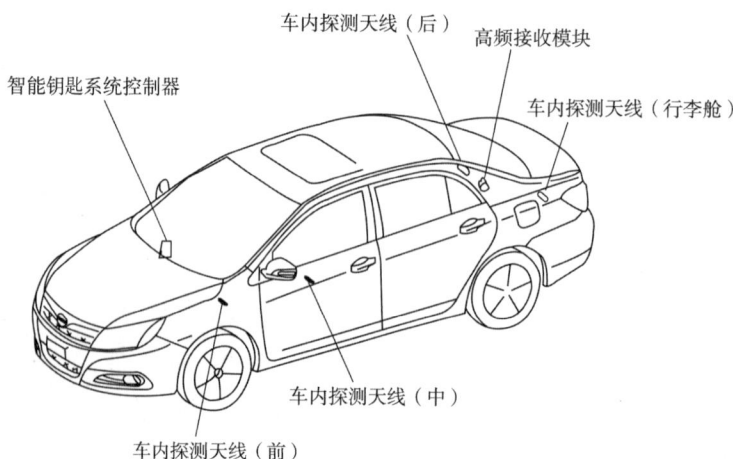

图 4-9　智能钥匙检测部件位置图

4）新能源汽车无钥匙进入及启动系统组成与工作原理

无钥匙进入与启动（PKES,Passive Keyless Entry and Start）系统采用了_____技术和_____系统,成功融合了遥控系统和无钥匙系统,实现双重防盗保护,为车主最大限度地提供便利和安全。该系统包括无钥匙进入和无钥匙启动两部分。下面以 2019 款比亚迪 e5 电动汽车的智能进入和启动系统为例,介绍其系统组成和工作原理。

（1）新能源汽车无钥匙进入与启动系统组成。

新能源汽车无钥匙进入与系统总体组成如图 4-10 所示,其主要由智能钥匙系统控制器（Keyless-ECU）、_____、_____、_____、门锁电机、车外探测天线、高频接收器及启动 CAN 总线等组成。

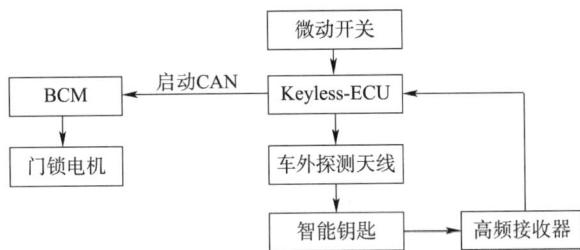

图 4-10　比亚迪 e5 智能进入和启动系统总体组成

①智能钥匙系统控制器（Keyless-ECU）。

智能钥匙系统控制器由高频接收器、3 个车内探测天线、3 个车外探测天线和微动开关组成。比亚迪 e5 的智能钥匙系统控制器位置如图 4-11 所示。

图 4-11　比亚迪 e5 智能钥匙系统控制器位置图

②BCM。

BCM 用于控制车身电子系统,包括灯光、雨刷、后视镜、胎压、门锁、电源模式、车窗、天窗、空调、除霜等,比亚迪 e5 的 BCM 位置如图 4-12 所示。

③智能钥匙。

智能钥匙内有芯片,可以实现防盗、遥控等功能。芯片通过发送带密码的高频电磁波,输出钥匙码。如图 4-13 所示,比亚迪 e5 的智能钥匙有 3 个按键,分别是:遥控闭锁、遥控开锁、行李厢开锁。比亚迪 e5 带有已注册的智能钥匙 2 把,每把智能钥匙都内含机械钥匙,机械钥匙能插入左前门钥匙孔单独开锁左前门。

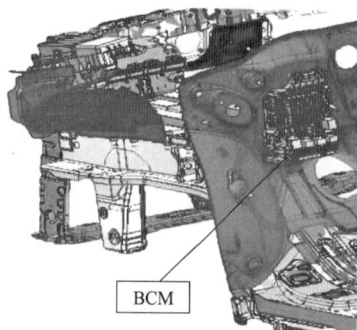

图 4-12　比亚迪 e5 汽车 BCM 位置

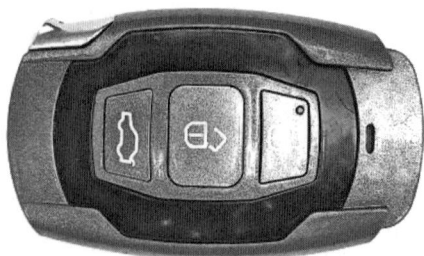

图 4-13　比亚迪 e5 智能钥匙

④车内外磁卡探测天线。

车内外磁卡探测天线能发送低频电磁波检测智能钥匙,探测范围大约为车身周边 1.5m。本车有 6 个天线,分布在车内前部、车内中部、车内后部、车外行李厢、车外左前车门、车外右前车门。

⑤微动开关。

微动开关的作用是连接智能钥匙系统控制器,通过信号控制车门解锁和上锁。

⑥高频接收器。

高频接收器接收钥匙发出高频的信号。

⑦启动 CAN 总线。

启动 CAN 总线连接 Key-ECU 和 BCM,实现信号的交流通信。启动 CAN 总线由 CAN-H 和 CAN-L 两股绞线组成,并由差动电压驱动。如图 4-14 所示,启动 CAN 总线的终端电阻分别在 Key-ECU 和 BCM 中,大小都是 120Ω。

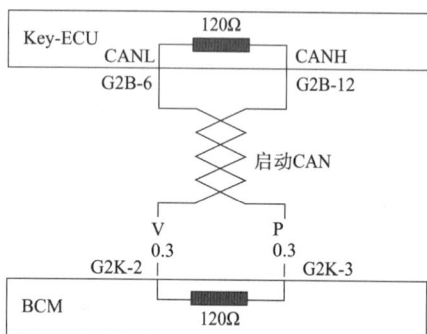

图 4-14　启动 CAN 总线

(2)新能源汽车无钥匙进入工作原理。

①车门微动开关,信号连接到 Keyless-ECU 上,Keyless-ECU 驱动检测天线,发送低频信号,探测大约 1.5m 范围内的智能钥匙。

②钥匙接收信号,读出数据与触发信号进行比较,若信号与数据匹配,则钥匙电路被唤醒。

③钥匙分析数据并加密,通过钥匙的高频模块发送给汽车,汽车的高频模块接收智能钥匙的密钥信息,Keyless-ECU 分析数据并进行比较验证。

④如果验证通过,Keyless-ECU 将做开锁准备,之后驾驶人握住左前门把手按下微动开关,操作微动开关的信号会传送到 Key-ECU,Key-ECU 通过启动 CAN 总线向 BCM 发送车门开锁信号,BCM 控制门锁电动机将车门开锁。驾驶人拉开门把手,左前车门被打开,仪表显示车门开启指示和时钟亮起,防盗指示灯仍闪烁。如图 4-15 所示为比亚迪 e5 的无钥匙进入与启动原理图。

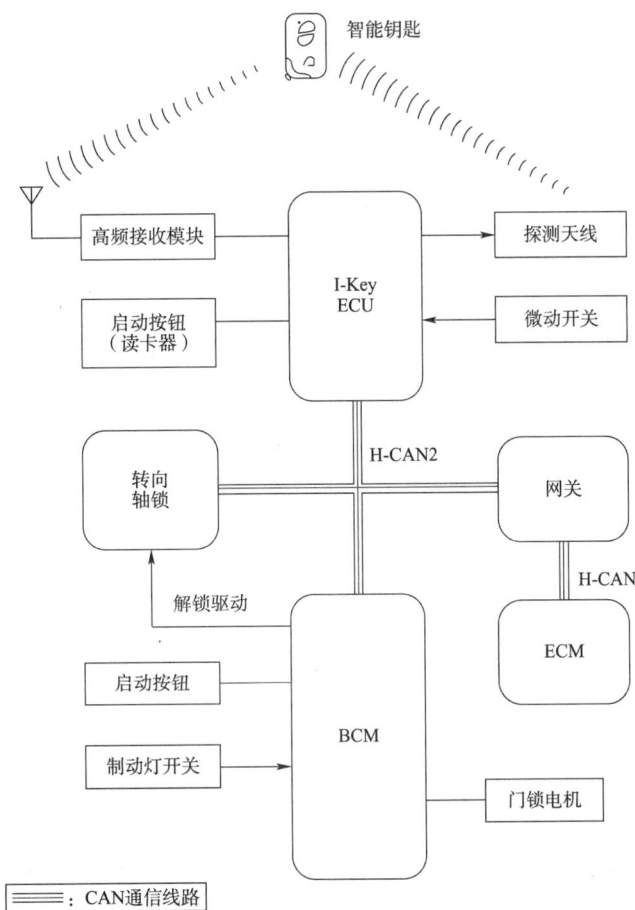

图 4-15　比亚迪 e5 的无钥匙进入与启动原理图

（3）新能源汽车无钥匙进入及启动系统电路分析。

如图 4-16 所示，无钥匙进入与启动控制单元 J518，由熔断丝 SA3 经 SC17 供电，通过端子 3 供电，由端子 17 搭铁；端子 30 控制启动按钮照明，端子 10 传递唤醒信号至车身控制单元 J519，端子 32、16 分别连接舒适 CAN 高线和舒适 CAN 低线；端子 23 和 24、21 和 26、20 和 27、22 和 25、19 和 28、18 和 29 分别连接驾驶人侧进入及启动天线、副驾驶人侧进入及启动天线、后部保险杠内的进入及启动天线、行李箱内的进入及启动天线、车内空间的进入及启动天线 1、车内空间的进入及启动天线 2，用于发射激活遥控钥匙的低频信号。端子 9、5 分别连接门把手接触传感器，用于接收门把手接触信号。

转向柱控制单元 J764，由熔断丝 SB4 通过端子 2 供电，端子 10 提供搭铁；端子 4 和端子 13 用来检测启动按钮的按压情况，端子 14 用来检测自动挡位汽车 P 挡位置，端子 3 用来检测供电继电器 J682，总线端子 50 的闭合情况；端子 6 和 8 用来传递 15 号电源信号至转换器盒 J935，端子 7 用来传递 S 电源信号至车身控制单元 J519，端子 12 用来传递 50 号电源信号至转换器盒 J935。端子 15、16 分别连接舒适 CAN 高线和舒适 CAN 低线，进行信息交互传递。

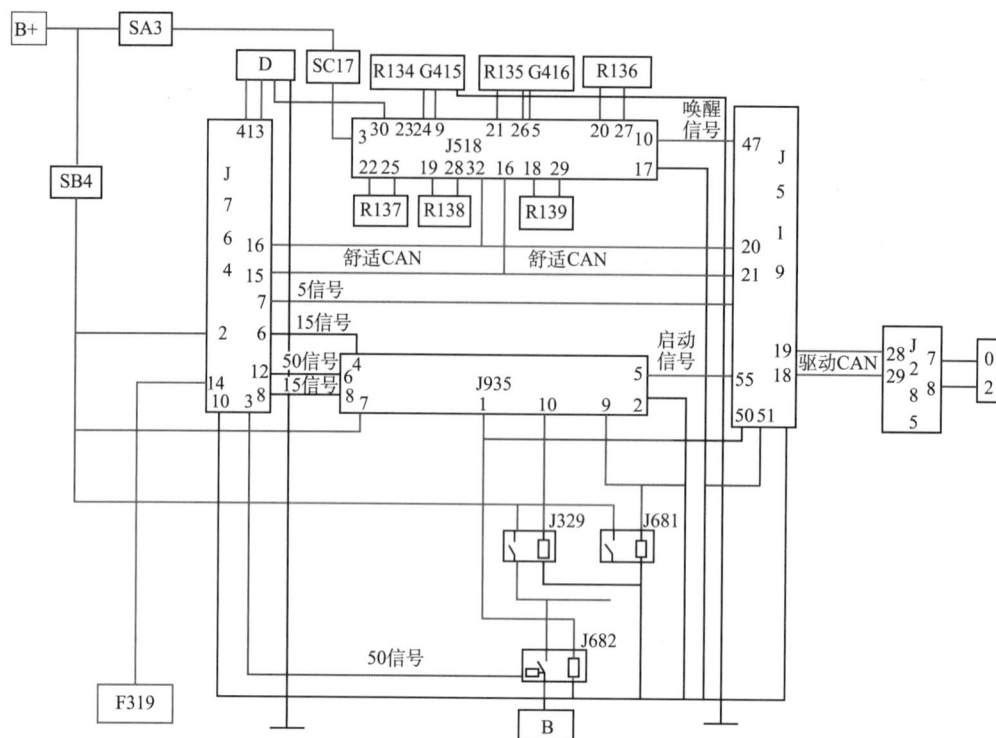

图 4-16　无钥匙进入与启动系统电路图

车身控制单元 J519,在进入车内前由进入及启动控制单元 J518 通过端子 47 进行唤醒,端子 55 用来接收转换器盒 J935 的启动信号,端子 50 和端子 55 用来采集端子 15 供电继电器 J682 和供电继电器 J681,总线端 50 的信号。端子 20 和端子 21 分别连接舒适 CAN 高线和舒适 CAN 低线,端子 18 和端子 19 分别通过舒适高频线与仪表控制单元 J285 进行通信。

转换器盒 J935,由熔断丝 SB4 通过端子 7 进行供电,通过端子 2 搭铁;通过端子 4、6、8 接收由转向柱控制单元发送的 15 号电源信号以及 50 号电源信号,并通过端子 10、9、1 分别控制端子 15 供电继电器、供电继电器 2,端子 15、供电继电器,总线端 50;通过端子 5 发送启动信号至车身控制单元 J519。

5)新能源汽车中控门锁系统基本检查

(1)门锁基本检查。

把汽车钥匙插入左前门锁内并转至锁止侧,所有锁应锁止;把汽车钥匙插入左前门锁内并转至开启侧,所有门锁应开启。

(2)遥控功能检查。

在遥控器可遥控范围内,按压遥控器上的开启或锁止按钮,警告灯应闪烁,同时所有门锁应开启或锁止;长按遥控器上的行李厢按钮,行李厢应开启。

若车辆系统无法识别到钥匙则需要对其智能钥匙控制系统电路进行检查,比亚迪 e5 智能钥匙控制系统电路,如图 4-17 所示。

常电

F2/46
Keyless
网关
7.5A

1 ⌒ G25(A)

常电

Keyless-ECU

GND   GND

9 ⌒ G25(A)   10 ⌒ G25(A)

Eg 05
5#搭铁

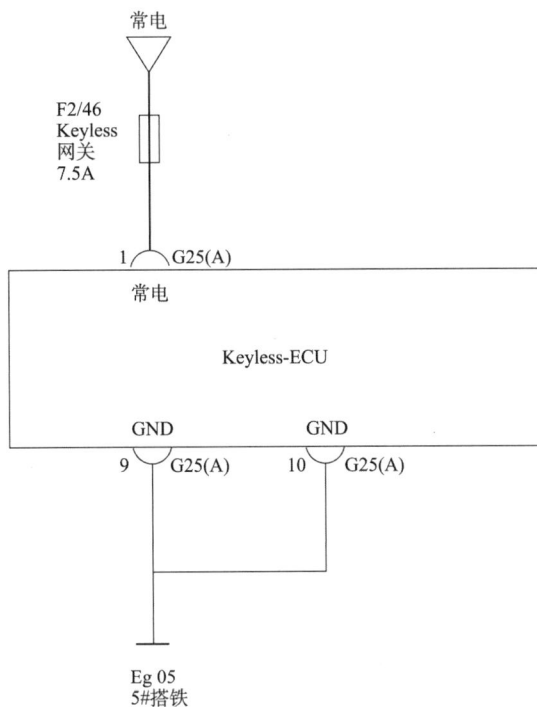

图 4-17　比亚迪 e5 智能钥匙控制系统电源电路图

①首先检查车钥匙电量。

②根据电路图,智能钥匙控制系统 ECU 供电线路的熔断丝为 F2/46,对其进行检查,看有无异常。

③对 ECU 的 9 号和 10 号搭铁端子进行检查,看有无异常。

(3)安全保护功能检查。

如果解锁后,没有打开任一车门或行李箱门,汽车应在一段时间(如 30s)后重新自动闭锁所有车门。

(4)使用诊断仪检查。

①使用诊断仪读取故障码。

②使用诊断仪读取数据流。

小贴士

　　全国"最美职工"王学勇,这位奇瑞汽车股份有限公司的高级汽车装调工,扎根一线 19 年,用匠心守护着民族汽车品牌。

　　"听声音就能精准判断故障点,简直神了!"在奇瑞的车间里,有关王学勇"金耳朵"绝活的"神话"广为流传。扎根一线 19 年,王学勇不仅使自身专业技能突飞猛进,还尽全力把工匠精神传承下去,带出了许多技术骨干。在王学勇看来,一辈子扎根一个行业,踏踏实实把这一行干好、干精,就是对"工匠精神"的最好诠释。

(二)制订工作方案

1.任务分工(表4-1)

学生任务分配表　　　　　　　　　　表4-1

班级		组号		指导老师	
组长		任务分工			
组员1		任务分工			
组员2		任务分工			
组员3		任务分工			
组员4		任务分工			
组员5		任务分工			
组员6		任务分工			

2.工量具、仪器设备与耗材准备

(1)使用的工量具有:_____。

(2)使用的仪器设备有:_____。

(3)使用的耗材有:_____。

3.具体方案描述

_____

_____

_____

_____

三 ⚡ 计划实施

(一)安全注意事项及技能要点

1.安全注意事项

(1)确保学生完全在教师的指导下,在授权的范围内进行操作。

(2)禁止学生在不穿戴安全防护用品的情况下,接触任何车辆的高压电部件。

(3)学生应充分了解其职责范围,绝不擅自对高压电部件进行任何拆装调整。

(4)应确保蓄电池负极处于断开状态之后,再进行拔插车辆低压插头。

(5)在拆卸过程中一定要注意对内饰件的防护,防止划伤表面和损坏内饰件。

(6)拆卸内饰卡扣的工具最好使用专用工具,如使用一字螺丝刀拆卸,必须缠上软布或胶带,防止划伤。

(7)能够规范使用车辆防护、隔离警示等设备。

（8）工作中及完成任务后,应遵守实训场地"8S"管理。

2. 技能要点

（1）新能汽车中控门锁功能测试。

（2）新能汽车中控门锁系统线束目视检查。

（二）新能源汽车中控门锁系统基本检查

1. 新能源汽车中控门锁功能测试(表 4-2)

新能源汽车中控门锁功能测试的操作方法及说明　　　　　　　　　　表 4-2

步骤	操作方法及说明	质量标准及记录
1. 作业前准备工作	（1）布置作业前现场环境 	□正确设置隔离栏 □正确放置安全警示牌 □正确检查灭火器 □铺设防护四件套
	（2）检查防护用具 	□正确检查棉纱手套 □正确检查护目镜

步骤	操作方法及说明	质量标准及记录
1. 作业前准备工作	(3)检查仪表工具 	□正确检查万用表 □检查内饰翘板工具套装的完整性
2. 查阅维修手册	(1)查阅电路原理图,查询中控门锁电路图页码 	□记录中控门锁电路图的页码,页码为:_____
	(2)查找中控门锁系统各插头代号 	□记录各插头代号,插头代号为:_____

步骤	操作方法及说明	质量标准及记录
3. 新能源汽车中控门锁功能测试	(1)测量低压蓄电池电压 	□测量低压蓄电池电压,电压为_____,标准值为_____,结果判断:_____
	(2)使用遥控钥匙控制整车门锁开关 	□按下遥控钥匙解锁键,门锁灯_____,车门_____,结果判断:_____ □按下遥控钥匙锁车键,门锁灯_____,车门_____,结果判断:_____
	(3)使用机械钥匙控制整车门锁开关 	□使用机械钥匙解锁,门锁灯_____,车门_____,结果判断:_____ □使用机械钥匙锁车,门锁灯_____,车门_____,结果判断:_____

续上表

步骤	操作方法及说明	质量标准及记录
3.新能源汽车中控门锁功能测试	(4)检查车门中控锁按键功能是否正常 	□按下"中控锁闭锁"按键,门锁灯 _____ ,车门 _____ ,结果判断: _____ □按下"中控锁解锁"按键,门锁灯 _____ ,车门 _____ ,结果判断: _____
	(5)断开蓄电池负极,拆卸门内护板,检查中控门锁各线束插头的连接情况 	□确认中控门锁各线束插头的位置 □中控门锁各线束插头无松脱
	(6)断开中控门锁线束插头,检查线束插头针脚有无退针,氧化等现象 	□正确断开中控门锁线束插头,卡扣无损坏,插头无破损 □检查线束插头针脚无退针,无氧化

步骤	操作方法及说明	质量标准及记录
3.新能源汽车 中控门锁 功能测试		
	(7)场地"8S"管理 	□工量具归位 □清理场地 □设备恢复

四 ⚡ 评价反馈

(一)活动总结与反思(表4-3)

总结与反思 表4-3

1.为何要进行新能源汽车中控门锁系统检查

续上表

2. 活动过程总结	
3. 活动结果总结	
4. 需要改进的地方	

（二）活动评价（表4-4）

评价表 　　　　表4-4

评分项目	评分标准	分值	得分
学习目标	能明确本任务的知识、技能、素养目标,理解任务在工作中的重要程度	5	
工作任务分析	能清晰描述完成本次工作任务内容	2	
	能清晰描述完成本次工作任务需必备的技能与知识点	2	
有效信息获取	中控门锁的功能	6	
	中控门锁的组成	6	
	中控门锁的工作原理	7	
实施方案制定	能清晰制定并填写本次中控门锁系统的检查作业计划	3	
	能组织或协同工作小组成员,明确本次任务所需仪器设备、工具、材料的准备与清点,并准备记录	2	
	能组织或协同工作小组成员交流,优化检查方案并记录	5	

评分项目	评分标准	分值	得分
任务实施	能正确检查防护用具和工量具	5	
	能正确使用遥控钥匙、机械钥匙、中控门锁开关	10	
	能正确拆卸门内护板	10	
	能正确找到并检查中控门锁线束插头	10	
	能正确安装好线束插头及门内护板	7	
任务评价	能过本次任务实施,结合自己在实训过程中的表现,进行自我评价及自我反思并记录	3	
职业素养	按规定时间完成项目作业	3	
	遵守实训室管理规定、劳动纪律	3	
	积极参与课堂活动、回答问题	3	
	能够按时出勤	3	
思政要求	能积极参与小组讨论,发挥团队合作精神;具有较强的安全意识、责任意识;遵守劳动纪律,以积极的态度接受工作任务;学习过程遵循"8S"管理规定	5	
得分(满分100)			
改进建议:			

教师签字:

日期:

学习活动2 新能源汽车中控门锁控制开关检查与更换

一 明确任务

小张是新能源汽车4S店的一名维修技师,今天上午车间接收到一辆故障新能源汽车,客户反映车辆中控门锁失效无法工作,班组长初步诊断为车辆中控门锁系统故障,需要对其进行检修,使其恢复正常使用性能。

二 工作准备与计划制订

(一)知识准备

1. 门锁控制总开关和分开关

门锁开关的作用是控制＿＿＿＿＿＿＿的动作,接通或断开＿＿＿＿＿＿＿的电路。大多数中控门锁开关都是由总开关和分开关组成的,门锁总开关一般安装在驾驶人侧车门内的扶手上,驾驶人通过操纵总开关可将全车所有的车门锁住或打开;分开关分别装在其他各个车门上,只能单独控制相应的车门。门锁开关实质上是一个＿＿＿＿＿＿＿,它用来控制各车门锁和行李箱锁的＿＿＿＿＿＿＿。用钥匙来拨动门锁锁芯转过一定的角度,即可接通门锁执行机构的电路,使门锁执行机构产生动作,将车门锁锁止或开启。常见车辆门锁总开关和分开关的形式如图4-18所示。

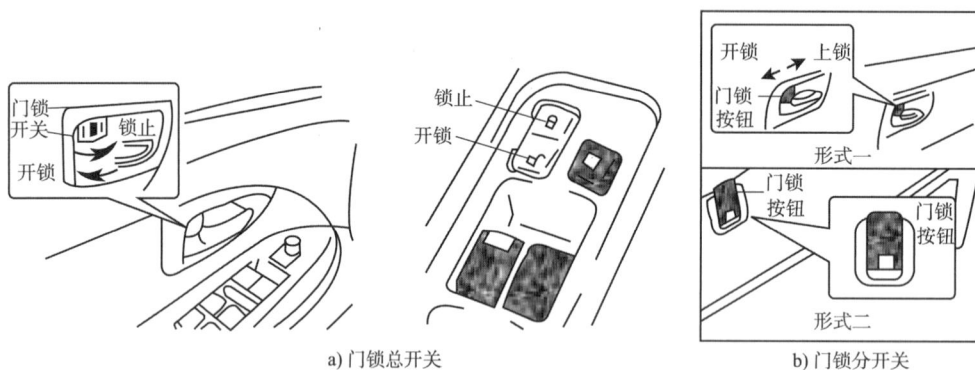

图4-18 常见车辆门锁总开关和分开关的形式

1)门控分开关(边门开关)

门控开关有两种状态,分别对应车门的打开和关闭,如果车门为关闭状态,门控开关状态是闭合的;如果车门为打开状态,门控开关状态是断开的。

2)门锁总开关

门锁总开关是指驾驶人门锁主控开关,有两种状态:上锁和开锁。

2. 钥匙控制开关

钥匙控制开关装在每个前门(或一个前门)的钥匙门上,当从车外面用钥匙开门或关门时,钥匙控制开关便发出开门或锁门的信号给门锁控制器。钥匙控制开关的位置如图4-19所示。

3. 行李箱门开启器开关

行李箱门门锁的开启方法有两种:一种是从车内通过拉索开关远距离控制的方式,拉索开关一般位于仪表板下面或驾驶人座椅左侧的车厢底板上,拉动此开关便能打开行李箱门,图4-20a)所示;另一种是直接＿＿＿＿＿＿＿的方式,行李箱的钥匙门靠近其开启器,推压钥匙门,如图4-20b)所示,断开行李箱内的主开关后,此时即使拉动开启器开关也不能打开行李箱门,只有将钥匙插进钥匙门内顺时针旋转打开钥匙门,使行李箱门开启器开关接通,才能用行李箱门开启器打开行李箱门,如图4-20c)所示。

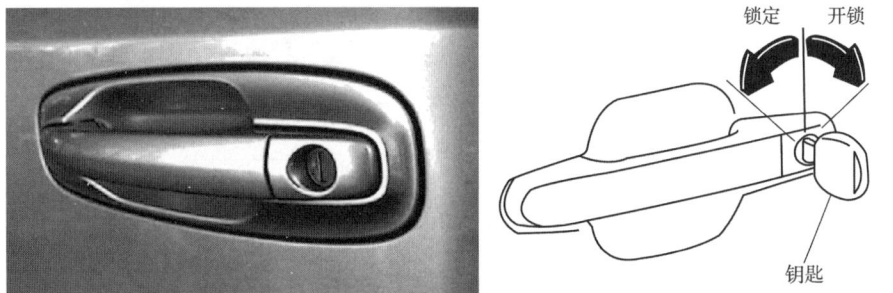

图4-19 钥匙控制开关

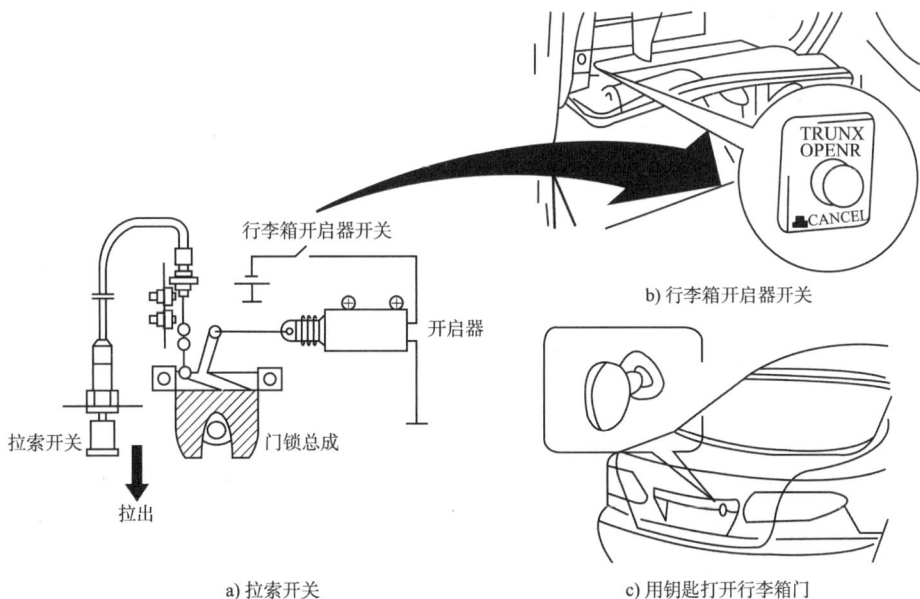

b) 行李箱开启器开关

a) 拉索开关

c) 用钥匙打开行李箱门

图4-20 行李箱门开启器开关的结构原理

4. 门锁控制开关的检查

门锁控制开关有两种状态,分别对应车门的打开和关闭,如果车门在关闭状态,门锁控制开关状态是闭合的;如果车门在打开状态,门锁控制开关状态是断开的。下面以日产天籁为例讲述中控门锁控制开关的检查方法。

如图4-21所示为日产天籁中控门锁电路图,其中控门锁由BCM来控制,开关作为信号输入,包括驾驶人侧的门锁开关、4个车门上的车门开关,当BCM接收到上锁或者开锁命令时,由门锁电机来控制车门的开闭。其中,车门开关与BCM车身控制模块连接的端子分别是62号、63号和12号、13号;车门闭锁/开锁开关与BCM连接的端子是26号和31号端子。

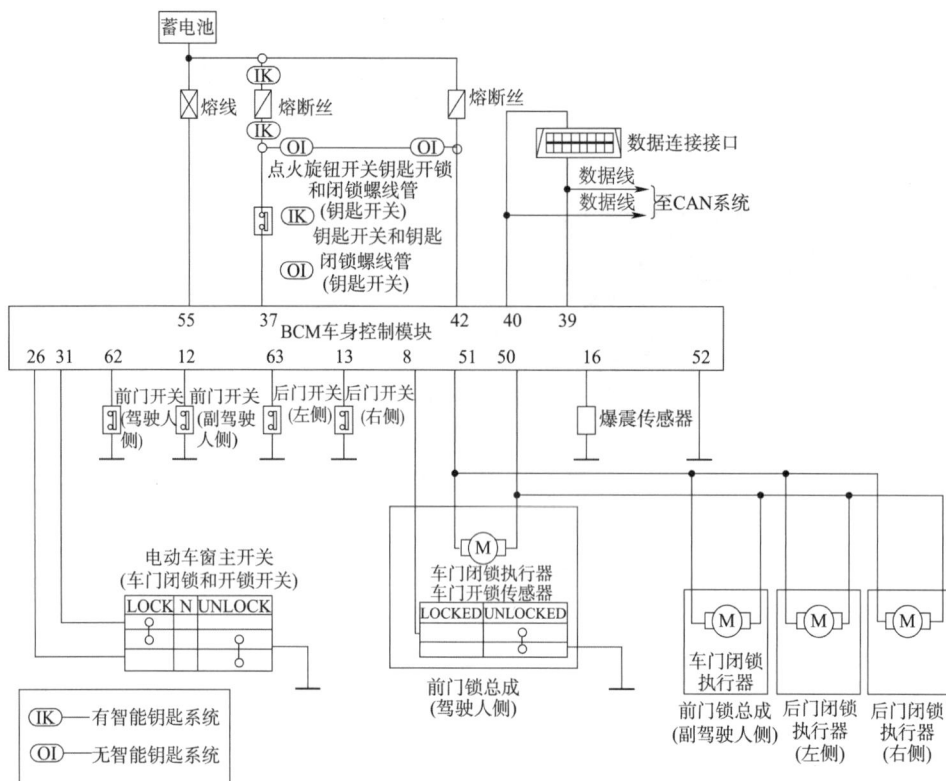

图 4-21　日产天籁中控门锁电路图

5. 门控分开关的检查

1）车门开关的电压检查

检查方法如图 4-22 所示。

2）车门开关的线路检查,检查方法如下:

(1)将点火开关转到 OFF 位置。

(2)断开车门开关和 BCM 接头。

(3)检查车门开关接头 B10、B14、B209、B213 的端口 2 和 BCM 接头 M3、M5 的端口 12、13、62、63 之间的导通性。

①检查驾驶人侧车门开关端口 2(SB)与 BCM 接头端口 62(SB)之间的导通性,正常应该导通。

②检查副驾驶人侧车门开关端口 2(R/L)与 BCM 接头端口 12(R/L)之间的导通性,正常应该导通。

③检查左后车门开关端口 2(R/W)与 BCM 接头端口 63(R/W)之间的导通性,正常应该导通。

④检查右后车门开关端口 2(R/B)与 BCM 接头端口 13(R/B)之间的导通性,正常应该导通。

(4)检查车门开关接头 B10、B14、B209、B213 的端口 2 和搭铁之间的导通性,2

(SB,R/L,R/W 或 R/B)和搭铁应该导通。

项目	接头	端口 (电线颜色)		车门 状态	电压(V)
		(+)	(−)		
驾驶人侧	M5	62(SB)	搭铁	关闭	蓄电池电压
左后侧		62(R/W)		↓	↓
副驾驶人侧	M3	12(R/L)		打开	0V
右后侧		13(R/B)			

❶ 车门状态在关闭时,端子的电压应为蓄电池电压;

❷ 车门状态在打开时,端子的电压应为0V。

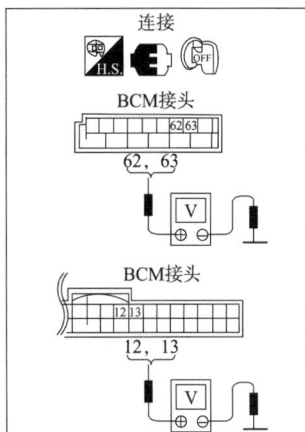

图 4-22 车门开关的电压检查

(5)以上检测,若不符合导通性的要求,则说明车门开关线路有断路,需维修或更换线束。具体检查操作步骤如图 4-23 所示。

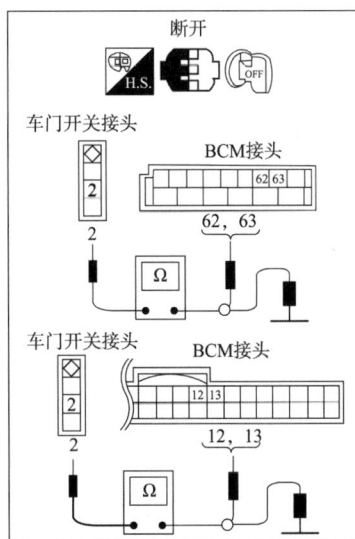

图 4-23 车门开关的线路检查

注:1.将点火开关转到 OFF 位置。

2.断开车门开关和 BCM 接头。

3.检查车门开关接头 B10、B14、B209、B213 的端口 2 和 BCM 接头 M3、M5 的端口 12、13、62、63 之间的导通性。

(1)驾驶人侧车门:2(SB)-62(SB)应该导通。

(2)副驾驶人侧车门:2(R/L)-12(R/L)应该导通。

(3)左后门:2(R/W)-63(R/W)应该导通。

(4)右后门:2(R/B)-13(R/B)应该导通。

4.检查车门开关接头 B10,B14,B209,B213 的端口 2 和搭铁之间的导通性,2(SB,R/L,R/W 或 R/B)和搭铁,应该导通。

5.以上检测,若不符合导通性的要求,则说明车门开关线路有断路,则需要维修或更换线束。

6.门控主开关的检查

根据维修资料找到开关的接线端子,用万用表测量开关在不同位置的导通性。一般开关处于 LOCK 或 UNLOCK 位置时对应的接线端子间的电阻值应为零,处于 OFF 位置时对应的接线端子间的电阻值应为无穷大。如果检测结果符合上述要求,那么开关是好的;但只要有一个不符合要求,则表示开关损坏,如损坏一般直接更换。

1)门控主开关电压的检查

检查方法如图 4-24、图 4-25 所示。

车门闭锁和升锁开关操作,检查 BCM 接头和搭铁之间的电压

接头	端口(电线颜色)		状态	电压(V)(大约)
	(+)	(−)		
M3	26(GR/R)	搭铁	开锁	0
			解除	蓄电池电压
	31(GR)		闭锁	0
			解除	蓄电池电压

注:若检测数据不符合标准,应更换驾驶人侧开锁、闭锁开关。

图 4-24 门控主开关电压的检查 1

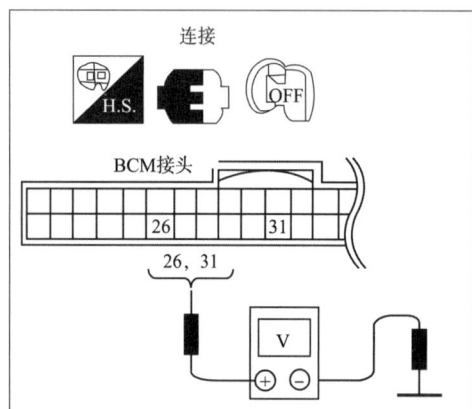

图 4-25 门控主开关电压的检查 2

2)门控主开关线路的检查

检查方法如下:

(1)将点火开关关闭。

(2)断开 BCM 和车门闭锁/开锁开关接头。

(3)检查 BCM 接头 M3 的端口 26、31,与车门闭锁/开锁开关接头 D6 和 D7 的端口 6、18 之间的导通性。

①端口 26(CR/R)与端口 6(CR/R)之间应该导通。

②端口 31(CR)与端口 18(CR)之间应该导通。

(4)检查 BCM 接头 M3 的端口 26、31 和搭铁之间的导通性。

具体检查步骤如图 4-26 所示。

7.行李箱锁芯开关检查

行李箱锁芯开关端子及检查标准如图 4-27、图 4-28 所示。

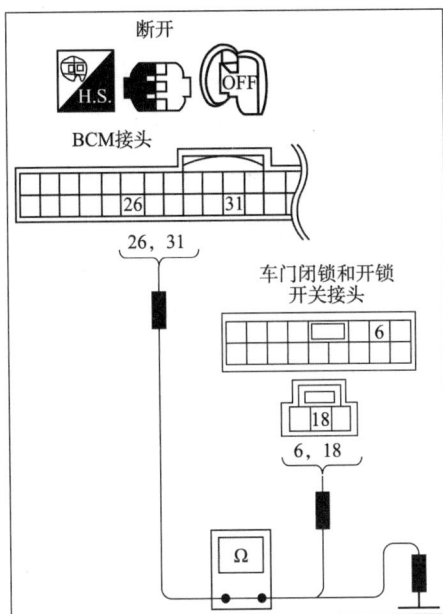

图 4-26　门控主开关线路的检查

注:1. 将点火开关关闭。

2. 断开 BCM 和车门闭锁/开锁开关接头。

3. 检查 BCM 接头 M3 的端口 26、31,与车门闭锁/开锁开关接头 D6 和 D7 的端口 6、18 之间的导通性。

(1)26(CR/R)和 6(CR/R),应该导通。

(2)31(CR)和 18(CR),应该导通。

4. 检查 BCM 接头 M3 的端口 26,31 和搭铁之间的导通性。

(1)26(CR/R)和搭铁,应该导通。

(2)31(CR)和搭铁,应该导通。

5. 若检测的导通性不符合标准,应更换驾驶人侧开锁、闭锁开关线束。

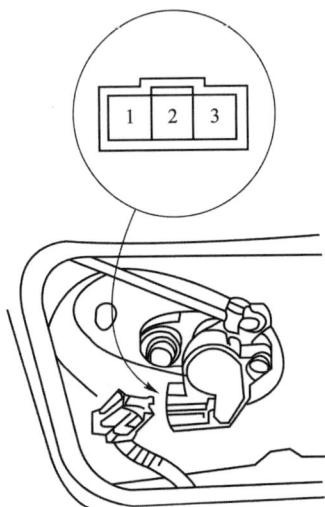

图 4-27　行李箱锁芯开关端子

锁芯开关状态	检测方法	标准
UNLOCK	3 号和 2 号端子	导通
LOCK	3 号和 2 号端子	不导通

图 4-28　行李箱锁芯开关端子检查标准

小贴士

2022年度感动中国十大人物陈清泉是中国工程院院士,电动汽车、电力驱动和智慧能源学专家。

陈清泉提出了电动汽车研究核心和总体指导思想,将汽车技术、电机技术、电力驱动技术、电力电子技术和现代控制理论有机地结合起来,为现代电动汽车学奠定了基础,使现代电动汽车学这一新兴交叉学科从理论到实践形成了一个完整的体系。

陈清泉提出了电动汽车的工程哲学,揭示了电动汽车的系统集成与优化设计规律,发明了多种电动汽车专用的特种电机及控制装置,研制了多辆不同类型的电动汽车。陈清泉的主要发明有高性能电机、特种电机、电动车系统优化、电动车电力驱动系统、智能标测系统、电池智能管理系统、能源智能管理系统、电机磁场分析优化等。

(二)制订工作方案

1. 任务分工(表4-5)

学生任务分配表　　　　　　　　　　表4-5

班级		组号		指导老师	
组长		任务分工			
组员1		任务分工			
组员2		任务分工			
组员3		任务分工			
组员4		任务分工			
组员5		任务分工			
组员6		任务分工			

2. 工量具、仪器设备与耗材准备

(1)使用的工量具有:＿＿＿＿＿＿＿＿＿＿＿＿＿＿＿＿＿＿＿＿＿＿＿＿＿＿。

(2)使用的仪器设备有:＿＿＿＿＿＿＿＿＿＿＿＿＿＿＿＿＿＿＿＿＿＿＿＿＿。

(3)使用的耗材有:＿＿＿＿＿＿＿＿＿＿＿＿＿＿＿＿＿＿＿＿＿＿＿＿＿＿。

3. 具体方案描述

＿＿＿＿＿＿＿＿＿＿＿＿＿＿＿＿＿＿＿＿＿＿＿＿＿＿＿＿＿＿＿＿＿＿＿＿

＿＿＿＿＿＿＿＿＿＿＿＿＿＿＿＿＿＿＿＿＿＿＿＿＿＿＿＿＿＿＿＿＿＿＿＿

＿＿＿＿＿＿＿＿＿＿＿＿＿＿＿＿＿＿＿＿＿＿＿＿＿＿＿＿＿＿＿＿＿＿＿＿

＿＿＿＿＿＿＿＿＿＿＿＿＿＿＿＿＿＿＿＿＿＿＿＿＿＿＿＿＿＿＿＿＿＿＿＿

三 计划实施

(一)安全注意事项及技能要点

1. 安全注意事项

(1)确保学生完全在教师的指导下,在授权的范围内进行操作。

(2)禁止学生在不穿戴安全防护用品的情况下,接触任何车辆的高压电部件。

(3)学生应充分了解其职责范围,绝不擅自对高压电部件进行任何拆装调整。

(4)应确保蓄电池负极处于断开状态之后,再进行拔插车辆低压插头。

(5)在拆卸过程中一定要注意对内饰件的防护,防止划伤表面和损坏内饰件。

(6)拆卸内饰卡扣的工具最好使用专用工具,如使用一字螺丝刀拆卸,必须缠上软布或胶带,防止划伤。

(7)能够规范使用车辆防护、隔离警示等设备。

(8)工作中及完成任务后,应遵守实训场地"8S"管理。

2. 技能要点

(1)新能汽车中控门锁系统电路识图的识读。

(2)新能汽车中控门锁功控制开关检查与更换。

(二)新能源汽车中控门锁控制开关检查与更换(表4-6)

新能源汽车中控门锁控制开关检查与更换的操作方法及说明　　　表4-6

步骤	操作方法及说明	质量标准及记录
1. 作业前准备工作	(1)布置作业前现场环境 	□正确设置隔离栏 □正确放置安全警示牌 □正确检查灭火器 □铺设防护四件套

步骤	操作方法及说明	质量标准及记录
1. 作业前准备工作	(2)检查防护用具 (3)检查仪表工具 	□正确检查棉纱手套 □正确检查护目镜 □正确检查万用表 □检查内饰翘板工具套装的完整性
2. 查阅维修手册	查阅维修手册,查询中控门锁开关拆装图页码 中控门锁 4.安装玻璃升降器总成。 5.安装门内护板。 6.搭好蓄电池负极。 **中控锁总开关拆装** 中控锁总开关集成于左/右前门玻璃升降器开关,参考左/右前门玻璃升降器开关拆装。	□记录中控门锁开关拆装图的页码,页码为_____

续上表

步骤	操作方法及说明	质量标准及记录
3.中控门锁总开关检查与更换	（1）测量低压蓄电池电压 	□测量低压蓄电池电压,电压为_____,标准值为_____,结果判断:_____
	（2）断开蓄电池负极 	□正确断开蓄电池负极,并做好防护
	（3）拆卸玻璃升降器开关(该车型中控锁总开关集成于左/右前门玻璃升降器开关,以左前门为例) 	□正确拆出开关 □断开连接器 □取下中控锁开关

步骤	操作方法及说明	质量标准及记录
3.中控门锁 总开关检查 与更换	（4）测量中控门锁总开关好坏 正常： （端子定义请参考上个学习活动）	□万用表调到欧姆挡 □按下"解锁"，测量值为 ＿＿＿＿＿，标准值为＿＿＿＿＿， 结果判断：＿＿＿＿＿ □按下"闭锁"，测量值为 ＿＿＿＿＿，标准值为＿＿＿＿＿， 结果判断：＿＿＿＿＿＿＿
	（5）搭好蓄电池负极 	□正确搭好蓄电池负极
	（6）测量门锁开关信号线 	□调试好示波器 □按下"解锁"，示波器的波 形变化为＿＿＿＿＿＿， 结果判断：＿＿＿＿＿＿＿ □按下"闭锁"，示波器的波 形化为＿＿＿＿，结果判断： ＿＿＿＿＿＿＿＿＿

正常：

端子号	线色	端子描述	条件	正常值
T05-14 车身地	Y	ON 挡电	电源上到 ON 挡电	11～14V
T05-19-车身地	W/R	常电	始终	11～14V
T05-8-车身地	W/G	电动车窗继电器	始终	11～14V
T05-9-车身地	B	地	始终	小于1V
T05-10-车身地	W/B	搭铁	始终	小于1V

步骤	操作方法及说明	质量标准及记录
3.中控门锁 总开关检查 与更换	(7)车辆下电,断开蓄电池负极,安装玻璃升降器开关(以左前门为例) 	□正确下电 □正确断开蓄电池负极 □接好插件 □将开关对准安装点按下
	(8)搭好蓄电池负极,上电 	□正确搭好蓄电池负极,正确上电
	(9)安装完毕后,测试门锁开关功能 	□按下"闭锁",车门_____, 结果判断:_____ □按下"解锁",车门_____, 结果判断:_____

续上表

步骤	操作方法及说明	质量标准及记录
3.中控门锁总开关检查与更换	(10)场地"8S"管理  	□工量具归位 □清理场地 □设备恢复

四 评价反馈

(一)活动总结与反思(表4-7)

总结与反思　　　　　　　　　　　　　　　　表4-7

1.为何要进行新能源汽车中控门锁控制开关检查与更换   2.活动过程总结   3.活动结果总结

4.需要改进的地方

（二）活动评价（表4-8）

评价表

表4-8

评分项目	评分标准	分值	得分
学习目标	能明确本任务的知识、技能、素养目标,理解任务在工作中的重要程度	5	
工作任务分析	能清晰描述完成本次工作任务内容	2	
	能清晰描述完成本次工作任务需必备的技能与知识点	2	
有效信息获取	门锁控制开关的分类	6	
	门锁控开关的检查方法	7	
	门锁控制开关各线束插头针脚定义	7	
实施方案制定	能清晰制定并填写本次中控门锁控制开关检查与更换的作业计划	3	
	能组织或协同工作小组成员,明确本次任务所需仪器设备、工具、材料的准备与清点,并准备记录	2	
	能组织或协同工作小组成员交流,优化检查方案并记录	5	
任务实施	能正确检查防护用具和工量具	5	
	能正确检测中控门锁控制总开关	10	
	能正确拆卸门内护板	10	
	能正确更换中控门锁控制总开关	10	
	能正确安装好线束插头及门内护板	10	
任务评价	能过本次任务实施,结合自己在实训过程中的表现,进行自我评价及自我反思并记录	3	
职业素养	按规定时间完成项目作业	2	
	遵守实训室管理规定、劳动纪律	2	
	积极参与课堂活动、回答问题	2	
	能够按时出勤	2	

续上表

评分项目	评分标准	分值	得分
思政要求	能积极参与小组讨论,发挥团队合作精神;具有较强的安全意识、责任意识;遵守劳动纪律,以积极的态度接受工作任务;学习过程遵循"8S"管理规定	5	
得分(满分100)			
改进建议:			

教师签字:

日期:

学习活动3 新能源汽车中控门锁控制器与门锁电动机的检查与更换

一 明确任务

小张是新能源汽车4S店的一名维修技师。今天上午车间接收到一辆故障新能源汽车,客户反映车辆中控门锁失效无法工作,班组长初步诊断为车辆中控门锁系统故障,需要对其进行检修,使其恢复正常使用性能。

二 工作准备与计划制订

(一)知识准备

1. 门锁控制器

四门轿车使用的电动机数量较多,为防止电控门锁开关过载,中控门锁控制电路均装有_____,通过门锁开关控制_____,再控制_____。为门锁执行机构提供闭锁、开锁_____的控制装置称为门锁控制器,作用是控制门锁执行机构电路的_____或_____。因为无论何种门锁执行机构,都是通过改变执行机构的通电电流方向来控制锁连杆左右移动,实现门锁的锁止和开启的。门锁控制器多装在仪表盘的下面或熔断器盒内。常用形式有晶体管式门锁控制器、电容式门锁控制器和车速感应式门锁控制器。下面介绍电容式门锁控制器、晶体管式门锁控制器和车速感应式门锁控制器的工作原理。

1）电容式门锁控制器

电容式门锁控制器利用电容充放电特性，平时电容器充足电，工作时把它接入控制电路放电，使两电路中之一通电而短时吸合。电容器完全放电后，通过继电器的电容中断而使其触点断开，门锁系统不再工作。如图4-29所示，该系统在工作时将继电器串联接入电容器的放电回路，使其触点短时间闭合。当（正向或反向）转动车门钥匙时，相应的电路开关（锁门或开锁）接通，电容器放电电流通过继电器线圈搭铁，线圈产生电磁力，触点闭合，接通执行机构电磁线圈的电路，完成锁门或开锁的动作。当电容放电完毕后，继电器触点打开，中央门锁系统停止工作。此时另一只电容器被充电，为下一次操纵做好准备。

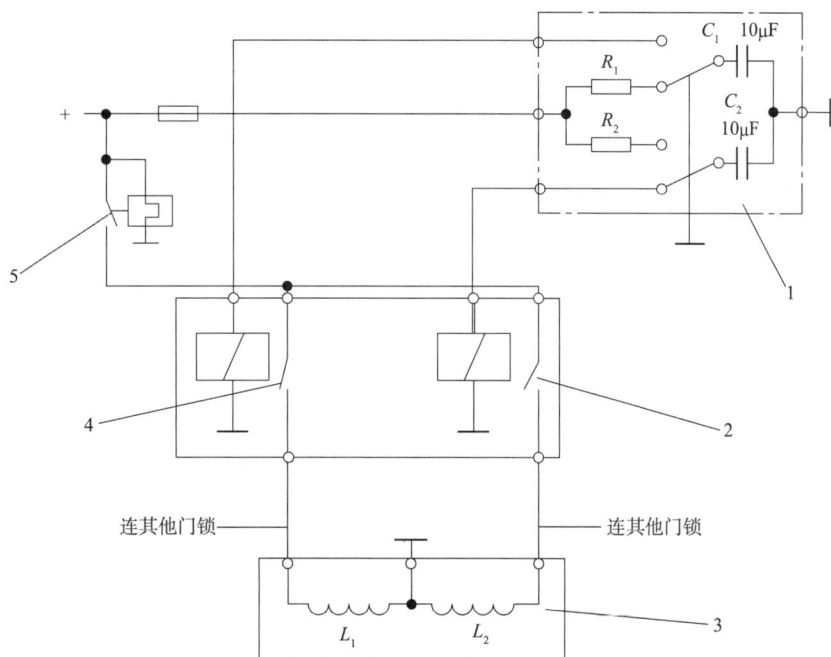

图4-29　电容式门锁控制电路
1-门锁开关;2-开锁继电器;3-门锁执行机构;4-锁门继电器;5-热敏断路器

电容式门锁控制电路的工作原理如下所述。

正常状态时，蓄电池给电容器C_1充电。其电路为：蓄电池正极→熔断器→电阻R_1→电容器C_1→搭铁（蓄电池负极）。

当按下门锁开关锁门时，电容器C_1放电，使锁门继电器线圈有电流通过，继电器触点闭合;此时门锁执行器L_1的电路接通而动作，通过操纵机构将车门锁定。当电容器C_1放电到一定程度时，锁门继电器线圈断电，门锁执行器的电路被切断。另外，当按下门锁开关锁门的同时，电容器C_2开始充电。

当按下回门锁开关开门后,电容器 C_2 放电,使开锁继电器线圈有电流通过,继电器触点闭合;此时门锁执行器 L_2 的电路接通而动作,通过操纵机构将车门开启。当电容器 C_2 放电到一定程度时,开锁继电器线圈断电,门锁执行器的电路被切断。另外,当按回门锁开关开门的同时,电容器 C_1 开始充电,回到原始状态。

2)车速感应式门锁控制器

车速感应式门锁控制器是在_____中加装一车速(10km/h)感应开关。当汽车行驶速度达_____以上时,若车门未闭锁,不需要驾驶人的操纵,门锁控制电路将自动将门上锁。每个车门可单独进行闭锁和开锁的操纵。其电路如图 4-30 所示。

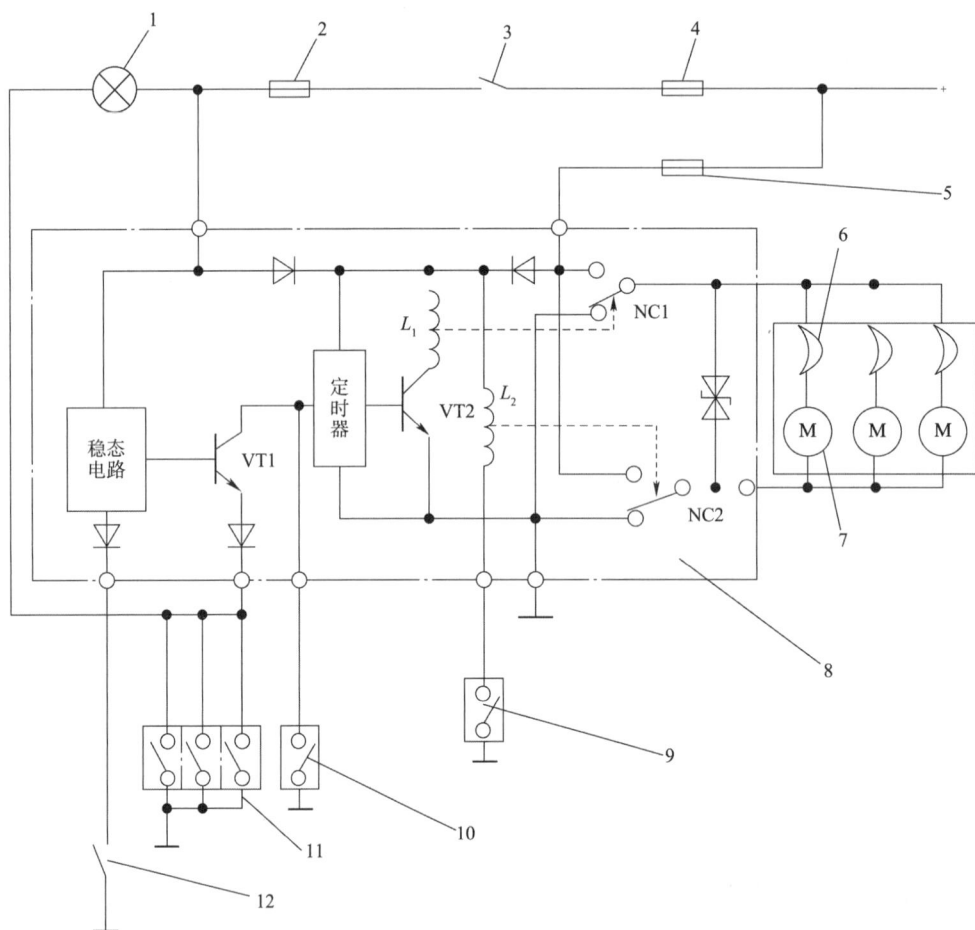

图 4-30　车速感应式门锁控制电路

1-车门报警灯;2、4、5-熔断器;3-点火开关;6-断路器;7-门锁执行机构;8-门锁控制器;9-开锁开关;10-锁门开关;11-驾驶人侧以外的车门报警开关;12-车速感应开关(车速表内)

当点火开关接通时,电流流经报警灯可使 3 个车门的报警灯开关(此时门未锁)搭铁,报警灯亮。若按下锁门开关 10,定时器使三极管 VT2 导通一下,在三极管 VT2 导通期间,锁定继电器线圈 L_1 通电,常开触点 NC_1 闭合,门锁执行机构通正向电流,执行锁门动作。当按下开锁开关9,则开锁继电器线圈 L_2 通电,常开触点 NC2 闭合,门锁执行机构通反向电流,执行开门动作。

汽车行驶时,若车门未锁,且车速低于 10km/h 时,置于车速表内的 10km/h 车速感应开关闭合,此时稳态电路不向三极管 VT1 提供基极电流;当行车速度高于 10km/h 时,车速感应开关断开,此时稳态电路给三极管 VT1 提供基极电流,VT1 导通,定时器触发端经 VT1 和车门报警开关搭铁,如同按下锁门开关一样,使车门锁定,从而保证行车安全。

3)晶体管式门锁控制器

晶体管式门锁控制器内部有两个继电器:一个管锁门,一个管开门。继电器由_____控制,它利用电容器的_____过程,控制一定的_____持续时间,使执行机构完成锁门和开门动作。图 4-31 所示为一种晶体管式门锁控制器的典型应用电路,许多汽车上的门锁电路与此基本相同或相似,其工作原理如下。

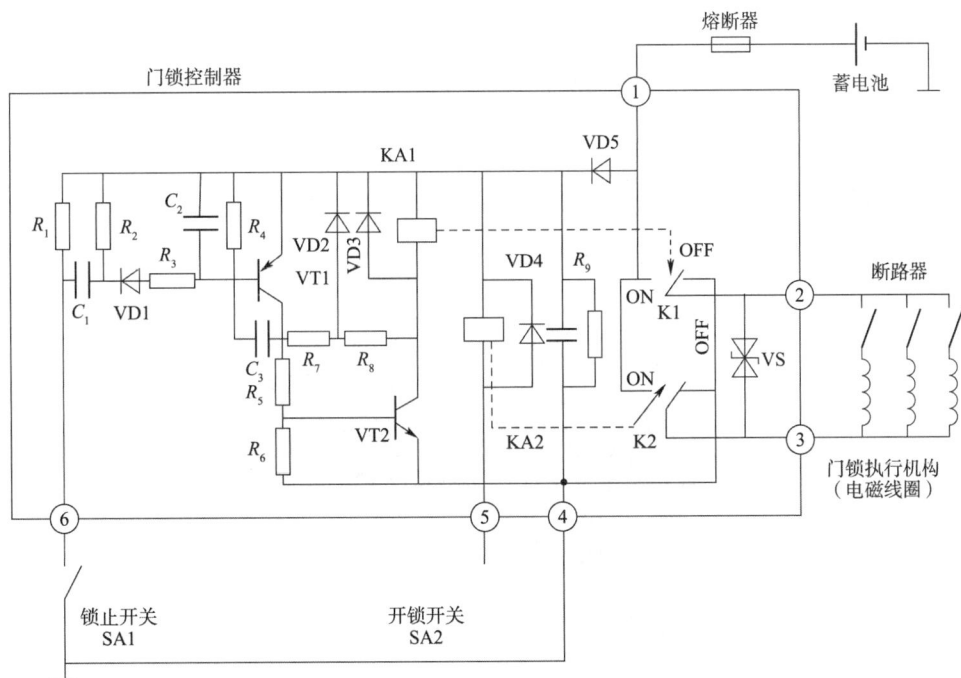

图 4-31 晶体管式门锁控制器的典型应用电路

(1)门锁锁紧过程。

当按下车门锁止开关 SA1 后,就形成了如下的电流通路:蓄电池正极→熔断器→门锁控制器①脚→二极管 VD5→VT1 的发射极→ R_3 →隔离二极管 VD1→电容 C_1 →门锁控制器⑥脚→锁止开关 SA1 闭合的触点→搭铁→蓄电池负极。

上述电流通路在 C_1 通电的瞬间,使 VT1 管导通后 VT2 管也导通,继电器 KA1 因线圈中的电流通路形成而吸合,其常闭触点断开、常开触点 K1 闭合且与 ON 触点接通,由此就又形成了如下的电流通路:蓄电池正极→熔断器→门锁控制器①脚→KA1继电器常开已闭合的触点 K1 与 ON→门锁控制器②脚→门锁执行机构→门锁控制器③脚→KA2 继电器 K2 的常闭触点→门锁控制器④脚→搭铁→蓄电池负极。

上述这一电流通路,使门锁执行机构的电磁线圈中有从上向下的电流流过,电磁铁产生的吸力吸下车门锁扣杠杆,使车门被锁住。

随着电容 C_1 的充电结束后,KA1 继电器中的电流通路断开,其 K1 触点复位,与 ON 断开,OFF 触点重又闭合,门锁执行机构的电磁线圈中的电流也中断,从而完成锁门动作。

(2)门锁打开过程。

当要打开车门时,按下开锁开关 SA2 后,就形成了如下的电流通路:蓄电池正极→熔断器→门锁控制器①脚→隔离二极管 VD5→KA2 继电器线圈→门锁控制器⑤脚→开锁开关 SA2 闭合的触点→搭铁→蓄电池负极。

2. 门锁电动机

门锁电动机为直流电动机,直流电动机式中控门锁主要由＿＿＿＿＿＿＿、＿＿＿＿＿＿、＿＿＿＿＿、门锁开关及连杆操纵机构组成,直流电动机式中控门锁的操纵机构如图 4-32 所示。

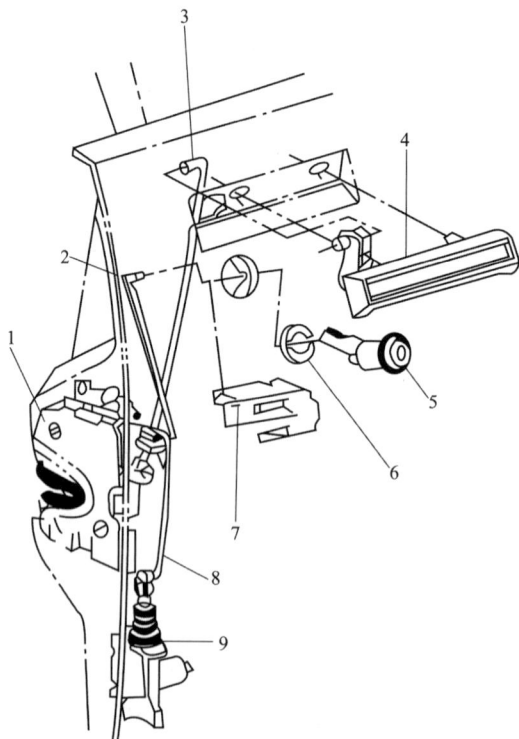

图 4-32　直流电动机式中控门锁

1-门锁总成;2-锁芯至门锁连杆;3-外门锁把手至门锁连杆;4-外门锁把手;5-锁芯;6-垫圈;7-锁芯定位架;8-电动机至门锁连杆;9-门锁电动机

　　当门锁电动机9运转时,通过门锁操纵连杆8操纵门锁动作,电动机的旋转方向由经过电动机电枢的电流方向决定。若锁门时,电动机电枢流通的是正向电流,那么开锁时,电动机电枢流通的则为反向电流,电动机即反向旋转。这样利用电动机的正转或反转,就可完成车门的闭锁和开锁动作。

　　图4-33所示为中控门锁电机控制电路图。驾驶人或乘客利用门锁开关可以接通或断开门锁继电器,门锁继电器包括锁定和开锁两个继电器。它有两个功能:一个是将_____施加于电动机;另一个是使电动机另一端_____,形成通路。门锁电动机的转向是可逆的,其转动方向是由流经电枢电流的_____决定的。

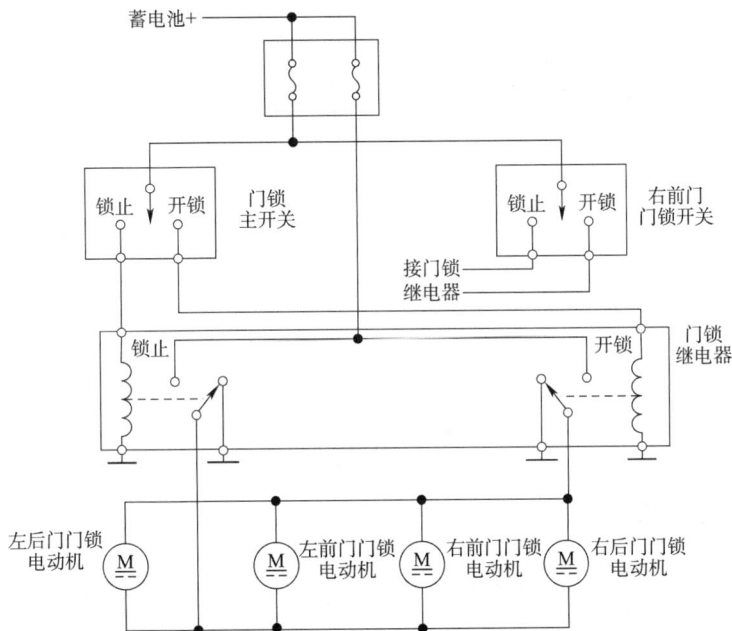

图4-33　中控门锁电机控制电路图

　　将开关打到锁定位置时,电源供电给_____线圈,_____动作,其动合触点(常开触点)闭合,电源电压经此动合触点(常开触点)施加于所有门锁电动机,电动机电枢另一端经开锁继电器动断触点(常闭触点)搭铁,电动机旋转并将各车门锁住。当开关断开电源(开关放在中间位置)时,锁定继电器释放。

　　将开关打到开锁位置时,开锁继电器线圈有电,继电器吸合,电源电压经闭合的开锁继电器动合触点(常开触点)施加于电动机,电动机电枢的另一端经锁定继电器动断触点(常闭触点)搭铁,电动机转动,把锁打开。当开关放开,回到中间位置时,开锁继电器失去作用。

　　3.门锁控制继电器的检查与更换

　　一般来说,门锁控制继电器,是由_____控制的继电器,它包括_____和_____两个部分,为门锁执行器提供_____电流,也叫_____。门锁控制继电器的检修,可根据其工作原理,测量其输出状态,从而判断是否有故障,然后做相应的处理。

继电器作用是用来控制电路的_____与_____,是一种利用小电流来控制大电流电路的_____开关。

继电器的结构由_____、_____、_____、回位弹簧和触点(常开触点、常闭触点)等组成。如图 4-34 所示。

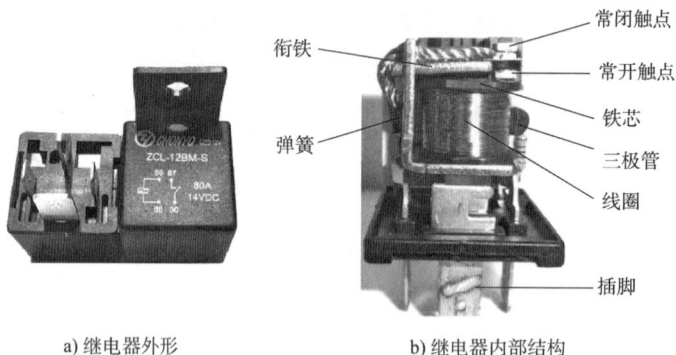

a) 继电器外形   b) 继电器内部结构

图 4-34 继电器的外形与结构

继电器的工作原理:电磁线圈通电,产生磁场,吸引衔铁活动,使常闭触点断开,常开触点闭合。

继电器品种繁多,但在汽车上应用较多的是电磁继电器。继电器是由线圈工作的控制电路和触点接通电路两个部分组成的集合体。开关或信号给继电器线圈控制电路通电,只有较小的工作电流。继电器吸合,大电流通过给用电器提供电源或回到负极。继电器电路符号如图 4-35 所示。

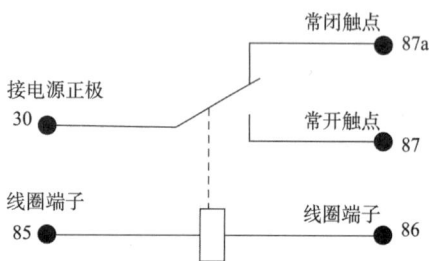

图 4-35 继电器电路符号

继电器检测方法

(1)测线圈电阻。

将数字万用表打至 200Ω 电阻挡,两支表笔连接 85、86 号端子,测得的阻值正常应为 60~100Ω 左右,太大或太小都说明继电器出现损坏。若检测结果显示为 1,说明所测电阻为无穷大,线圈断路;若检测结果与标准值差太多,线圈可能存在短路之类的情况。

(2)测触点电阻。

①常闭触点的检测。

线圈断电情况下,将万用表拨至 200Ω 挡,然后将两支表笔连接 30 端子与 87a 端子,正常测得阻值应很小(小于 1Ω),说明继电器内部常闭触点回路接线正常;如电阻大或不稳定,说明触点接触不良。

②常开触点的检测。

a.线圈断电情况下,将万用表拨至 200Ω 挡,两支表笔连接 30 端子、87 端子,测量其阻值应为无穷大。如有电阻值,则为触点粘连。

b.使用外部电源给继电器控制回路通电,将万用表拨至200Ω挡,两支表笔连接30端子、87端子,测量其阻值应小于1Ω。

控制回路未通电时,万用表测得电阻无穷大;控制回路通电后,测得的电阻很小,则说明继电器内部常开触点开断功能正常;否则,则说明继电器已经损坏。

4. 车门锁电动机的检测

1)驾驶人侧车门锁电动机的检测

(1)卸下驾驶人侧车门面板。

(2)断开电动机处的2P(2芯)插接器插头,如图4-36所示。

(3)将电动机端子接上蓄电池电压,检查其工作情况。正常情况如下:1号端子接蓄电池"+"极,2号端子搭铁时,车门锁锁定;2号端子接蓄电池"+"板,1号端子搭铁时,车门锁开锁。

(4)如果电动机工作不符合规定要求,则应更换驾驶人侧车门锁电动机。

注意:蓄电池电压应以碰触的方式施加于两端子之间(接通时间很短),以免烧坏电动机。

2)副驾驶人侧车门锁电动机的检测

副驾驶人侧车门锁电动机的检测与驾驶人侧车门锁电动机的检测方法基本相同。

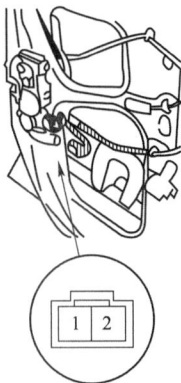

图4-36 断开驾驶人侧车门锁电动机处的2P插头

小贴士

杨斌是四川华星锦业汽车销售服务有限公司的一名汽车维修工。他在挫折中下足"笨工夫",最终在成都市百万职工技能大赛中一举夺得"成都工匠"。

从学徒成长为保养技师、诊断技师、首席诊断技师,"成都工匠"杨斌在汽车维修的行当中,找到了自己的舞台,他也被工友们戏称为"汽修小百科"。在技能大赛中,杨斌在宽度不到1厘米的狭小空间中,操作工艺流程,最终以实力获得第一名。

(二)制订工作方案

1. 任务分工(表4-9)

学生任务分配表　　　　　　　　　　　　　　　　表4-9

班级		组号		指导老师	
组长		任务分工			
组员1		任务分工			

班级		组号		指导老师	
组员2		任务分工			
组员3		任务分工			
组员4		任务分工			
组员5		任务分工			
组员6		任务分工			

2. 工量具、仪器设备与耗材准备

(1)使用的工量具有：_____。

(2)使用的仪器设备有：_____。

(3)使用的耗材有：_____。

3. 具体方案描述

_____

_____

_____

_____

三 ⚡ 计划实施

(一)安全注意事项及技能要点

1. 安全注意事项

(1)确保学生完全在教师的指导下,在授权的范围内进行操作。

(2)禁止学生在不穿戴安全防护用品的情况下,接触任何车辆的高压电部件。

(3)学生应充分了解其职责范围,绝不擅自对高压电部件进行任何拆装调整。

(4)应确保蓄电池负极处于断开状态之后,再进行拔插车辆低压插头。

(5)在拆卸过程中一定要注意对内饰件的防护,防止划伤表面和损坏内饰件。

(6)拆卸内饰卡扣的工具最好使用专用工具,如使用一字螺丝刀拆卸,必须缠上软布或胶带,防止划伤。

(7)能够规范使用车辆防护、隔离警示等设备。

(8)工作中及完成任务后,应遵守实训场地"8S"管理。

2. 技能要点

(1)新能汽车中控门锁控制器的检查与更换。

(2)新能汽车中控门锁电机的检查与更换。

(二)新能源汽车中控门锁控制器及电机检查与更换(表4-10)

新能源汽车中控门锁控制器及电机检查与更换的操作方法及说明　　表4-10

步骤	操作方法及说明	质量标准及记录
1. 作业前准备工作	(1)布置作业前现场环境 	□正确设置隔离栏 □正确放置安全警示牌 □正确检查灭火器 □铺设防护四件套
	(2)检查防护用具 	□正确检查棉纱手套 □正确检查护目镜
	(3)检查仪表工具 	□正确检查万用表 □检查内饰翘板工具套装的完整性

步骤	操作方法及说明	质量标准及记录
2. 查阅维修手册	(1)查阅电路原图,查询中控门锁控制器电路图页码 背光灯　背 车窗主控开关 E-　右前车窗 DN　UP　左后车窗 DN 电动车窗控制电路 DMCU-车门多路控制器 UP+ 3 T05(B) 4 T05(B) 11 T05 左前门LED指示灯控制（高有效） G 0.5　LIN通讯脚（接左前门玻璃升降器电机）　R/B 1.25	□记录中控门锁控制器电路图的页码,页码为_____
	(2)查阅电路原图,查询中控门锁电机电路图页码 车门门锁总开关 LOCK　UN-LOCK　背光灯 传接地 9 T05　4 T05 B 0.5　W 0.3　KEY 1 T06 UNLOCK 左前门锁电机 LOCK 2 T06	□记录中控门锁电机电路图的页码,页码为_____

续上表

步骤	操作方法及说明	质量标准及记录
3. 中控门锁 控制器 及电机检查 与更换	(1)断开蓄电池负极 	□正确断开蓄电池负极,并 做好防护
	(2)拆卸中控门锁控制器 	□正确断开中控门锁控制器 连接器
	(3)检查中控门锁控制器外观 	□检查中控门锁控制器及连 接器有无裂纹 □检查中控门锁控制器及连 接器针脚损坏 □检查中控门锁控制器及连 接器针脚锈蚀

步骤	操作方法及说明	质量标准及记录
3. 中控门锁控制器及电机检查与更换	(4)安装中控门锁控制器 	□安装中控门锁控制器模块 □连接中控门锁控制器模块连接器
	(5)拆卸门内护板 	□正确使用内饰翘板,卸下门内护板 □妥善整齐放置好门内护板零部件
	(6)拆卸玻璃升降器总成 	□妥善整齐放置好玻璃升降器总成

步骤	操作方法及说明	质量标准及记录
3. 中控门锁 控制器 及电机检查 与更换	（7）拆卸锁芯 	□揭开锁芯固定螺钉堵盖 □用十字起拧开固定螺钉 □向外取出门锁锁芯
	（8）拆卸门把手 	□沿正确方向推动门把手，并取下

步骤	操作方法及说明	质量标准及记录
3.中控门锁控制器及电机检查与更换	(9)拆下门锁总成 	□用十字起拆卸门把手内侧两个固定螺钉 □用内六花扳手拆卸门锁总成三个固定螺钉 □断开卡扣连接,取下门锁总成
	(10)测量门锁熔断器好坏 	□正确使用万用表 □记录门锁熔断器编号,编号为_____ □拆下门锁熔断器,测量值为_____,标准值为_____,结果判断:_____

续上表

步骤	操作方法及说明	质量标准及记录
3.中控门锁控制器及电机检查与更换	（11）测量中控门锁电机控制线的连接情况 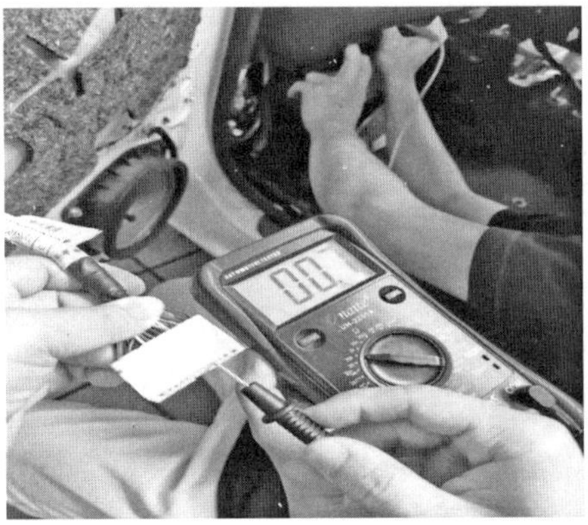 	□正确使用万用表 □记录电机控制线与 G2L-14、G2K-11 之间的电阻，电阻为＿＿＿＿ Ω
	（12）安装门锁总成 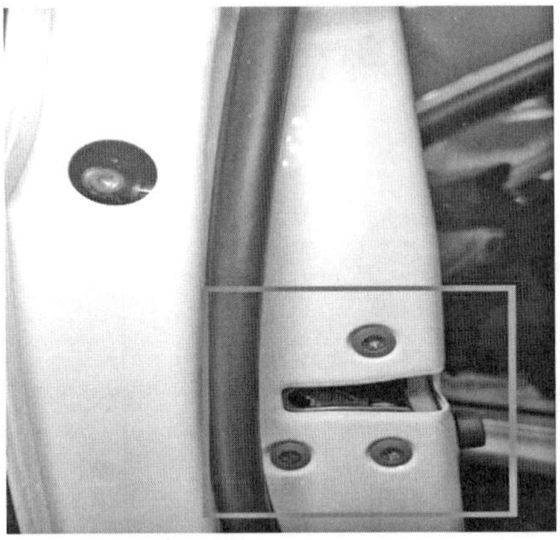 	□将门锁置于安装位置，对准安装点 □用内六花扳手安装 3 个固定螺钉 □固定把手
	（13）安装门把手 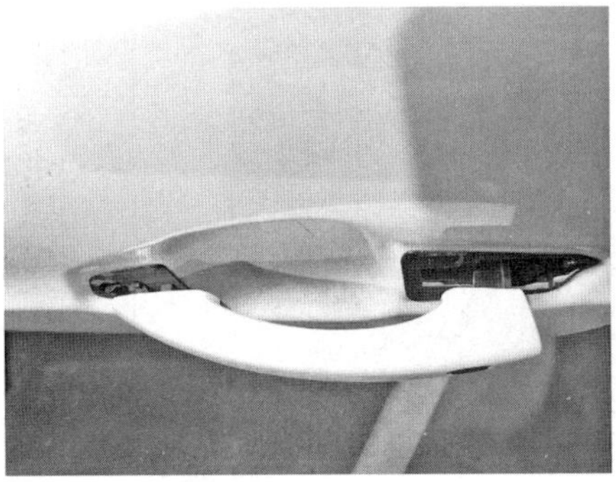 	□将门把手置于安装孔，并按维修手册图示方向用力推动门把手至安装

步骤	操作方法及说明	质量标准及记录
3. 中控门锁控制器及电机检查与更换	（14）安装锁芯 	□将锁芯对准里面门锁扁形槽并插入 □用十字起固定安装螺钉
	（15）安装玻璃升降器总成 	□正确安装玻璃升降器总成
	（16）安装门内护板 	□正确安装门内护板

续上表

步骤	操作方法及说明	质量标准及记录
3. 中控门锁控制器及电机检查与更换	(17)搭好蓄电池负极 	□搭好蓄电池负极
	(18)上电,检查中控门锁功能是否正常 	□正确上电 □中控门锁功能
	(19)场地"8S"管理 	□工量具归位 □清理场地 □设备恢复

四 评价反馈

(一)活动总结与反思(表4-11)

总结与反思　　　　　　　　　　　　　　　　表4-11

1. 为何要进行新能源汽车中控门锁控制器及电机检查与更换
2. 活动过程总结
3. 活动结果总结
4. 需要改进的地方

(二)活动评价(表4-12)

评价表　　　　　　　　　　　　　　　　　　表4-12

评分项目	评分标准	分值	得分
学习目标	能明确本任务的知识、技能、素养目标,理解任务在工作中的重要程度	5	
工作任务分析	能清晰描述完成本次工作任务内容	2	
	能清晰描述完成本次工作任务需必备的技能与知识点	2	

续上表

评分项目	评分标准	分值	得分
有效信息 获取	门锁控制器的作用	5	
	门锁控制器的类型	6	
	门锁电机的工作原理	6	
	门锁电机的检查方法	6	
实施方案 制定	能清晰制定并填写本次中控门锁控制开关检查与更换的作业计划	3	
	能组织或协同工作小组成员,明确本次任务所需仪器设备、工具、材料的准备与清点,并准备记录	2	
	能组织或协同工作小组成员交流,优化检查方案并记录	5	
任务实施	能正确检查防护用具和工量具	5	
	能正确检查中控门锁控制器	10	
	能正确更换中控门锁控制器	10	
	能正确检查中控门锁电机	7	
	能正确更换中控门锁电机	10	
任务评价	能过本次任务实施,结合自己在实训过程中的表现,进行自我评价及自我反思并记录	3	
职业素养	按规定时间完成项目作业	2	
	遵守实训室管理规定、劳动纪律	2	
	积极参与课堂活动、回答问题	2	
	能够按时出勤	2	
思政要求	能积极参与小组讨论,发挥团队合作精神,具有较强的安全意识、责任意识;遵守劳动纪律,以积极的态度接受工作任务;学习过程遵循"8S"管理规定	5	
得分(满分100)			

改进建议:

教师签字:

日期:

习题 >>>

一、填空题

1. 中控门锁控制系统一般都由门锁控制开关、_____、_____、门锁控制器(门锁继电器)及执行机构等组成。

2. 新能源汽车无钥匙进入系统主要由智能钥匙系统控制器_____、车身控制模块(BCM)、_____、_____、门锁电机、_____、高频接收器及启动 CAN 总线等组成。

3. 中控门锁开关都是由_____和_____组成的,门锁总开关一般安装在_____的扶手上。

4. 汽车中控门锁是由电子控制单元(ECU)控制的,当驾驶人按下车内的_____按钮时,中控门锁会自动锁定或解锁所有车门。

5. 门锁控制器常用形式有_____门锁控制器、_____门锁控制器和_____门锁控制器。

6. 门锁控制继电器,是由电子电路控制的继电器,它包括_____和_____两个部分,为门锁执行器提供脉冲工作电流,也叫_____。

二、单项选择题

1. 汽车中控门锁开关通常位于( )。

   A. 转向盘旁边　　　B. 车门把手上方　　C. 中控台中央　　　D. 后视镜旁边

2. 当驾驶人按下中控门锁开关,车门会( )。

   A. 自动打开　　　　　　　　　　B. 自动锁定或解锁

   C. 发出警报声　　　　　　　　　D. 闪烁车灯

3. 中控门锁开关的作用是( )。

   A. 启动引擎　　　　　　　　　　B. 调节空调温度

   C. 控制车门锁定　　　　　　　　D. 调节音响音量

4. 按下中控门锁开关后,如果听到"咔嚓"声音,表示( )。

   A. 车辆启动成功　　　　　　　　B. 车门已经锁定

   C. 车窗自动下降　　　　　　　　D. 警报系统激活

5. 汽车中控门锁开关一般具有( )状态。

   A. 锁定、解锁、开启天窗

   B. 启动、停止、调节音量

   C. 锁定、解锁、防盗

   D. 调节空调、调节音响、调节灯光

6. 汽车中控门锁控制器负责控制( )功能。

   A. 调节空调温度　　　　　　　　B. 控制车门锁定和解锁

   C. 调节音响音量　　　　　　　　D. 控制车窗升降

7. 当汽车中控门锁控制器出现故障时,可能导致(　　)问题。

    A. 发动机无法启动　　　　　　　　B. 车窗无法关闭

    C. 车门无法锁定或解锁　　　　　　D. 空调制冷效果下降

8. 门锁电机是负责控制(　　)动作的部件。

    A. 调节座椅位置　　　　　　　　　B. 控制车窗升降

    C. 锁定和解锁车门　　　　　　　　D. 控制后视镜折叠

9. 当门锁电机损坏时,可能会出现以下(　　)情况。

    A. 车灯闪烁频繁　　　　　　　　　B. 车门无法打开

    C. 中控屏幕黑屏　　　　　　　　　D. 空调异响

学习任务五

新能源汽车视听系统工作失效故障检修

学习目标 》》》

1. 知识目标

(1)掌握新能源汽车音响的组成及作用。

(2)掌握新能源汽车收音机的组成及作用。

(3)掌握新能源汽车导航系统的组成及作用。

2. 技能目标

(1)能够完成新能源汽车收音机检查与更换。

(2)能够完成新能源汽车导航系统检查与更换。

(3)能够完成新能源汽车音响检查与更换。

3. 素养目标

(1)培养安全生产、环保生产的意识。

(2)培养艰苦奋斗、艰苦朴素、勤俭节约的工作态度和精神。

(3)树立吃苦耐劳,不断学习积累专业技能,成就技能人才的信念。

参考学时 》》》

30 学时

任务描述 》》》

　　某新能源汽车售后服务企业接收到一辆故障新能源汽车,客户反映车辆视听系统失灵,诊断为视听系统故障,需要对其进行检修。学生从班组长(教师扮演)接受车辆维修任务,通过阅读维修工单,明确任务要求,查阅维修手册,确定作业流程与技术标准;以独立或小组合作的方式,在规定时间内完成故障确认、零部件拆装与检修作业,如收音机、导航系统、音响线路和音响喇叭等进行检查与修复,使汽车视听恢复正常使用;对于发现的维修增项须经前台、客户确认后实施,自检合格后,填写维修工单,交付班组长进行质量检验。同时,学生应在教师指导下总结任务实施过程,撰写任务实施指导书,在工作过程中遵循现场工作管理规范。

学习活动1 新能源汽车收音机检查与更换

一 明确任务

某新能源汽车售后服务企业接收到一辆使用达厂家规定维护周期的新能源汽车。打开该车收音机开关时,收音机没有声响。工人需要对收音机进行检查与更换,使其恢复正常使用性能。

二 工作准备与计划制订

(一)相关知识准备

1.新能源汽车收音机的组成及其作用

收音机,又称调谐器,其作用是传递信息和为驾驶人和乘客提供多样化的音频娱乐。驾驶人可以通过收音机听取交通资讯、天气预报等,帮助他们做出更明智的驾驶决策。乘客可以收听音乐、新闻、广播节目等,以丰富旅途中的娱乐体验。同时,汽车收音机也可以作为应急通讯工具,在紧急情况下接收紧急广播信息,保障乘车安全。收音机主要由调谐器、解调器、音频放大器、控制面板、天线等组成,如图5-1为收音机结构框图。

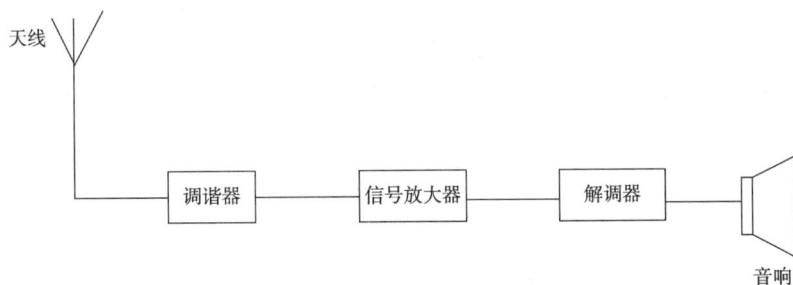

图5-1　收音机结构框图

1)调谐器

调谐器是汽车收音机的核心组件,用于调整接收频率,使其与广播电台的发射频率相匹配,以便接收广播信号。

2)解调器

解调器又被称为调频调谐器或调频收音头,主要用于接收调频载波信号,并将高频数字信号中的低频数字信号解调输出来。

3）信号放大器

收音机信号放大器的主要原理是利用电子元件的放大性能来增加输入信号的幅度。一般情况下，信号放大器采用晶体管或真空管等放大器件的高增益和低噪声特性，将输入信号放大到所需的大小。

4）显示屏和控制面板

汽车收音机通常配备显示屏和控制面板，如图 5-2 所示，用于显示播放频道、调节音量、选择存储的频道等操作，方便用户操作收音机。

5）天线

汽车天线，又称车载天线，汽车天线是用来接收无线电波信号的，是收音机接收广播电台发射电波的关键部件，是无线电信号通往音响系统收音机的"大门"。汽车天线负责将电波转化为电流信号，是产生良好声音的重要元件。天线可分为伸缩天线、拉杆天线、玻璃印刷型天线和鲨鱼鳍天线四种。

（1）伸缩天线。

有些早期的汽车安装了电动伸缩天线，电动伸缩天线由开关、电动机、继电器、减速机构和天线等组成，如图 5-3 所示。天线的升降是通过改变电动机的旋转方向实现的。有些汽车的电动天线用独立的天线开关进行控制，多数汽车则是由收音机开关联动控制。在收音机打开的同时，电动天线控制电路接通，电动机转动使天线升起；在收音机关闭时，天线同时下降。

图 5-2　收音机显示屏和控制面板

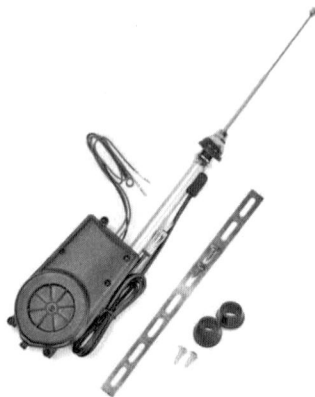

图 5-3　电动伸缩天线

（2）拉杆天线。

拉杆天线，一般安装在前后翼子板上或车顶后中部位置，如图 5-4 所示。这种天线不能伸缩，现在汽车上用的比较多，但风噪比较大。由天线收到的无线电波变成电流极微弱的电气信号，经天线放大器（天线模块）放大后通过同轴电缆的芯线（又称天线馈线）送到音响主机。同轴电缆外缠网状导电线，即屏蔽线，此屏蔽线搭铁，能够隔断噪声，防止噪声进入系统。

（3）玻璃印刷型天线。

玻璃印刷型天线是将导电漆涂印刷在后挡风玻璃上制成的天线，如图5-5所示。天线使用时不需上下移动，不用折叠、不会生锈，使用寿命较长。为了防止信号衰减，保持良好的接收条件，有的玻璃印刷型天线采取了主天线和副天线组合。当主天线的灵敏度变弱时，系统对主天线与副天线的灵敏度进行比较，使用灵敏度较好的一根。玻璃印刷型天线主要用于接收调幅AM、调频FM收音机信号。

图5-4　拉杆天线

图5-5　玻璃印刷型天线

（4）鲨鱼鳍天线。

鲨鱼鳍天线，是宝马公司为了增强汽车通讯信号而研制开发的。鲨鱼鳍天线外观大方，与整个车体融为一体，如图5-6所示。鲨鱼鳍天线可接收收音机信号，但主要用于接收车载电话和导航系统信号。

车顶上的长天线在遇到低矮的地库甚至树木时，经常会刮到，轻则弯曲，重则直接拉断。鲨鱼鳍天线则可以避免这个问题，行驶时还可以降低风阻，另外还可吸收静电。

2. 收音机的分类

汽车收音机主要有模拟式和电子式两种类型。

1）模拟式收音机

模拟式收音机是一种基于模拟电路的传统收音机，通过电子元器件对无线电信

图5-6　鲨鱼鳍天线

号进行放大、解调和检波等处理，再将音频信号传送到扬声器，从而发出声音。

2）电子式收音机

电子式收音机则是基于数字信号处理技术的现代收音机。电子式收音机将无线电信号转化为数字信号，并通过计算机处理、存储和解码，最后，将音频信号传送到扬声器产生声音。与模拟式收音机相比，电子式收音机具有更好的音质和更稳定的信号

接收性能。

3. 收音机的工作原理

1）传播原理

在无线电广播信号传播过程中,人们听到的声音信号是_____信号,频率为0～20kHz,能量很小,频率较低的信号是无法直接通过无线电方式发射和传播的,因此必须将声音信号调制成高频电波才能进行远距离传输。

一般来说,低频信号被称为调制信号,运载低频信号的高频信号被称为载波信号或载频信号。无线电广播信号的传播原理就是使载波信号的某项参数(如幅度、频率或相位)随调制信号的变化而变化,从而将调制信号"装载"到载波信号上的过程,即把低频信号"装载"到高频信号上,再由发射天线发送。把调制信号加装到载波信号上的方式主要有两种,即调幅(AM,将载波信号的波幅按调制信号转换)和调频(FM,将载波的频率按调制信号的频率转换)。其中FM是主要的调制方式,我们在广播中经常听到的"调频立体声"或者"调频92.7兆赫"等就是指FM。

2）收音机信号处理

图5-7为收音机信号处理电路。收音过程是要获得_____,收音机的天线接收到广播电台发射的无线电波,调幅式收音机的基本功能和调频收音机较相似。

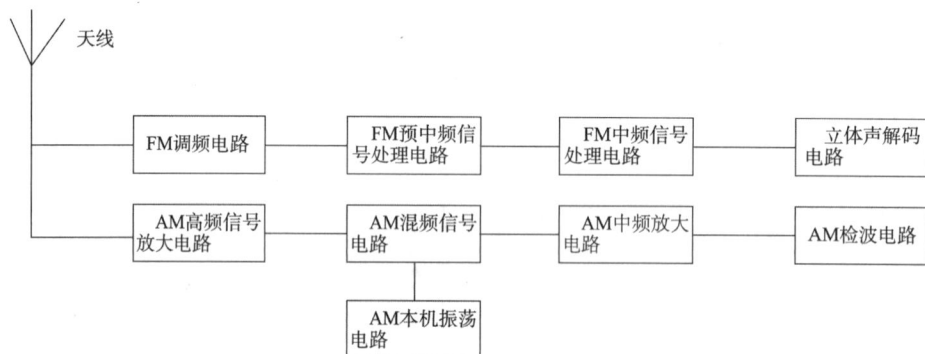

图5-7　收音机信号处理电路

(1)FM信号处理。

由输入电路,即选择电路,或称调频电路,从空中许多无线广播电台发出的信号中选择其中一个,送给预中频信号处理电路,使选中的信号进行预处理,变为中频调幅信号,中频信号再由中频处理电路放大到解调器所要求的大小,经过立体声解码电路鉴频后,将调频信号频率的变化还原为音频信号。调频波的解调过程称为_____。

(2)AM信号处理。

通过调谐器选出的电台信号,需要被传送至高频放大电路,以增强信号的强度,以便后续处理;放大后的信号与本机振荡信号在混频器中进行变频,再由选频回路选出_____MHz的差频信号,送至中频放大器进行放大,再将中频放大信号限幅,削去调频波的幅度变化(或干扰)解调处音频信号。调幅波的解调过程称为_____。

4.汽车收音机的使用

比亚迪 e5 可选装多媒体、音响或收音机,如图 5-8 所示为比亚迪 e5 收音机按键面板。

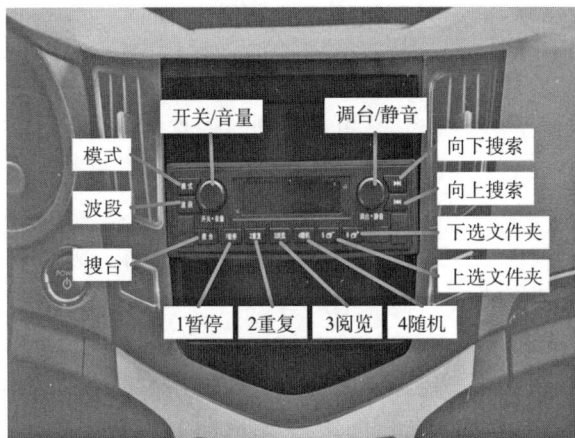

图 5-8　比亚迪 e5 收音机按键面板

收音机的使用方法:

(1)开启收音机:顺时针旋转"开关/音量"键开启收音机或调节音量。

(2)调幅/调幅模式选择:按下"模式"键选择调幅或调频模式。

(3)波段选择:按下"波段"键选择收音波段。

(4)获取频道:按下"搜台"键,汽车收音机自动向上或向下搜寻当前波段信号最强的电台;按下"向上搜索"或"向下搜索"键可手动向上或向下搜寻最强电台信号。

(5)选择频道:旋转"调台/静音"键选择喜欢的频道进行播放或静音。

5.收音机常见故障的诊断与排除

1)电源故障

(1)主机不开机或不能关机,一切按键都没有作用时,检查主机面板上各按键是否有被按死现象。如有,则是该按键问题;否则,是电路或主机问题。

(2)如果收音机平时收听正常,突然没有声音和显示,说明电源没有供电,一般情况下检查收音机熔断器(多数汽车收音机和点烟器使用同一个熔断器,使用点烟器时,内部短路会造成熔断器损坏),更换新熔断器即可。

(3)安装了功放的音响系统,如果主机有电且工作正常,需检查功放主电源熔断器。

(4)如果收音机部分在关机后再开机时,没有先前电台记忆存储和时钟记忆,则可能是给记忆存储供电用的 BAT(Battery Alternating Current)线熔丝烧断或没有接好。

2)无调频或调幅节目

首先检查调频调幅天线是否接好。由于金属屏蔽的作用,一旦天线短路,则无法正常收音,需检查天线是否接好后,开机试听。

3)收音灵敏度下降

检查天线位置是否正确,接线是否良好,各开关是否接触不良。

4）收音假性故障

收音机假性故障是指由于一些外部因素导致的收音机接收到异常信号或出现杂音的情况。以下是一些常见的收音机假性故障。

（1）AM 电台特性故障。

由于 AM 信号的传播特性，AM 信号会绕过建筑物、高山等物体并从空中电离层反射回地面，当收音机处于某些区域时，可能会同时接收到两个同一频率的电台信号，导致声音重叠或杂音。

（2）抖动、跳跃杂音。

在 FM 信号传播过程中，遇到一些障碍物导致信号弱化，例如山谷、高楼等，收音机可能会收到跳跃和抖动的杂音。

（3）电磁干扰。

汽车靠近高压线或使用一些电动设备（如车内电喇叭、刮水器、电动后视镜等）时，可能会产生电磁波干扰，影响收音机的接收质量，导致噪声出现。当汽车行驶靠近高压线时，高压线上发射的电磁波对收音会有干扰。

（4）电台偏移杂音。

当汽车靠近两个频率相近且信号较强的广播电台发射站时，收音机可能会在两个电台间切换，导致原本收听的电台信号暂时消失，并伴随一些杂音。

小贴士

陈岗，全国劳动模范、全国五一劳动奖章、全国铁路技术能手，是中国铁路南宁局集团有限公司南宁车辆段库检车间车辆电工。多年来，他潜心技术研发，共有 8 项科技成果获得国家专利。1989 年，陈岗从学校毕业后到铁路工作，成为一名车电钳工，主要负责检修客车上的白炽灯、发电机、蓄电池等。随着客车升级换代，车上电子设备运用更广泛、智能化程度也越来越高。对于没有相关知识储备的陈岗来说，维修工作遇到了不小的挑战。为了尽快熟悉、掌握新技术，陈岗虚心求教，从头学起。白天，他向师傅请教电路知识；晚上，他悉心钻研专业书籍、阅读学术杂志，从中汲取养分。通过孜孜不倦的学习，他很快掌握了专业理论知识，并能够熟练运用观察法、测量法、对比法、替换法、排除法、短接法等多种方法快速排除客车电器故障，从"门外汉"成长为行家里手。日日行，不怕千万里；常常做，不怕千万事。陈岗不断攻克 DC600V 新型直供电客车电源逆变装置及相关电器设备的技术难关，并取得了显著成果。他研发的列车 DC600V 逆变器过分相模拟试验装置，获得国家专利。该装置使得由空调逆变电源故障造成的客车复修率降低95%，为单位节约维修及新购设备资金 2000 多万元。之后，他研发的"多功能电力检修升降台""三相逆变器检修试验设备"也获得了国家专利。

(二)制订工作方案

1.任务分工(表5-1)

学生任务分配表　　　　　　　　　表5-1

班级		组号		指导老师	
组长		任务分工			
组员1		任务分工			
组员2		任务分工			
组员3		任务分工			
组员4		任务分工			
组员5		任务分工			
组员6		任务分工			

2.工量具、仪器设备与耗材准备

(1)使用的工量具有：_____。

(2)使用的仪器设备有：_____。

(3)使用的耗材有：_____。

3.具体方案描述

_____

_____

_____

_____

三 计划实施

(一)安全注意事项及技能要点

1.安全注意事项

(1)学生应充分了解其职责范围,不擅自对高压电部件进行任何拆装调整。

(2)确保学生完全在教师的指导下,在授权的范围内进行操作。

(3)检测用的仪器仪表使用完毕后,应及时关闭电源。

(4)应确保蓄电池负极处于断开状态之后,再进行拔插车辆低压插头。

(5)在拆卸过程中要注意对内饰件的防护,防止划伤表面和损坏内饰件。

(6)拆卸内饰卡扣的工具最好使用专用工具,如使用一字螺丝刀拆卸,必须缠上软布或胶带,防止划伤。

（7）任务实施前,需要在车辆周围围上隔离带,摆上"注意安全"提示牌。

（8）工作中及完成任务后,应遵守实训场地"8S"管理。

2.技能要点

（二）新能源汽车收音机检查与更换

1.收音机检查的操作方法(表5-2)

收音机检查的操作方法及说明   表5-2

步骤	操作方法及说明	质量标准及记录
1.查阅维修手册	(1)查阅电路原理图,查找收音机线束连接器端子图页码; (2)查找收音机各插头代号; (3)查找收音机各插头位置; (4)查找收音机电源、搭铁及CAN线 G07(C)	□记录电路原理图中收音机线束连接器端子图的页码,页码为_____ □记录各插头代号,插头代号为_____ □记录维修手册中收音机各插头位置所属页码,页码为_____ □记录维修手册中收音机各插头位置,位置为_____ □记录收音机电源线的针脚号,针脚号为_____ □记录收音机搭铁线的针脚号,针脚号为_____ □记录收音机CAN线的针脚号,针脚号为_____
2.收音机的检查	(1)检查收音机开机功能是否正常 	□收音机能正常开机

步骤	操作方法及说明	质量标准及记录
2.收音机的检查	（2）检查收音机各按键是否有卡死现象 	□收音机各按键无卡死现象
	（3）检查收音机调频是否正常 	□收音机能正常调频
	（4）检查收音机记忆存储是否正常 	□收音机开机再关机后,能有先前电台记忆

步骤	操作方法及说明	质量标准及记录
2.收音机的检查	(5)拆卸收音机,检查收音机各线束插头的连接情况 	□确认收音机各线束插头的位置 □收音机各线束插头无松脱
	(6)检查收音机的外观 	□收音机外观无破损
	(7)断开蓄电池负极,断开收音机线束插头,检查线束插头针脚有无退针、氧化等现象 	□正确断开收音机线束插头,卡扣无损坏,插头无破损 □检查线束插头针脚无退针,无氧化

步骤	操作方法及说明	质量标准及记录
2. 收音机的检查	(8)安装蓄电池正极,测量收音机电源线电源 	□正确使用万用表 □记录车辆电源线电压,电压为_____V □记录车辆 ACC 电源线电压,电压为_____V
	(9)测量收音机搭铁线 	□正确使用万用表 □记录收音机搭铁线与车辆搭铁之间的电阻,电阻为_____Ω
	(10)测量收音机 CAN 线 	□正确使用万用表 □记录 CAN-H 电压,电压为_____V □记录 CAN-L 电压,电压为_____V □记录 CAN-H 与 CAN-L 电阻,电阻为_____Ω

续上表

步骤	操作方法及说明	质量标准及记录
2.收音机的检查	(11)场地"8S"管理 	□工量具归位 □清理场地 □设备恢复

2.收音机更换的操作方法(表5-3)

收音机更换的操作方法及说明   表5-3

步骤	操作方法及说明	质量标准及记录
1.收音机的拆卸	(1)将电源挡位打到OFF挡 	□车辆处于关闭状态 □车辆钥匙妥善保管
	(2)断开蓄电池负极,并缠上胶布 	□正确断开辅助蓄电池负极 □辅助蓄电池负极缠上胶布

步骤	操作方法及说明	质量标准及记录
1. 收音机的拆卸	（3）利用塑料撬板,拆卸仪表盖板总成 	□正确使用塑料撬板 □仪表盖板总成无刮花,无损坏
	（4）利用塑料撬板,拆卸空调面板 	□正确使用塑料撬板 □空调面板无刮花,无损坏
	（5）拆卸空调面板插件 	□正确断开空调面板线束插头,卡扣无损坏,插头无破损

步骤	操作方法及说明	质量标准及记录
1.收音机的拆卸	（6）查阅维修手册,选择合适的工具拆卸收音机螺栓 **多媒体主机拆装** CD+收音机总成 ①拆卸前需： a.将电源挡位打到OFF挡 b.断开蓄电池负极 c.拆卸仪表板中盖板总成 d.拆卸空调面板 ②拆卸： a.用10号套筒拆卸2个固定螺栓 b.取出CD总成，断开CD后面接插件 ③安装： a.接上CD后面接插件 b.将CD总成装入固定位置 c.对好几个螺孔，用10号套筒装上 　2个固定螺栓 d.装上中盖板总成 e.装空调面板	□记录维修手册中收音机拆卸所对应的页码,页码为＿＿＿＿ □记录拆卸收音机螺栓所需套筒号,套筒号为＿＿＿＿
	（7）拆卸收音机螺栓,拆卸收音机总成插头,并取出收音机总成	□正确选择套筒 □正确使用工具 □正确断开收音机线束插头,卡扣无损坏,插头无破损 □收音机总成已取出
2.收音机的装配	（1）检查收音机总成外观	□收音机外观无破损 □收音机按键无卡滞,回位正常

续上表

步骤	操作方法及说明	质量标准及记录
2.收音机的装配	（2）安装收音机总成后面接插件 	□收音机总成接插件安装到位,无松脱
	（3）将收音机总成装入固定位置 	□收音机总成已装入固定位置
	（4）对准收音机总成螺纹孔,选择合适的套筒安装固定螺栓 	□正确选择套筒 □正确使用工具 □收音机总成安装牢靠,无松动

续上表

步骤	操作方法及说明	质量标准及记录
2. 收音机的装配	(5)安装空调面板插件 	□空调面板插件安装到位,无松脱
	(6)安装空调面板 	□空调面板卡扣完好,无划痕,无松动
	(7)安装仪表板中盖板总成 	□仪表板盖板总成卡扣完好,无划痕,无松动

步骤	操作方法及说明	质量标准及记录
2.收音机的装配	(8)检查收音机基本功能 	□收音机能正常开机 □收音机能正常收频
	(9)场地"8S"管理 	□工量具归位 □清理场地 □设备恢复

四 评价反馈

(一)活动总结与反思(表5-4)

总结与反思　　　　　　　　　　　　　　　　表5-4

1.为何要进行收音机的检查与更换

2.活动过程总结
3.活动结果总结
4.需要改进的地方

（二）活动评价（表5-5）

评价表

表5-5

评分项目	评分标准	分值	得分
学习目标	能明确本任务的知识、技能、素养目标,理解任务在工作中的重要程度	5	
工作任务分析	能清晰描述完成本次工作任务内容	2	
	能清晰描述完成本次工作任务需必备的技能与知识点	2	
有效信息获取	收音机的组成及其作用	5	
	收音机的分类	5	
	收音机的工作原理	5	
	汽车收音机的使用	5	
	收音机的常见故障的诊断与排除	5	
实施方案制定	能清晰地制定并填写本次收音机的检查与更换作业计划	5	
	能组织或协同工作小组成员,明确本次任务所需仪器设备、工具、材料的准备与清点,并准备记录	5	
	能组织或协同工作小组成员交流,优化检查方案并记录	5	
任务实施	收音机检查的操作方法及说明的查阅维修手册	6	
	收音机检查的操作方法及说明的收音机的检查	9	
	收音机更换的操作方法及说明的收音机的拆卸	10	
	收音机更换的操作方法及说明的收音机的装配	10	

评分项目	评分标准	分值	得分
任务评价	能过本次任务实施,结合自己在实训过程中的表现,进行自我评价及自我反思并记录	3	
职业素养	按规定时间完成项目作业	2	
	遵守实训室管理规定、劳动纪律	2	
	积极参与课堂活动、回答问题	2	
	能够按时出勤	2	
思政要求	能积极参与小组讨论,发挥团队合作精神;具有较强的安全意识、责任意识;遵守劳动纪律,以积极的态度接受工作任务;学习过程遵循"8S"管理规定	5	
得分(满分100)			
改进建议:			

教师签字:

日期:

学习活动2　新能源汽车导航系统检查与更换

一 明确任务

某新能源汽车售后服务企业接收到一辆使用达厂家规定维护周期的新能源汽车。该车导航出现故障,需要对其导航系统进行检查与更换,使其恢复正常使用性能。

二 工作准备与计划制订

GPS
工作原理

(一)相关知识准备

1. 全球导航卫星系统概述

汽车定位导航系统可以显示车辆当前位置,并将行驶中的相关道路停车设施、道路属性(道路名称、单向交通路段、禁止转弯路段、载重限制及净空限制等)和其他有用的服务信息直观地呈现给驾驶人,使驾驶人在陌生的道路环境中也能准确掌握前往目的地的道路。

当前有四大全球导航卫星系统(GNSS),分别是中国的北斗卫星导航系统(BDS)、美国的全球定位系统(GPS)、俄罗斯的格洛纳斯(GLONASS)卫星定位系统和欧洲空间局的伽利略(GALILEO)卫星定位系统。目前,北斗卫星导航系统也已正式向中国及亚太地区提供服务。俄罗斯的格洛纳斯卫星定位系统与我国北斗卫星导航系统并网运行,大大提高了北斗卫星的导航精度。

2. 导航的分类

1)按功能分

汽车导航系统按功能可分为单一功能导航系统和综合导航系统。

(1)单一功能导航系统。

单一功能导航只能显示航行的方向及到达目的地的距离,无任何引导功能。

(2)综合导航系统。

汽车综合导航系统包括单一功能的导航系统和_____、_____、_____、旅游、交通控制与调度等综合系统。

2)按车辆信息是否实时返回控制中心分

汽车导航系统可分为汽车开环导航系统和汽车闭环导航系统。

(1)汽车开环导航系统。

汽车开环导航系统是从控制中心或电台、卫星传感器等得到定位、方位、方向等信息,根据这些信息和电子地图,系统可以定出起点到终点的最短行驶距离,但汽车的信息不能返回控制中心。如果某一道路上出现塞车、交通事故或桥梁断裂等意外情况时,驾驶人是不会知道的,而汽车出现故障或被盗时也无法和控制中心联系。

(2)汽车闭环导航系统。

汽车闭环导航系统不但有汽车开环导航系统的所有导向功能,行车的实时信息也会不断返回控制中心。系统根据控制中心掌握的交通及气候等综合信息,将及时通知汽车改道行驶,在最短时间到达目的地。在汽车出现故障无法返回或被盗等情况时,汽车闭环导航系统也可以报告控制中心,一方面告诉中心出现的问题,另一方面可随时报告自己的方位,以便营救。

3)按有无引导功能分

按有无引导功能,汽车导航系统可以分为无引导功能的导航系统和有引导功能的导航系统。

(1)无引导功能导航系统。

驾驶人可以从车上存储器中调出简单的电子地图(包含本国城镇方位、主干道、高速公路、桥梁等交通信息),方便地找到目的地以及行驶路线的各种信息。该系统能帮助驾驶人选择行车路线,但无引导功能。

（2）有引导功能导航系统。

北斗卫星导航系统和 GPS 系统属于有引导功能导航系统。二者通过卫星信息提供精确的位置信息，帮助用户进行导航和定位。目前，北斗卫星导航系统在国内新能源汽车中的应用也越来越广泛。

3. 汽车导航系统的故障诊断方法

汽车导航系统的种类繁多，实际的故障诊断步骤也各不相同。如果新能源汽车的导航系统出现问题，应参考各生产厂家导航产品的维修手册来进行诊断。

汽车 GPS 导航系统一般故障的诊断步骤如下：

（1）确认故障的特征、发生的时间及地点。

（2）检查故障是否由用户的操作错误或误解所引起。

（3）检查汽车有无安装对 GPS 接收产生阻碍的附加设备。

（4）将车辆移动到易于接收 GPS 电波的空旷地带，执行自诊断，确认不会出现诊断代码。

（5）切换到导航画面，确认显示 GPS 标志，并显示当前地点。

（6）确认地图可以滚动。

（7）确认音响等设备动作正常。

（8）汽车 GPS 导航系统由硬件（设备）和软件（程序）组成，因此导航系统出现故障时，不一定是由导航控制单元引起的，也可能是由软件程序引起的。

（9）某些汽车 GPS 导航系统配备自诊断功能，可进行故障诊断，如果系统有此功能，可利用此功能对系统进行故障诊断，具体可参考车辆维修手册，来获取如何诊断的详细内容。

小贴士

　　卫星导航系统是国家安全和经济社会发展最为重要的信息基础设施之一，是综合国力的重要标志。20 世纪 90 年代，美俄卫星导航系统已完成全球组网。为了摆脱对国外导航系统的依赖，打破受制于人的局面，实现对时间和空间基准信息的自主可控，牢牢抓住指明方向的"北斗柄"，北斗团队白手起家，另辟蹊径，决心创造属于中国人自己的卫星导航系统。

　　2000 年 10 月 31 日，中国第一颗北斗导航试验卫星带着北斗人的梦想与期盼，成功发射升空，拉开了北斗一号组网的序幕。作为北斗系统"三步走"战略的第一步，北斗一号工程于 1994 年立项，在首任北斗卫星导航系统总设计师孙家栋院士的带领下，北斗人立足国情、创新融合，实现了中国卫星导航系统从无到有的突破，开启了建设有中国特色的卫星导航系统的新篇章。

　　经过多年的奋斗，北斗卫星导航系统从有到优，不断完善，不断升级，向着全面建成全球系统而冲刺奋进。多年来，经过几代北斗人的不懈奋斗和倾力付出，北斗卫星导航系统的"拼图"越来越大:2012年底建成北斗二号系统,向亚太地区提供服务;2018年底建成北斗三号基本系统,向全球提供服务。如今,中国北斗系统已经走出国门,跻身世界四大卫星导航系统行列,成为全球卫星导航系统中不可忽视的重要力量。

(二)制订工作方案

1.任务分工(表5-6)

学生任务分配表   表5-6

班级		组号		指导老师	
组长		任务分工			
组员1		任务分工			
组员2		任务分工			
组员3		任务分工			
组员4		任务分工			
组员5		任务分工			
组员6		任务分工			

2.工量具、仪器设备与耗材准备

(1)使用的工量具有:_____。

(2)使用的仪器设备有:_____。

(3)使用的耗材有:_____。

3.具体方案描述

_____

_____

_____

_____

三 计划实施

(一)安全注意事项及技能要点

1.安全注意事项

(1)导航使用后遵循关机顺序:先关闭页面,再关机,最后拔掉电源。

(2)不要让导航屏幕接触尖锐物体。

（3）便携式导航不要长时间暴露在阳光下。

（4）应确保蓄电池负极处于断开状态之后,再进行拔插车辆低压插头。

（5）拆卸内饰卡扣的工具最好使用专用工具,如使用一字螺丝刀拆卸,必须缠上软布或胶带,防止划伤。

（6）任确保学生完全在教师的指导下,在授权的范围内进行操作。

（7）工作中及完成任务后,应遵守实训场地"8S"管理。

2.技能要点

（二）新能源汽车导航系统检查与更换（表5-7）

新能源汽车导航系统检查与更换的操作方法及说明　　　　表5-7

步骤	操作方法及说明	质量标准及记录
1.导航系统的检查	（1）打开中控面板导航功能,查看导航可能是否能正常使用 	□导航功能正常使用
	（2）关闭导航系统,断开蓄电池负极,并缠上胶布 	□导航功能已关闭 □正确断开辅助蓄电池负极 □辅助蓄电池负极缠上胶布

步骤	操作方法及说明	质量标准及记录
1.导航系统的检查	(3)用塑料撬板,拆卸中控面板 	□正确使用塑料撬板 □中控面板无刮花,无损坏 □中控面板已取出
	(4)旋出中控主机固定螺钉 	□正确选择工具 □正确使用工具 □分多次拧松固定螺钉 □固定螺钉无滑牙,无掉落
	(5)检查 GPS 天线与中控主机之间的连接 	□GPS 天线插头无松脱

步骤	操作方法及说明	质量标准及记录
1. 导航系统的检查	(6)检查 GPS 主机电源保险 	□万用表使用正确 □记录 GPS 主机电源保险电阻值为 _____ Ω,标准值为 _____ Ω 结果判断:_____
2. 导航系统的拆卸	(1)断开中控主机各插头 	□正确断开中控主机各插头,卡扣无损坏,插头无破损
	(2)取出中控主机,并检查中控主机 	□中控主机无破损

步骤	操作方法及说明	质量标准及记录
2. 导航系统的拆卸	(3)拆卸 GPS 天线,检查 GPS 天线 	□GPS 天线无破损
3. 导航系统的安装	(1)安装中控主机各插头 	□正确安装中控主机各插头,卡扣无损坏,插头无破损 □中控主机各插头无松脱
	(2)安装 GPS 天线 	□GPS 天线安装到位,无松脱

续上表

步骤	操作方法及说明	质量标准及记录
3.导航系统的安装	（3）安装中控主机固定螺钉 	□正确选择工具 □正确使用工具 □分多次拧紧固定螺钉 □固定螺钉无滑牙,无掉落
	（4）安装中控面板 	□中控面板卡扣完好,无划痕,无松动
	（5）安装蓄电池负极 	□蓄电池负极无松动

续上表

步骤	操作方法及说明	质量标准及记录
3.导航系统的安装	（6）车辆上电。检查车辆导航功能 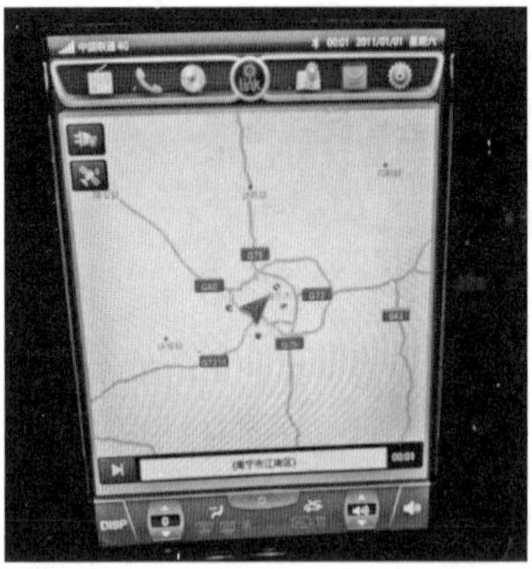 	☐车辆能够正常上电 ☐车辆导航功能正常
	（7）场地"8S"管理  	☐工量具归位 ☐清理场地 ☐设备恢复

四 评价反馈

（一）活动总结与反思（表5-8）

总结与反思   表5-8

1.为何要进行新能源汽车导航系统检查与更换

2. 活动过程总结

3. 活动结果总结

4. 需要改进的地方

(二)活动评价(表5-9)

评价表

表5-9

评分项目	评分标准	分值	得分
学习目标	能明确本任务的知识、技能、素养目标,理解任务在工作中的重要程度	5	
工作任务分析	能清晰描述完成本次工作任务内容	2	
	能清晰描述完成本次工作任务需必备的技能与知识点	2	
有效信息获取	全球导航卫星系统概述	2	
	导航的分类	2	
	北斗卫星导航定位系统的组成	3	
	北斗卫星导航定位系统的原理	4	
	北斗卫星导航定位系统的功能	3	
	北斗卫星导航定位系统的特点	2	
	汽车导航系统的故障诊断方法	3	
	GPS 的组成	4	
	GPS 的定位原理	2	
	GPS 的功能	2	
	GPS 的特点	5	

评分项目	评分标准	分值	得分
实施方案制定	能清晰地制定并填写本次新能源汽车导航系统检查与更换作业计划	5	
	能组织或协同工作小组成员,明确本次任务所需仪器设备、工具、材料的准备与清点,并准备记录	5	
	能组织或协同工作小组成员交流,优化检查方案并记录	5	
任务实施	新能源汽车导航系统检查与更换的操作方法及说明的导航系统的检查	10	
	新能源汽车导航系统检查与更换的操作方法及说明的导航系统的拆卸	9	
	新能源汽车导航系统检查与更换的操作方法及说明的导航系统的安装	9	
任务评价	能过本次任务实施,结合自己在实训过程中的表现,进行自我评价及自我反思并记录	3	
职业素养	按规定时间完成项目作业	2	
	遵守实训室管理规定、劳动纪律	2	
	积极参与课堂活动、回答问题	2	
	能够按时出勤	2	
思政要求	能积极参与小组讨论,发挥团队合作精神;具有较强的安全意识、责任意识;遵守劳动纪律,以积极的态度接受工作任务;学习过程遵循"8S"管理规定	5	
得分(满分100)			

改进建议:

教师签字:

日期:

学习活动 3 新能源汽车音响检查与更换

一 明确任务

某新能源汽车售后服务企业接收到一辆使用达厂家规定维护周期的新能源汽车。该汽车出现音响不响故障,需要对其音响进行检查与更换,使其恢复正常使用性能。

二 工作准备与计划制订

(一)相关知识准备

汽车音响已成为汽车上不可缺少的配置,它具有_____、_____、播放 CD 等功能。由于汽车音响工作时间较长,工作环境恶劣(高振动、高温、灰尘多、干扰、供电不稳等),所以故障率较高。

1.音响的组成及其作用

汽车音响系统的结构如图 5-9 所示,由_____、_____、_____等组成。

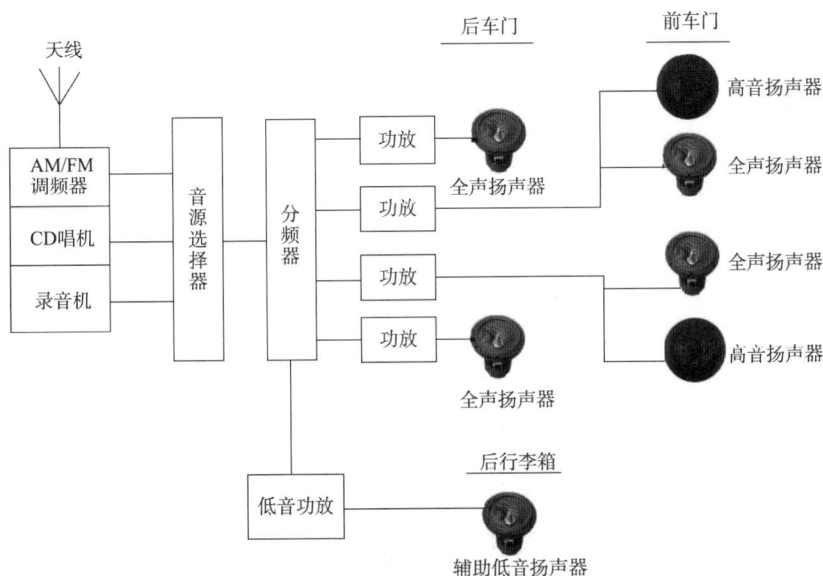

图 5-9　汽车音响系统结构

1)音源系统

音源系统(有时称为音响主机)是汽车视听系统的信号源,是汽车音响系统最主要的设备,决定了音响系统的档次。汽车音源系统的种类多种多样,常见的按信号源进行分类。主机信号源主要有调谐器(收音机)、磁带(现已很少用)、CD、MD、MP3、VCD、DVD等。主机信号源为音响系统提供音频或视频信号,其中,调谐器、CD 唱机为最常见的配置。

(1)调谐器。

调谐器是一台不包括功率放大器和扬声器的高性能收音机,其功能是接收中波段和短波段的调幅广播及调频波段的调频立体声广播,并将其还原成音频信号。新型调谐器采用数字调谐和数字频率显示技术,具有存储、预选和频率显示等功能。

（2）CD唱机。

CD唱机又称为激光唱机,CD唱机主要由_____和_____两大部分组成,用于播放CD光盘。CD光盘是将音乐信号或者图像信号进行记录的介质,所记录的信号可利用激光的光拾音作用进行非接触式读出。信号读出时,对信号记录部分的凹凸处不断照射聚焦的激光,利用光电接收器检测反射光的强弱并转换成数字电信号。数字信号在处理电路中进行数模转换并放大,从而恢复为原来的音乐信号或图像信号。

CD唱机电路主要由信号处理系统、机芯伺服系统、控制显示系统和电源电路等部分组成。

机芯是CD唱机的重要部件,主要由托盘进出机构、光盘装载机构、光盘进给机构、光盘旋转机构、夹持机构和光束聚焦与循迹机构等部分组成,如图5-10所示。机芯中的驱动电动机通常有3个,分别是加载电动机、进给电动机和主轴电动机。

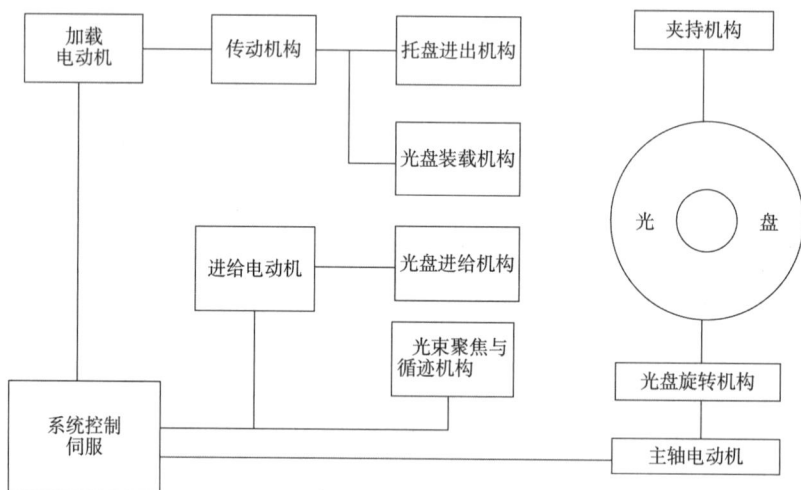

图5-10　机芯组成框图

2）扬声器

扬声器俗称"喇叭",其作用是将被功率放大器所放大的音频信号还原成声音。扬声器是音响设备的一个重要组成部分,是重放声音信号的终端设备,其好坏直接影响音质的好坏。扬声器的主要性能指标包括:功率、频率响应、指向性、标称阻抗、灵敏度、失真等。

扬声器按结构的不同可以大致分为同轴式扬声器和套装式扬声器两大类。所有的扬声器在结构上都可以看作这两大类扬声器的变种。

同轴式扬声器是将几个发音单元布置为一体的扬声器,例如将高音单元装在中音单元内部。

套装式扬声器的发音单元是分开布置的,一般都会带有一个分频器,用以将输入的音频信号分离成高音、中音、低音等不同部分,并分别送入相应的高音喇叭和中低音喇叭单元中重放。高音喇叭和中低音喇叭外观如图5-11所示。扬声器作为将电能转变为"声能"的唯一器材,要想表现出极佳的音色与定位感,其自身品质和特性对整个音响系统的音质起着决定性作用,除此之外,其数量和布置方式也是很重要的条件。

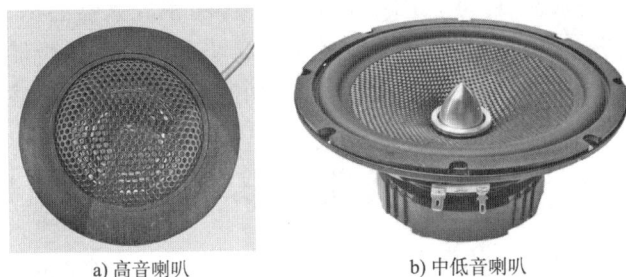

a) 高音喇叭　　　　　　　　　b) 中低音喇叭

图 5-11　音响喇叭示意图

扬声器根据播放频率范围可以分为高音扬声器、中音扬声器和超低音扬声器三种。由于安装位置的限制,超低音单元通常安装在后行李箱,中低音单元一般安装在车门的下前方,高音单元则一般安装在 A 柱附近。图 5-12 所示为扬声器常见安装位置。

扬声器的数量能决定声音发出点的分配,多则细,少则糙。一般高级汽车上扬声器的数量比普通汽车上的多。扬声器的安装位置往往影响着汽车音响的音质效果,同一对扬声器在不同的安装位置就会产生不同的效果,因此中高级轿车音响扬声器的安装位置要经过多重测试后才能确定下来。

3)功率放大器与分频器

(1)功率放大器。

功率放大器又称音频放大器,简称功放,其外形如图 5-13 所示。其主要作用是放大主机输出的声源信号,能进行不失真的音频功率放大,同时进行各种音质控制,以美化声音,是音响系统的"心脏",其功率的大小、质量的好坏对音乐的播放效果起着至关重要的作用。

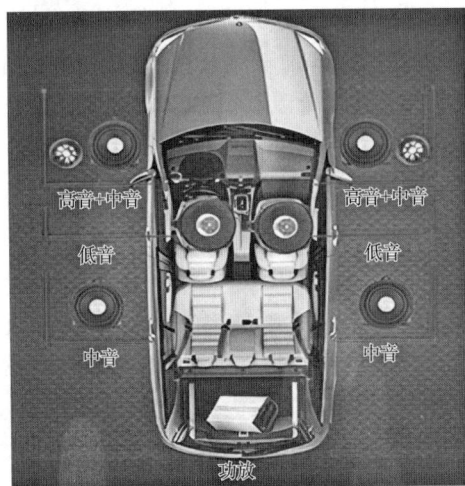

图 5-12　扬声器常见安装位置

图 5-13　功率放大器

大部分的汽车音响主机自身就带有功率放大器,这样主机输出的音频信号可以直接驱动扬声器发声,如图 5-14 所示。

在高档汽车音响系统中,为了追求音质的完美,功率放大器会从音响主机中被独立出来,功率也提升到 35 ~ 100W。这是因为用高功率去推动扬声器,可以获得更完美、更有层次的播放声音,图 5-15 为主机 + 四路功放 + 4 个扬声器示意图。

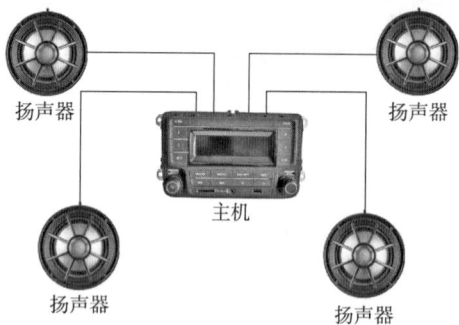

图 5-14　汽车音响主机基本配置　　　　图 5-15　主机 + 四路功放 + 4 个扬声器

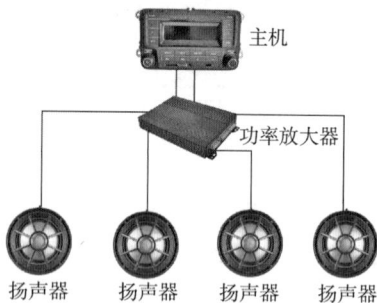

(2)分频器。

分频器又称为分音器,其外形如图 5-16 所示。现代高级汽车音响设备中一般采用两对或更多对口径不同的扬声器,分别播放低音域和中高音域的音频。分频器的作用是将输入的_____声频信号分为不同的频段,分别输出给相应的扬声器,使每个扬声器都能够放音在其能力范围内的最佳音质。

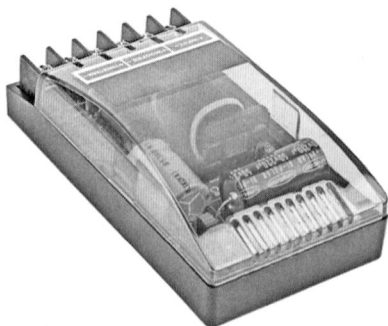

2. 汽车音响工作原理

由音源部分送来的音频信号,经音频放大器进行加工处理并放大,取得足够的功率去推动扬声器工作,发出与原声源相同且响亮得多的声

图 5-16　分频器

音。同时,由于声音还要穿过空间才能传给听众欣赏,所以其音响效果既与音响系统的配置有关,也与听音场所的声学特性有着密切联系。

3. 汽车音响常见配置

在日常生活中,常见的音响配置方案有以下几种。

1)主机 +4 只(2 对)扬声器

这种配置是主机内置功率放大器,直接输出四路高电平信号至 2 对扬声器重放,如图 5-17 所示。通常原车都是这种配置,是一种简单的配置。当然还有一种更为简单的配置,即主机 +1 对扬声器,主要用在经济型汽车上,由于车内空间因素,只装 1 对前置扬声器也是可以接受的。

2)主机 + 四路功率放大器 +4 只(2 对)扬声器

这种搭配比较常见,一般推荐前置扬声器用套装,以获得较好的声场定位。后置扬声器推荐低音较好扬声器,使声音更饱满。

如果主机只有 1 组(两路)RCA 信号输出,可用二根分音线(俗称"一公两母")分成四路输出,如图 5-18 所示。其缺点是前、后声道平衡不能调节。对立体声有要求的车主,应推荐有四路 RCA 输出的主机。但使用分音线有一个缺点,就是分音后所得到的电平值只有原来 RCA 信号的一半,在增益控制上就要适当增量,这将会影响系统的信噪比。

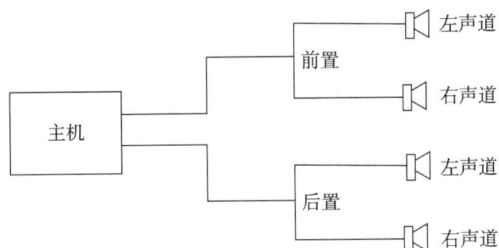

图 5-17 主机 +4 只扬声器框图　　　　　图 5-18 两路 RCA 框图

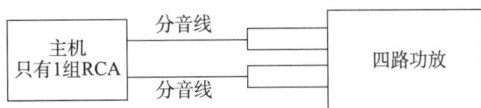

3)主机 + 功率放大器 +4 只(2 对)扬声器 + 超低音扬声器

这是一种较高级的配置,从高音到低音都有很好的表现。但配置的设备越多,出现问题的可能性就越大;同时,也要考虑车内空间和电源的负载能力是否允许这么多的设备展开并发挥作用。该配置框图如图 5-19 所示。

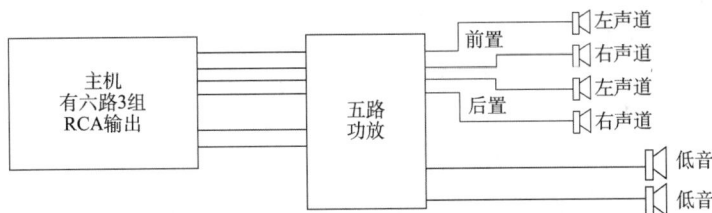

图 5-19 主机 + 功率放大器 +4 只扬声器 + 超低音扬声器框图

4. 汽车音响的分类

汽车音响按音响电路可分为普通汽车音响、I^2c 总线控制红外遥控数字调谐数字显示汽车音响、数字调谐数字显示汽车音响、数字显示汽车音响和单片机收音集成电路汽车音响。

1)普通汽车音响

普通汽车音响由调频收音信号处理电路、调幅收音信号处理电路、放音均衡放大信号处理电路、音调音量平衡控制电路、音频功率放大电路和扬声器电路等组成。

2)I^2c 总线控制红外遥控数字调谐数字显示汽车音响

I^2c 总线控制红外遥控数字调谐数字显示汽车音响的收音电路,主要由一块数字调谐式微处理器构成。与传统汽车音响相比,该处理器不仅具有遥控开关,可以实现遥控或本机键控等各种功能,而且有 I^2c 总线控制电路,可以采用数字调谐方式来控制音量调节、音量平衡调节等功能,使调节更方便,并且,其故障率大大下降,也彻底消除了传统机电位器调节时产生的调谐噪声,使调节更平衡可靠。

3)数字调谐数字显示汽车音响

数字调谐数字显示汽车音响的收音电路也是主要由一块数字调谐式微处理器构成的。该集成电路既包括了数字调谐选台用的各种电路,又包含了数字显示驱动电路,可以直接驱动 LCD 显示屏显示接收电台的频率。该电路采用电调谐式收音头,可接收 AM、FM 波段的节目。放音电路主要由一块双声道均衡放大集成电路组成。

4)数字显示汽车音响

数字显示汽车音响的收音电路主要由 AM 及 FM 收音高放电路、中放电路、FM 及 FM 立体声解码集成电路构成。在这三部分电路中,有的机型采用一块集成电路来完成;也有的将 FM 高放电路作为一个组件(称为 FM 收音头),而另两块集成电路来完成其他两种功能;还有的将 AM、FM 收音电路分开。

5.汽车音响的使用

如图 5-20 所示为比亚迪 e5 的音响按键面板。

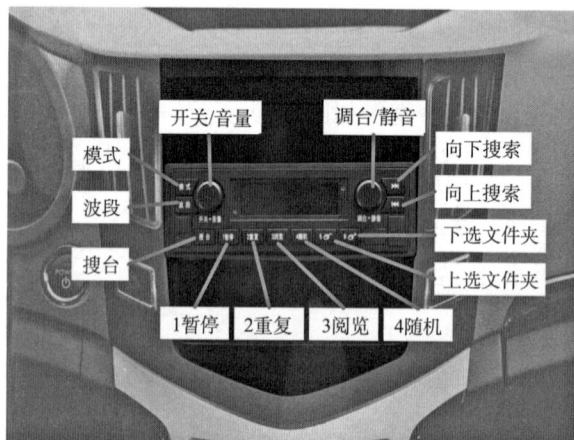

图 5-20　比亚迪 e5 的音响按键面板

汽车音响的使用如下。

(1)开启音响:按下"开关/音量"键开启音响,旋转此键可调整音量的大小。

(2)选择音源:通过"SD 选择""USB 选择""AUX 选择"或"FM 选择"键选择音响系统的输入音源。

6.音响常见故障检测

1)汽车音响放大器存在故障

功率放大器被击穿是汽车音响使用中的常见故障,击穿原因主要是汽车发动机电压调节器工作不良而引起电源电压太高、发生过载或者过电压而损坏。模块被击穿后,一般进行更换,换装时应可在集成模块与散热器间涂硅脂,以用于散热,并紧固螺丝,同时对引线进行加固、绝缘。

2）汽车音响电位器存在故障

电位器是汽车音响系统中易出现故障的元件，特别是带开关及电位器。电位器常见故障是接触不良、转轴存在断裂等。如果内部接触不良，滴入润滑油转动几次即可修复，否则需更换相应部件。

3）汽车音响机外故障原因

电源线的引入线折断或接触不良、熔断丝烧断、导线搭铁不良、喇叭引线脱落或者接触不良等，会导致汽车音响整机完全无声；若喇叭的一个声道没有声音，往往是因为此声道的喇叭、喇叭相关插接器及线路出现故障；如果外拉天线出现故障，则会造成收音机收不到电台或者收不到部分电台；如果某些区域出现声音小、有杂音，而在其他区域正常，则是受到电磁干扰，而音响正常。

4）汽车音响故障部位的确定

若汽车音响收、放音均无声音，应该仔细听喇叭有无背景噪声。若有，电源和放大电路基本正常，音量控制电路可能故障；若无，则故障可能存在于电源电路、功率放大电路、扬声器电路。

5）汽车音响检修注意事项

（1）检修顺序需正确。先电源部分，后功放部分、放音信号部分。

（2）熟悉电路及电路参数，必要时应查阅电路图及相关资料。

（3）修理时临时接线，需要注意包好接头，以防止短路而损坏元器件。

（4）更换元器件时，应关闭电烙铁的电源开关，确保人身安全及防止损坏元器件。

（5）在没有正确判断出故障点之前，不可随意调整可调元器件，会给故障排除增加难度及扩大故障点。必要时要记下元器件初始位置。调整无效时，及时回复初始位置。

（6）发现熔断丝或者熔断器损坏，在未查明熔断丝损坏的原因时，不能随意更换熔断丝。

（7）在维修时，不能将杂物落入机内，避免金属部件落入，导致机内元器件的短路。

小贴士

唐跃辉，重庆深蓝汽车科技有限公司首席技能大师，曾获全国技术能手、重庆市劳动模范、重庆"巴渝工匠"、2023年重庆市"最美产业工人"等荣誉。多年来，他始终坚持深入一线，从不缺席每年的"三高（高温、高原、高湿）"试验。北至黑龙江大兴安岭地区的漠河市、南至海南，"在中国最冷的时候去最冷的地方，在中国最热的时候去最热的地方"，便是唐跃辉每年的"度假"标配。测试期间，为保证汽车性能测试数据的准确性，车不能开窗、开空调。测试之前，车子充满电，保温6个小时以上才能上车开跑，直到车子电量耗完才能完成一次测验，而他们每次测试至少要跑45次。他带领团队以"三横五纵"为思路，建立了"长安新能源汽车零部件试验验证体系"和"竞品对标体系"。这些体系包含零部件级、系统级、整车级试验项目共2380项,产品对标项目740项。得益于这种"吹毛求疵"的态度,唐跃辉负责的燃料电池试验室建设从安全性、合规性完成了燃料电池系统测试平台设计方案和搭建,并已投入试用。

(二)制订工作方案

1.任务分工(表5-10)

学生任务分配表　　　　　　　　　　表5-10

班级		组号		指导老师	
组长		任务分工			
组员1		任务分工			
组员2		任务分工			
组员3		任务分工			
组员4		任务分工			
组员5		任务分工			
组员6		任务分工			

2.工量具、仪器设备与耗材准备

(1)使用的工量具有:_____。

(2)使用的仪器设备有:_____。

(3)使用的耗材有:_____。

3.具体方案描述

_____

_____

_____

_____

三 计划实施

(一)安全注意事项及技能要点

1.安全注意事项

(1)在检查新能源汽车音响音量时,不能突然将音量放到最大,这样喇叭线圈有可能烧坏,对功放会造成影响。

(2)在检查新能源汽车音响音量时,尽量使用质量好的正版光盘,保证音响的播放效果。

(3)在洗车或者清洁新能源汽车音响时,注意不要让碟箱、扬声器、主机机头等部位进水。

(4)清洁汽车音响扬声器时,蘸无水乙醇缓慢清洗。

(5)应确保蓄电池负极处于断开状态之后,再进行拔插车辆低压插头。

(6)拆卸内饰卡扣的工具最好使用专用工具,如使用一字螺丝刀拆卸,必须缠上软布或胶带,防止划伤。

(7)任确保学生完全在教师的指导下,在授权的范围内进行操作。

(8)工作中及完成任务后,应遵守实训场地"8S"管理。

2.技能要点

(1)音响检查的操作方法。

(2)音响更换的操作方法。

(二)新能源汽车音响检查与更换

1.音响检查的操作方法(表5-11)

音响检查的操作方法及说明   表5-11

步骤	操作方法及说明	质量标准及记录
1.查阅维修手册	(1)查阅电路原理图,查找音响线束连接器端子图页码; (2)查找音响各插头代号; (3)查找音响各扬声器、音量开关及时钟弹簧的针脚号 G07(C)	□记录电路原理图中音响线束连接器端子图的页码,页码为_____ □记录各插头代号,插头代号为_____ □记录音响右前高音扬声器的针脚号,针脚号为_____ □记录音响右前门扬声器的针脚号,针脚号为_____ □记录音响左前高音扬声器的针脚号,针脚号为_____ □记录音响左前门扬声器的针脚号,针脚号为_____ □记录音响左后中音扬声器的针脚号,针脚号为_____ □记录音响右后中音扬声器的针脚号,针脚号为_____ □记录音响左后中音扬声器的针脚号,针脚号为_____ □记录音响音量开关的针脚号,针脚号为_____ □记录时钟弹簧的针脚号,针脚号为_____

续上表

步骤	操作方法及说明	质量标准及记录
2. 音响的检查	(1)播放音源,检查音响音量是否能正常调节 	□音响音量能正常调节
	(2)检查音响音量调节按键是否有卡死现象 	□音响音量调节按键无卡死现象
	(3)检查音响各扬声器是否有声音、质量是否正常 	□音响各扬声器声音都有声音,如有扬声器无声音,该扬声器为_____ □音响各扬声器声音播放质量正常,无噪声,无忽大忽小,音量过低现象,如有声音播放质量异常,该扬声器为_____
	(4)关闭音响,再开关音响,检查影响记忆存储是否正常 	□音响仍能保持原有音量大小

步骤	操作方法及说明	质量标准及记录
2.音响的检查	(5)拆卸扬声器,检查音响各线束插头的连接情况 	□确认扬声器各线束插头的位置 □扬声器各线束插头无松脱
	(6)检查扬声器外观 	□扬声器膜无破损 □扬声器外观无破损
	(7)清洁扬声器膜 	□蘸无水乙醇缓慢清洗扬声器膜,音响膜干净无灰尘

步骤	操作方法及说明	质量标准及记录
	(8)断开蓄电池负极,断开扬声器线束插头,检查线束插头针脚有无退针,氧化等现象 	□正确断开音响线束插头,卡扣无损坏,插头无破损 □检查线束插头针脚无退针,无氧化
2. 音响的检查	(9)检查音响各扬声器电阻,并判断是否正常 	□记录音响右前高音扬声器电阻值为 _____ Ω,标准值为 _____ Ω,结果判断:_____ □记录音响右前门低音扬声器电阻值为 _____ Ω,标准值为 _____ Ω,结果判断:_____ □记录音响左前高音扬声器电阻值为 _____ Ω,标准值为 _____ Ω,结果判断:_____ □记录音响左前门低音扬声器电阻值为 _____ Ω,标准值为 _____ Ω,结果判断:_____ □记录音响左后中音扬声器电阻值为 _____ Ω,标准值为 _____ Ω,结果判断:_____ □记录音响右后中音扬声器电阻值为 _____ Ω,标准值为 _____ Ω,结果判断:_____

续上表

步骤	操作方法及说明	质量标准及记录
2.音响的检查	（10）检查音响开关电阻，并判断是否正常 	□按下 VOL＋,记录音量控制端子电阻值为＿＿＿＿Ω,标准值为＿＿＿＿Ω,结果判断:＿＿＿＿ □按下 VOL－,记录音量控制端子电阻值为＿＿＿＿Ω,标准值为＿＿＿＿Ω,结果判断:＿＿＿＿ □不按音量控制键,记录音量控制端子电阻值为＿＿＿＿Ω,标准值为＿＿＿＿Ω,结果判断:＿＿＿＿
	（11）场地"8S"管理 	□工量具归位 □清理场地 □设备恢复

2.音响更换的操作方法（表5-12）

音响更换的操作方法及说明 　　　　　　　　　　　　　　　　　表5-12

步骤	操作方法及说明	质量标准及记录
1.左、右前高音扬声器的拆卸	（1）将电源挡位打到 OFF 挡 	□车辆处于关闭状态 □车辆钥匙妥善保管

步骤	操作方法及说明	质量标准及记录
1.左、右前高音扬声器的拆卸	（2）断开蓄电池负极，并缠上胶布 	□正确断开辅助蓄电池负极 □辅助蓄电池负极缠上胶布
	（3）利用塑料撬板，拆卸A柱内饰板 	□正确使用塑料撬板 □A柱内饰板无刮花,无损坏
	（4）断开左、右前高音扬声器接插件 	□正确断开左、右前高音扬声器接插件,卡扣无损坏,插头无破损

续上表

步骤	操作方法及说明	质量标准及记录
1.左、右前 高音扬声器的 拆卸	(5)查阅维修手册,选择合适的工具拆卸左、右前高音扬声器固定螺母 **前高音扬声器拆装** 以左前高音扬声器为例 ①拆卸 拆卸左前高音扬声器 a.拆下左前门护板。 b.断开接插件。 c.用十字起拆卸2个螺钉。 d.取下扬声器 ②安装 安装左前高音扬声器 a.接上接插件。 b.安装2个螺钉。 c.安装左前门门护板	□记录维修手册中左、右前高音扬声器拆卸所对应的页码,页码为_____ □记录拆卸左、右前高音扬声器固定螺母所需套筒号,套筒号为_____
	(6)拆卸左、右前高音扬声器固定螺母,并取出左、右前高音扬声器	□正确选择套筒 □正确使用工具 □高音扬声器已取出
2.左、右前门 低音扬声器的 拆卸	(1)将电源挡位打到 OFF 挡	□车辆处于关闭状态 □车辆钥匙妥善保管

步骤	操作方法及说明	质量标准及记录
2.左、右前门低音扬声器的拆卸	（2）断开蓄电池负极，并缠上胶布 	□正确断开辅助蓄电池负极 □辅助蓄电池负极缠上胶布
	（3）利用塑料撬板，拆卸左、右前门内饰板 	□正确使用塑料撬板 □左、右前门内饰板无刮花，无损坏
	（4）选择合适的工具拆卸左、右前门扬声器固定螺钉 	□正确选择工具 □正确使用工具 □固定螺钉无掉落

步骤	操作方法及说明	质量标准及记录
2. 左、右前门低音扬声器的拆卸	（5）断开左、右前门低音扬声器接插件 	□正确断开左、右前门低音扬声器接插件，卡扣无损坏，插头无破损
	（6）取出左、右前门低音扬声器 	□左、右前门低音扬声器已取出
3. 左、右前高音扬声器的装配	（1）检查左、右前高音扬声器 	□左、右前高音扬声器膜无破损 □左、右前高音扬声器外观无破损

步骤	操作方法及说明	质量标准及记录
3.左、右前高音扬声器的装配	(2)检查左、右前高音扬声器电容 	□高音扬声器电容值正常
	(3)安装左、右前高音扬声器接插件 	□高音扬声器接插件安装到位，无松脱
	(4)选择合适的套筒，安装左、右前高音扬声器两个固定螺母 	□正确选择套筒 □正确使用工具 □左、右前高音扬声器安装牢靠，无松脱

步骤	操作方法及说明	质量标准及记录
3.左、右前高音扬声器的装配	(5)安装 A 柱内饰板 	□A 柱内饰板卡扣完好,无划痕,无松动
	(6)场地"8S"管理 	□工量具归位 □清理场地 □设备恢复
4.左、右前门低音扬声器的装配	(1)检查左、右前门低音扬声器 	□左、右前门低音扬声器膜无破损 □左、右前门低音扬声器外观无破损

步骤	操作方法及说明	质量标准及记录
4.左、右前门低音扬声器的装配	(2)检查左、右前门低音扬声器电阻 	□左、右前门低音扬声器电阻值正常
	(3)安装左、右前门低音扬声器接插件 	□左、右前门低音扬声器接插件安装到位,无松脱
	(4)查阅维修手册,选择合适的工具,安装左、右前门低音扬声器两个固定铆钉 拆卸 ①拆卸左前门内护板 ②拆卸左前门扬声器 a.拆卸3个固定螺钉。 b.断开接插件,取下扬声器。 安装 ①安装左前门扬声器 a.将左前门扬声器对准安装孔。 b.安装3个固定螺钉。 ②安装左前门内护板	□正确选择工具 □正确使用工具 □左、右前门低音扬声器安装牢靠,无松脱

步骤	操作方法及说明	质量标准及记录
4.左、右前门低音扬声器的装配	(5)安装左、右前门内饰板 	□左、右前门内饰板卡扣完好,无划痕,无松动
	(6)场地"8S"管理 	□工量具归位 □清理场地 □设备恢复

四 ⚡ 评价反馈

(一)活动总结与反思(表5-13)

总结与反思　　　　　　　　　　　　　　　　　　表5-13

1.为何要进行音响的检查与更换

2. 活动过程总结

3. 活动结果总结

4. 需要改进的地方

（二）活动评价（表5-14）

评价表　　　　　　　　　　　　　　　　　　表5-14

评分项目	评分标准	分值	得分
学习目标	能明确本任务的知识、技能、素养目标,理解任务在工作中的重要程度	5	
工作任务分析	能清晰描述完成本次工作任务内容	2	
	能清晰描述完成本次工作任务需必备的技能与知识点	2	
有效信息获取	汽车音响的组成及原理	3	
	汽车音响工作原理	3	
	汽车音响常见配置	3	
	汽车音响的分类	3	
	汽车音响的使用	5	
	音响常见故障检测	5	
实施方案制定	能清晰地制定并填写本次音响的检查与更换作业计划	5	
	能组织或协同工作小组成员,明确本次任务所需仪器设备、工具、材料的准备与清点,并准备记录	5	
	能组织或协同工作小组成员交流,优化检查方案并记录	5	

续上表

评分项目	评分标准	分值	得分
任务实施	音响检查的操作方法及说明的查阅维修手册	4	
	音响检查的操作方法及说明的音响的检查	6	
	音响更换的操作方法及说明的左、右前高音扬声器的拆卸	7	
	音响更换的操作方法及说明的左、右前门低音扬声器的拆卸	7	
	音响更换的操作方法及说明的左、右前高音扬声器的装配	7	
	音响更换的操作方法及说明的左、右前门低音扬声器的装配	7	
任务评价	能过本次任务实施,结合自己在实训过程中的表现,进行自我评价及自我反思并记录	3	
职业素养	按规定时间完成项目作业	2	
	遵守实训室管理规定、劳动纪律	2	
	积极参与课堂活动、回答问题	2	
	能够按时出勤	2	
思政要求	能积极参与小组讨论,发挥团队合作精神;具有较强的安全意识、责任意识;遵守劳动纪律,以积极的态度接受工作任务;学习过程遵循"8S"管理规定	5	
得分(满分100)			

改进建议:

教师签字:

日期:

习题 》》》

一、单项选择题

1.新能源汽车收音机的主要功能是(　　)。

　　A.播放音乐　　　　B.导航　　　　　　C.接收广播信号　　D.打电话

2.以下(　　)技术常用于新能源汽车收音机。

　　A.GPS　　　　　　B.Bluetooth　　　　C.NFC　　　　　　D.RFID

3.为了获得更好的收音效果,通常应该(　　)调整汽车收音机天线的方向。

　　A.水平旋转　　　　B.垂直旋转　　　　C.向左倾斜　　　　D.向右倾斜

4.在新能源汽车音响系统中,EQ 通常用来做( )。

    A.调节音量   B.控制音色   C.切换频率   D.调节平衡

5.新能源汽车音响系统中常用的连接方式是( )。

    A.USB   B.AUX   C.HDMI   D.VGA

6.新能源汽车音响系统中的功放主要作用是( )。

    A.控制音量   B.放大音频信号   C.调节音色   D.调节频率

7.以下( )技术可以提升新能源汽车音响系统的音质。

    A.ANC   B.ABS   C.ESC   D.EBD

二、多项选择题

1.全球有( )卫星定位系统。

    A.GPS 卫星定位导航系统   B.GLONASS 卫星导航系统

    C.GALILEO 卫星导航系统   D.BDS 卫星定位导航系统

2.北斗导航的成功研制意味着( )。

    A.北斗导航的成功研制体现了中国在卫星导航领域的技术实力和创新能力

    B.北斗导航的成功研制为全球用户提供了更多选择和优质服务

    C.北斗导航的成功研制对于推动中国经济社会发展具有重要意义

    D.北斗导航的成功研制提升了中国的科技实力和国际竞争力,展示了中国在科技创新方面的巨大潜力

3.北斗系统创新融合了导航与通信能力,具有( )及短报文通信服务功能。

    A.实时导航   B.快速定位   C.精确授时   D.位置报告

三、判断题

1.北斗系统提供单个频点的导航信号,能够通过单频信号组合使用等方式提高服务精度。   ( )

2.卫星定位导航系统用户设备部分包括卫星导航接收器和卫星天线。它的主要功能是根据一定的卫星截止角捕获被测卫星,并跟踪这些卫星的运行情况。   ( )

3.北斗系统具有系统空间段采用三种轨道卫星组成的混合星座,与其他卫星定位导航系统相比,高轨卫星更多,抗遮挡能力强,尤其低纬度地区性能特点更为明显。

                 ( )

参考文献

［1］董大伟.新能源汽车电气系统检修［M］.北京:机械工业出版社,2023.

［2］宋广辉,张凤娇,苏忆.新能源汽车电气技术［M］.北京:机械工业出版社,2023.

［3］殷振波,王莹,甘堂忠,等.汽车车身电控系统检测与维修［M］.北京:机械工业出版社,2020.

［4］卫云贵.汽车电气简单故障检修(一)［M］.中国劳动社会保障出版社,2022.

［5］周建平,悦中原.汽车电气设备构造与维修［M］.北京:人民交通出版社,2020.

［6］刘冬生,黄国平,黄华文.汽车电气设备构造与维修［M］.北京:机械工业出版社,2022.

［7］崔胜民.智能网联汽车新技术［M］.北京:化学工业出版社,2021.